KB269626

127 시간

BETWEEN A ROCK AND A HARD PLACE

전 세계를 감동시킨 아론 랠스톤의 위대한 생존 실화

127시간

아론 랠스톤 지음 | 이순영 옮김

한얼

127 시간

펴 냄   2011년 1월 5일 1판 1쇄 박음 | 2011년 1월 5일 1판 1쇄 펴냄
지은이   아론 랠스톤
옮긴이   이순영
펴낸이   김철종
펴낸곳   (주)한언
          등록번호 제1-128호 / 등록일자 1983. 9. 30
주 소   서울시 마포구 신수동 63-14 구 프라자 6층(우 121-854)
          TEL. 02-701-6911(대) / FAX. 02-701-4449
디자인   한언 디자인팀
홈페이지   www.haneon.com
e-mail   haneon@haneon.com

contents

끈질긴 행동과 열정으로 만들어가는
삶의 주인공은 바로 당신입니다.

열정은 나에게 고통을 주었고 그것을 받아들이게 했으며
또한 인내할 수 있도록 했다
Passion ; that which I suffer, allow, endure is done to me

chapter **1**

떨어진 돌

여기는 지구상에서 가장 아름다운 곳이다.

아름다운 곳은 많이 있다. 누구나 마음속에 자신만의 이상향을 간직하고 있다. 알려진 곳이든 알려지지 않은 곳이든, 실제로 있는 곳이든 상상 속에 있는 곳이든…. 귀소본능을 가지고 있는 인간의 능력에는 한계가 없다. 신학자, 조종사, 우주 비행사들은 저기 멀리 우주 공간의 차갑고 어두운 곳에서 그들을 부르는 집의 간절한 외침을 느꼈다. 나에게는 유타주*utah*의 모아브*moab*가 가장 이상적인 곳이다. 물론 도시를 말하는 것이 아니라 도시를 둘러싸고 있는 지역, 그러니까 협곡을 말하는 것이다. 매끄러운 바위로 이루어진 사막, 붉은 흙, 타는 듯한 절벽과 외로운 하늘, 그 모든 것이 길이 끝나는 곳 너머에 있었다.

에드워드 애비*Edward Abbey*

《태양이 머무는 곳, 아치스》

5일간의 여행

구름이 이리저리 흩어지며 붉은 사막 위 파란 하늘을 질주했다. 그 사막이 생긴 이래 그처럼 태양이 이글거리는 날들이 얼마나 많았을지 궁금해졌다.

그날은 2003년 4월 26일 토요일 아침이었다. 나는 혼자 산악자전

거를 타고 유타주 중앙 동부에 있는 에머리 카운티의 동남쪽으로
멀리 뻗은 거친 흙길을 따라 달렸다. 차는 1시간 전에 말발굽협곡
입구 주차장에 세워 두었다. 말발굽협곡은 캐니언랜드 국립공원에
서 외따로 떨어져 있는 곳이다.

160km 가까이 펼쳐져 있는 광활한 고원을 달리는데 갑자기 맞바
람이 심하게 불어왔다. 나는 기어를 최대한 낮추고 힘겹게 페달을
밟으며 겨우겨우 앞으로 나아갔다. 속도가 나지 않아 기어가다시피
한 것보다도, 맞부딪치는 갈색 모래바람이 더 고역이었다. 모래먼
지를 피하려고 해 봤지만, 이따금씩 길 전체가 그 모래로 덮이는 바
람에 자전거가 쓰러지기도 했다.

'이 무거운 짐만 아니라면 이렇게 힘들진 않을 텐데.'

10kg나 되는 식량과 장비. 보통 때라면 그런 짐을 가지고 다니지
않지만, 그날은 자전거를 타거나 걸으면서 깊고 좁은 협곡을 건너
48km를 갈 계획이었다. 거의 하루 종일 가야 했다. 3l짜리 수낭과
1l짜리 물병에 채워둔 물 4l 말고도, 가방에는 초콜릿 바 5개와 멕
시코 빵 2개, 주머니에 넣어 놓은 초콜릿 머핀이 들어 있었다. 여행
이 끝날 즈음이면 분명 배가 고플 테지만 하루 식량으로는 충분했
다. 이것들은 그다지 무겁지 않았다.

정작 무거운 것은 등산장비들이었다. 잠금형 카라비너[1] 3개와 직
선형 카라비너 2개, 가벼운 빌레이[2] 장비와 라펠[3] 장비, 넓이 1cm
의 웨빙[4] 묶음 2개, 웨빙보다 길며 10개의 고리가 박음질되어 있는
데이지 체인[5], 안전벨트, 길이 60m에 굵기 1.5cm인 튼튼한 자일[6],
7m 50cm 길이에 2.5cm 굵기의 관 모양 웨빙, 앵커[7]를 만들 때 웨

빙을 자르기 위해 가지고 다니긴 하지만 거의 사용하지는 않는 작은 칼날 2개와 집게가 달린 다목적 도구 등. 이외에도 배낭에는 헤드라이트, 헤드폰, CD플레이어와 CD 몇 개, 여분의 건전지 몇 개, 디지털 카메라, 소형 디지털 비디오 캠코더, 그리고 거기에 들어가는 건전지와 그 물건들을 보호하는 천 가방 몇 개도 들어 있었다. 꽤 무게가 나갔지만 다 필요하다고 생각했다. 심지어 카메라까지도….

1) 카라비너(독일어) *Karabiner*

중앙에 자일을 넣을 수 있는 강철로 만든 둥근 고리, 스프링이 달려 있고 O형과 D형 따위의 여러 가지 모양이 있음. 자일의 연결고리

2) 빌레이 *belaying pin*

빌레이는 '자일을 감아 매다' 라는 뜻. 자일의 이동속도를 제어해 주는 장치.

3) 라펠 *rappel*

이중 자일과 특수도구를 사용하는 현수 하강(懸垂下降)

4) 웨빙 *webbing*

여러 겹의 강섬유로 촘촘히 짜여진 얇은 끈. 납작하거나, 관 모양으로 되어 있으며 등반 앵커를 설치할 때 유용하다.

5) 데이지 체인 *Daisy chain*

굵기가 두껍고 특별한 매듭이 묶어진 웨빙의 일종, 다양한 종류의 매듭을 만들 수 있으며 안전벨트 등의 다른 장치에 연결하는 데 사용한다.

6) 자일 *seil*

등산용 밧줄. 기본적인 자일 사용법을 지도자의 지도를 받아 충분히 익힌 다음에 사용하지 않으면 위험하다. 자일은 사용범위가 명시되어 있으나 충격이나 마찰 때문에 강도가 줄므로 면밀한 점검관리와 주의가 필요하다. 사용 가능 기간이 지난 것, 한번 강한 충격을 받은 적이 있는 자일은 사용해서는 안 된다.

7) 앵커 *anchor*

어떤 도구를 사용해 자일을 암벽에 고정시키는 것. 바위를 뚫어 나사를 고정시키거나, 나무나 큰 바위에 자일을 묶어 움직이지 않도록 하는 것

물론 짐이 가벼운 여행이 더 즐겁긴 했다. 나는 짐은 적게 하고 많이 움직여 주어진 시간에 더 멀리 갈 수 있는 방법을 배웠다. 그 전날인 금요일에는 작은 배낭에 자전거 수리 도구 몇 개와 카메라만 넣어갔는데, 4시간 주행에는 적다 싶은 4kg 정도 되는 무게였다. 저녁에는 자전거 장비를 내려놓고 물과 카메라 장비, 단 2.5kg만으로 8km를 달렸다. 목요일에는 아스펜에 사는 친구와 함께 콜로라도 서부에 있는 3,898m 높이의 소프리스 산에 올라가 스키를 탔는데, 여분의 옷 몇 벌과 산사태가 일어날 경우에 쓸 구조장비, 7kg만가지고 갔다.

하지만 그 날은 수백 개가 넘는 암각화의 본거지인 말발굽협곡의 고고학적 장소 네 곳을 둘러보는 특별코스까지도 여행 계획에 넣을 생각이었다. 나는 구불구불한 슬롯 협곡*Slot canyon* 깊숙이 퍼져 있는 신비한 색과 모양 그리고 협곡 구석진 곳에 보존되어 있는 선사시대의 예술품들을 사진 찍기를 좋아했다. 말발굽 협곡 바닥의 배리어 크리크*Barrier Creek* 수로를 따라 늘어서 있는 5000년 된 벽화와 그림들은 고대 사람들의 존재를 말없이 기록하고 있었는데, 이를 보호하기 위해 미국 의회는 캐니언랜드 국립공원에 그 외떨어진 말발굽협곡을 포함시켰다. 위대한 미술관*GreatGallery*이라고 불리는 그 암벽에는 2m 50cm에서 3m 높이의 초인적인 존재들이 희미한 형태의 동물들 뒤에 사다리꼴 대형으로 떠 있으면서, 하나같이 그 길고 거무스름한 몸과 넓은 어깨, 번뜩이는 눈빛으로 맹수와 구경꾼을 위압하고 있다. 그 중 몇몇은 창과 몽둥이를 든 사냥꾼 같기도 하다. 그들 대부분이 팔다리가 없고 뿔이 달려 있어서 으스스한 모습의 귀신처럼 보이기도 한다.

환영들의 당당하고 거대한 모습, 유구한 역사, 음산하고 다소 사악해 보이는 디자인. 이 뛰어남에 인류학자들은 '배리어 크리크 양식'이라고 이름을 붙였다. 이것을 만든 예술가들의 의도를 알 수 있는 문서기록은 존재하지 않지만, 의도한 뜻이 무엇이든 간에 몇 천 년이 지나도 자신의 모습을 그렇게 거의 완전한 상태로 보여 주고 있다는 것만으로도 충분히 그들의 신비로운 힘을 알 수 있다.

그곳을 보다 보면 이런 질문이 떠오른다.

'이렇게도 진보한 오늘날의 우리는 앞으로 5000년 후에 무엇을 남기게 될까?'

모르긴 몰라도 예술품은 아닐 것이다. 엄청나게 늘어난 여가시간이 만들어 낸 그 무엇도 아닐 것이다. 우리들은 대부분 TV 앞에서 여가시간의 즐거움을 그냥저냥 써버리고 있기 때문이다.

만남

나는 협곡이 축축한 진창일 거라고 생각하고 모직이 섞인 두꺼운 양말과 낡은 운동화를 신었다. 그렇게 발을 꽁꽁 싸니 자전거 페달을 밟을 때마다 땀이 배어 나왔다. 뿐만 아니라 연갈색 나일론 바지 안에 껴입은 스판덱스 바지도 땀에 젖었다. 모래바람을 맞으면서 기를 쓰고 가다가, 나무그늘에서 숨을 돌린 것이 오전 10시 30분쯤. 시시각각 모습이 변하는 사막은 어느덧 색채가 선명한 바위 산봉우리, 모습을 감추고 있던 절벽, 비바람을 견디고 휘감긴 암벽, 기울고 뒤틀린 협곡, 깨어진 돌기둥을 드러냈다. 그곳은 마법의 나라였고 주술의 나라였다. 그곳은 대수도원의 나라이기도 하고, 길의 끝 너머에 있는 붉은 황무지이기도 했다.

내가 가려는 협곡의 표지를 찾아 방향을 가늠한 후에야 모아브의 빵집에서 사온 초콜릿 머핀을 꺼내 한입 베었지만 삼킬 수가 없었다. 건조한 바람을 맞은 뒤라 머핀과 내 입 모두 바짝 말라버렸다. 나는 머핀의 나머지를 입에 넣은 다음 어깨끈에 매어놓은 수낭의 비닐관으로 꿀꺽 물을 삼켰다.

산을 올랐다가 내려오는 길은 바람을 막아주는 능선을 따라 달렸다. 하지만 다음 언덕 꼭대기에서는 다시 한 번 돌풍과 전쟁을 치르며 앞으로 나가야 했다. 길에 휘몰아치는 세찬 바람을 따라 다리를 아래위로 움직이며 20분쯤 가자 캐니언랜드의 미로구역으로 향하는 오토바이 운전자 무리가 나를 지나쳤다. 그 오토바이들이 일으키는 바람이 그대로 내 얼굴을 덮쳤다. 입술에 왕모래가 들러붙어 나는 얼굴을 찌푸리고 혀로 이를 핥으면서 속도를 올렸다.

'어디로 가는 것일까?'

궁금했다. 하지만 그들은 금세 내 시야에서 사라져 버렸다.

얼굴을 때리는 바람을 맞으며 광활한 대지를 달리다 보니, 어느새 말발굽협곡을 가로지르는 내 목표지점이 눈앞에 다가와 있었다. 고약한 바람에서 한시라도 빨리 벗어나고 싶은 마음뿐이었다. 1.5km를 더 가, 1시간에 걸쳐 맞바람을 맞으며 구불구불한 길 50km를 달린 내 여정도 끝이 났다. 나는 자전거에서 내려 평지 한

가운데 있는 나무까지 자전거를 끌고 간 다음 뒷바퀴에 자물쇠를
채웠다. 누군가 그곳까지 와서 내 자전거에 손을 댈 것 같지는 않았
지만, 아버지가 하시던 말씀대로 정직한 사람을 유혹할 필요는 없으
니까. 나는 자물쇠 열쇠를 주머니에 넣고 가장 가보고 싶었던 곳인
블루 존*Blue John*협곡으로 향했다. 외딴 지름길에 나 있는 오솔길을
따라가니 이제 바람 소리도 그리 시끄럽지 않기에 CD플레이어로
좋아하는 음악을 들었다. 먼지가 이는 붉은 사암의 모래 언덕을 지
나고 나서 모래 골짜기에 다다르자, 이제 막 형성되고 있는 협곡으
로 가는 길이 나왔다.

'좋아, 제대로 가고 있는 거야.'

바로 그때 협곡 아래쪽 30m쯤에서 두 사람이 사라지는 모습이
보였다. 나는 모래언덕을 뛰어 내려가 얕은 개울까지 갔다. 모래 언
덕의 구석까지 가니 그 여행객들이 보였다. 젊은 여자들이었다.

'이런 곳에 웬 사람이지?'

그 외딴 사막에서 사람을 보았다는 사실이 놀라웠다. 여행하는
내내 떠나지 않았던 외로움을 떨치고 싶은 마음도 들어서, 나는 헤
드폰을 벗고 그 사람들을 따라잡기 위해 걸음을 재촉했다. 두 사람
은 내가 그냥 걸어도 따라잡을 만한 속도로 걷고 있었기 때문에 얼
마 지나지 않아 그들 가까이 갈 수 있었다. 그렇게 외딴 장소에서 같
은 취미를 가진 사람을 만나는 일이 내게는 늘 재미있는 경험이었
다. 특히 그들이 나처럼 빠른 속도로 갈 수 있다면 더욱 그랬다. 두
사람은 또 다른 커브를 돌다가 나를 보았지만 기다려 주지 않았다.
결국 그들을 따라잡긴 했는데, 사실 그들이 멈추지 않는 한 먼저 앞

질러 갈 수는 없었다. 그리고 그들은 멈추지 않았다. 한동안은 함께 걸어가야 할 것 같아 먼저 말을 붙여 보기로 했다.

"안녕하세요. 여행 중이신가요?"

그들이 외진 곳에서 만난 낯선 사람을 아무렇지 않게 대할지 확신이 서지 않았다. 두 사람은 그냥 간단하게 인사만 했다.

"네, 그래요."

조금 더 얘기를 나누고 싶은 생각에 다시 말을 붙여 보았다.

"오늘 같은 날 이런 곳에서 사람을 보리라고는 생각도 못했어요."

그러고는 웃음을 지으며 내 소개를 했다.

"전 아론이라고 합니다."

두 사람은 눈에 띄게 긴장을 풀더니 웃으며 자기들의 이름을 말했다. 피부가 거무스름하고 두 사람 중 좀 더 사교적으로 보이는 사람은 메간이었고 다른 한 사람은 크리스티였다. 두 사람 다 이십대 중반으로 보였고, 모아브 출신이었다. 잠시 동안 두 사람의 이름을 얼굴과 대조해 가며 외운 덕분에 나중에도 헷갈리지 않았다. 메간이 말했다.

"사막에서 1시간 동안 길을 잃었다가 협곡으로 가는 통로를 발견했어요."

"자전거를 타고 다니면 주위 풍경이 천천히 지나가요. 자동차를 탈 때보다 길을 찾기가 더 쉽죠."

"아, 맙소사. 만일 우리가 자전거를 타고 왔더라면 여기에 도착하기도 전에 바람에 바짝 말라 버렸을 거예요."

그 얘기로 분위기가 한결 부드러워졌다. 그렇게 얘기를 나누면서 우리 세 사람은 모두 야외 레크리에이션 계통에서 일한다는 것을 알게 되었다. 아웃워드 바운드의 기획 관리자였던 두 사람은 모아브에 있는 회사 물류 창고의 물건으로 그 여행을 준비했다.

"나도 아스펜에 있는 야외 활동 장비 상점에서 일하고 있어요."

힘든 일을 자처해서 하는 우리 같은 사람들은 돈은 많지만 열정이 없이 사는 것보다 경제적으로는 궁핍하지만 풍요로운 경험을 하며 꿈을 이루고 사는 편이 더 좋다고 생각한다. 우리는 환경에 대해서도 공통된 견해를 가지고 있었는데, 에드워드 애비를 환경론의 현인으로 생각하고 있었다. 그는 적극적인 환경 보호론자이며 반反개발·반反관광을 주장한, 술고래·호전적인 활동가·황야와 여성을 사랑하는 사람으로 유명하다. 문득 그의 별난 표현법이 떠올라 그들에게 말했다.

"그가 쓴 수필 중에 이런 내용이 있어요. '물론 우리 모두는 위선자다. 환경론자들에게 있어 유일하게 진실된 행동이라면 머리에 스스로 총을 쏘는 일일 것이다. 그렇지 않으면 그는 단지 존재하고 있다는 사실만으로 이 땅을 오염시키고 있는 것이다.' 조금 다른 부분이 있긴 하겠지만 내용은 아마 맞을 거예요."

"섬뜩하군요."

메간은 스스로를 쏘지 못해 미안하다는 표정으로 대답했다.

헤어짐

시간이 지나 정오가 가까워졌다. 우리는 가파르고 매끄러운 암벽을 미끄러져 내려간 다음 블루존 협곡으로 이어지는 첫 번째 슬롯 협곡을 지나 더 깊고 좁은 부분으로 갔다. 나는 4m가 넘는 바위기둥을 내려 가다가 운동화 바닥으로 그 붉은 사암에 검은 두 줄을 남기며 미끄러져 바닥의 모래로 넘어졌다. 모퉁이를 돌아 나가다 그 소리를 들은 크리스티는 바닥에 널브러져 있는 나를 보고 내가 떨어진 거라고 짐작했다.

"아, 저런! 괜찮아요?"

"예, 괜찮아요. 일부러 그런 거예요."

정말 일부러 미끄러진 것이므로 내 말은 진심이었다. 그녀는 내 말을 믿긴 하지만 왜 바보같이 좀 더 편하게 내려오지 못했느냐고 말하고 싶은 것 같았다. 주위를 둘러보니 그렇게 미끄러지지 않고도 더 쉽고 안전하게 내려올 수 있는 코스가 있었다. 순간 내가 좀 멍청하게 느껴졌다. 벼랑 가장자리의 바위 위로는 날이 점점 더워졌다. 그러나 두 벽의 높이가 60m에 이르지만 간격은 4m 정도밖에 안 되는 400m 길이의 협곡으로 들어가니 그 아래 공기는 점점 더 차가워졌다. 그 좁은 협곡의 바닥에는 햇빛이 전혀 닿지 않았다. 우리는 잠깐 멈춰서 까마귀 깃털 몇 개를 주워 모자에 꽂은 다음 사진을 찍었다. 1km 정도 가니 두 벽의 간격이 넓어졌다. 그 덕에 하늘도 보였고 협곡 아래 절벽들도 더 멀리까지 볼 수 있었다. 우리는 다시 걸음을 멈추고 녹고 있던 내 초콜릿 바 2개를 나눠먹었다. 크리스티가 메간에게 조금 권했지만 메간은 사양했다. 그러자 크리스티가 말했다.

"혼자서는 다 못 먹을 것 같은데… 아, 아니, 다 먹을 수 있겠다."

그 말에 우리는 다 같이 웃었다. 그리고 그곳에서 크리스티와 메간의 여정은 끝이 났다. 서로 작별 인사를 나누는데 크리스티가 말했다.

"저기, 아론. 우리하고 같이 가요. 당신 차 있는 곳까지 갔다가 맥주 한 잔 해요."

나는 계획한 일정을 마치는 데만 관심이 있었기 때문에 이렇게 대답했다.

"이러면 어때요? 당신들은 안전벨트가 있고 나는 자일이 있잖아요. 나와 함께 아래쪽 슬롯까지 간 다음 수직절벽에서 하강을 하는 거예요. 그리고 자전거를 타고 가서 그레이트 갤러리를 본 다음에 내가 당신들 차 있는 곳까지 태워다 줄게요."

"여기서 얼마나 더 가야 하는데요?"

메간이 물었다.

"13km 정도 더 가면 될 거예요."

"뭐라고요? 그러면 어두워지기 전에 나올 수가 없잖아요! 그러지 말고 우리와 같이 가요."

"정말이지 나는 암각화를 보고 싶은 마음뿐이에요. 끝나면 당신들을 만나러 갈게요."

두 사람은 내 말에 동의했다. 우리는 앉아서 다시 한 번 지도를 살폈다. 그러면서 우리가 그 외딴 슬롯 협곡을 찾기 위해 사용했던 협곡 등반 안내 책자에 있는 블루 존 지도에서 우리의 위치를 확인했다. 내가 갖고 있던 마이클 캘시*Michael Kelsey*의 《콜로라도 고원으로 떠나는 협곡 여행 가이드*Canyon Hiking Guide to the Colorado Plateau*》 최신판에는 100개가 넘는 협곡이 나와 있었는데, 그 각각의 협곡에는 손으로 그린 지도가 실려 있었다. 캘시가 그 협곡 모두를 직접 다녀보고서 그린 정교한 지도와 노선 설명은 거의 예술의 경지라 할 만했다. 등반이 까다로운 슬롯의 단면도, 찾기 어려운 암각화와 인공물들의 위치, 하강할 때 필요한 장비에 대한 상세 설명, 앵커 설치 지점, 깊은 물웅덩이 위치 외에도 그 책에는 갈 방향을 정하거나 혹은 현재 있는 위치를 알아낼 수 있도록 충분한 정보가 제공되어 있는데, 어느 한 부분 필요하지 않은 것이 없었다. 지도를 치우고 우리는 자리에서 일어섰다. 크리스티가 말했다.

"이 책에는 그림이 유령처럼 나와 있군요. 어쩐지 무시무시해요. 당신은 그 암각화에서 어떤 에너지를 찾을 거라고 생각하는 거예요?"

"흠."

나는 잠시 말을 멈추고 크리스티의 질문에 대해 생각했다.

"모르겠어요. 전에 그 암각화들을 보면서 나와 연결되어 있다는 느낌을 받았죠. 좋았어요. 그것들을 정말 보고 싶어요."

메간이 다시 물었다.

"정말 우리하고 같이 안 갈 거예요?"

그 두 사람이 확고한 것처럼 나 역시 그랬다. 헤어지기 전에 우리는 두 사람의 야영지에서 어두워질 무렵에 만나기로 한 계획을 다시 한 번 확인했다. 그 날 밤에 내 친구들 몇 명이 그 야영지 근처에서 스쿠비두*Scooby-Do*파티를 열 예정이었는데, 우리는 그곳에 함께 가기로 했다. 만날 장소가 외딴 곳에 있을 경우 대부분의 사람들은 종이 접시로 임시 표지판을 만들어 표시를 하는데, 내 친구들은 커다란 봉제 스쿠비두를 갈림길의 표지판으로 쓸 것이다. 그날 나의 일정, 그러니까 24km를 산악자전거로 달리고 24km의 협곡을 등반하는 하루의 모험을 마친 뒤에 친구들과 휴식을 즐기며 기분좋게 차가운 맥주를 마실 생각이었다. 사랑스러운 사막의 여인들을 다시 만나서 말이다. 우리는 다음날 아침, 비교적 무난한 협곡을 잠깐 여행하자는 계획까지 짠 다음 미소 띤 얼굴로 손을 흔들며 오후 2시에 헤어졌다.

다시 혼자가 된 나는 협곡 아래로 걸어가며 여정을 계속했다. 길을 따라 가면서 남은 휴가 기간을 계산해 보았다. 일요일에는 리틀 와일드 호스*Little Wild Horse*로 여행을 간다는 확실한 계획이 있으므로, 모아브에는 그날 저녁 7시쯤에 돌아갈 것 같았다. 캐니언랜드 국립공원에 있는 화이트 림*White Rim*에서 자전거를 타기 위한 장비와 식량, 물을 준비하고 잠깐 눈을 붙인 다음에 출발하면 시간은 충분할 듯했다. 헤드라이트와 별빛에 의지해 화이트 림에서 48km를 달리는 것을 시작으로 월요일 늦은 오후까지는 173km 거리를 마쳐야 했는데, 월요일 밤에는 나와 룸메이트들의 하우스 파티*House Party*가 열릴 예정이었기 때문이다.

큰 걸음으로 계속 걸으면서 휴대용 CD플레이어를 켰다. 청중의

박수 소리가 잦아들면서 느리면서도 경쾌한 기타 전주가 나오고 이어 감미로운 목소리가 들렸다.

"다시 못 보게 되면 어쩌나요?
파도가 그녀의 소식을 내게 전해줄까요?"

나는 석 달 전에 라스베이거스*Las Vegas*에 가서 보았던 피시 밴드*Phish show*의 두 번째 곡을 듣고 있었다. 잠시 동안 음악에 빠져들어 나는 미소를 지었다. 세상이 온통 즐거웠다. 그곳은 내게 행복한 장소였다. 아름다운 선율, 고독, 황야, 텅 빈 마음. 나만의 속도로 혼자 여행을 하며 생각을 모두 비워내는 상쾌함. 특별히 무엇 때문에 행복한 것이 아니고 행복하니까 행복한 무념의 행복이 그런 여행을 하는 이유다. 몸과 머리에서 모든 것이 정리되는 느낌이 들면서 내 영혼은 활기를 얻었다. 때때로 내 마음이 맑아질 때면, 혼자 하는 여행이 정신적인 성장에 이르는 나만의 방법이라는 생각이 들기도 했다. 앉아서 명상을 하려고 애쓸 때는 그런 상태에 도달하지 못했다. 혼자서 걸을 때만 그런 상태가 되었다. 하지만 안타깝게도, 그런 상태에 이르렀다고 내가 깨닫자마자 그 느낌은 사라지고, 생각이 돌아오며 초월한 듯한 느낌도 날아가 버렸다. 온전하게 행복해지는 텅 빈 충만을 나 스스로에게 주기 위해 열심히 노력해 보지만 느낌에 대한 판단이 느낌 그 자체를 없애 버렸다. 하지만 찰나의 그 막연한 행복감은 몇 시간 혹은 며칠 동안 나를 들뜨게 했다.

사고발생

노래에 정신을 빼앗기다 보니 어느새 협곡 벽들이 눈앞에 있고 슬롯이 시작되고 있는데도 미처 알아채지 못했다. 그곳은 높이 솟은 협곡이라기보다는 2개의 창고 사이에 있는 뒷골목 같았다. 경쾌한 기타 선율이 귓가에 감돌자 나는 으스대는 모양새로 걸어가며 오른쪽 주먹을 허공에 휘둘렀다.

이윽고 마른 협곡 바닥에 있는 첫 번째 급경사면에 이르렀다. 그 협곡에 물이 있었다면 폭포가 되었을 것이다. 사암에 묻혀 있는 좀 더 단단한 층들은 홍수로 인한 침식에 더 강했기 때문에 그 어두운 색 역암이 낭떠러지의 가장자리를 형성하고 있는 것이다. 내가 서 있는 바위에서 이어지는 협곡 바닥까지 약 3m가 조금 넘었다. 협곡 아래로 약 6m 지점에 S자 모양으로 된 통나무가 벽과 벽 사이에 박혀 있었다. 그 통나무를 이용하면 더 쉽게 내려갈 수 있을 것 같았지만, 오른쪽에 있는 얕고 경사가 있는 역암 쪽으로 내려가는 것보다 앞에 있는 가장자리를 넘어 협곡 바닥으로 이어지는 3m 높이 비탈로 가는 편이 더 수월해 보였다.

왼편에 바위 안쪽으로 패인 훌륭한 손잡이 몇 개를 이용해 경사진 암벽을 내려가면서 빗물 때문에 사암 벽에 주전자 손잡이 모양으로 들어간 곳을 잡았다. 몸을 최대한 뻗어 보니 바닥에서 60~

80cm 정도 떨어진 곳에서 두 다리가 매달렸다. 그 마른 협곡을 내려간 다음 바위 가장자리를 넘어 홍수로 주변 바닥보다 더 깊게 파인 모래 함몰부에 닿았다. 내 두 발이 마른 진흙을 치자 진흙은 분말처럼 부서지며 가루가 되었다. 나는 그 가루투성이의 공간을 신발 끝으로 퍼 올려 보았다. 거기까지 내려오는 것이 어려운 과정은 아니었지만 그렇다고 해서 그 급경사를 다시 올라갈 수는 없었다. 나는 앞으로 가야 할 코스만 생각했다. S자 모양의 통나무 아래를 걸어가는 동안 헤드폰에서는 또 다른 노래가 시작되었고, 협곡은 머리 위에 있는 모래 지붕 꼭대기 아래 10m 정도로 깊어졌다.

"내가 악마 이야기를 당신에게 하지 않은 것 같아요.
예전에 나는 그 이야기를 알았고 누군가에게
얘기하기도 했어요. 하지만 절대 자랑하지는 않았죠."

3m 쯤 되는 넓이의 틈 위로 희미하게 하늘이 보였다. 내가 가는 방향에 자동차 크기만 한 쐐기돌 2개가 30m 간격으로 있었다. 하나는 모래로 된 협곡 바닥에서 30cm 떨어져서 있었고, 다른 하나는 바닥에 수직으로 꽂혀 있었다. 나는 그 2개의 방해물 위를 기어 내려갔다.

협곡은 뇌우가 내려칠 때는 절대 있을 만한 곳이 못 되었다. 협곡 바로 위에 있는 하늘이 맑다고 해도, 2~3km 떨어진 유역에서 호우가 발생하면 미처 대비를 하지 못한 협곡 등반자들이 다치거나 익사할 수 있었다. 일단 비가 내리면 쏟아지는 빗물을 땅이 미처 다 흡수하지 못했다. 미국 동부에서는 땅이 빗물에 포화상태가 되려면 며칠 혹은 몇 주가 걸리며 비가 10~20cm 혹은 30cm 정도 오고 난 후에야 강물이 범람한다. 하지만 사막에서는 햇볕에 말라 딱딱해진 땅이 마치 불에 건조된 타일 같았다가, 폭풍우를 머금은 구름이 하나 뜨면, 5분도 채 안 되어 비가 내리고 그 양이 2~3cm만 되어도 순식간에 홍수가 시작된다. 그 척박한 땅에 흡수되지 못한 비는 대홍수가 되는 것이다. 이런 빗물이 모이면 12m 넓이의 협곡은 순식간에 30cm 높이로 물이 불어난다. 그리고 그와 똑같은 양의 물이 제한된 공간에서는 재앙을 일으킬 만한 급류가 된다. 벽 사이의 간격이 1m 정도로 좁아지는 곳이라면 그 물줄기는 3m 높이에 이르는 진흙 소용돌이와 정신없이 휘몰아치는 파편들로 변해 커다란 돌덩이들을 옮기고 협곡을 침식한다. 그리고 미처 안전한 곳으로 올라가지 못하면 죽음을 피할 수 없다.

음악에 맞춰 머리를 까딱까딱 움직이며 20m 정도를 더 걸으니 쐐기돌 2개가 나란히 있는 곳이 나왔다. 그 돌들을 기어 넘어가니 이번에는 또 5개의 쐐기돌이 있었다. 모두 커다란 냉장고만한 크기였으며 협곡 바닥 위로 각자 다른 높이에 벌을 받는 것처럼 끼여 있었다. 그처럼 많은 쐐기돌들이 일정한 간격으로 줄지어 있는 광경을 보는 것은 드문 일이었다. 그 쐐기돌 때문에 낭떠러지 아래 공간은 폐쇄 공포증을 일으킬 것만 같은 짧은 터널과 같았다. 그곳을 다 지나니 이번에는 90cm 정도 밖에 안 되는 좁은 폭이 아래로 15m 정도 계속되는 지점이 나타났다. 그처럼 좁은 틈에서는 두 발과 등을 각자 다른 쪽 벽으로 뻗치고 슬롯을 따라 몸을 움직여야 했다.

손과 발을 반대 방향에 있는 벽으로 뻗는 방식으로 반대 압력을 조절하면 두 벽과 손, 발, 등 사이에 마찰 접촉이 계속 되면서 어깨 넓이의 좁은 틈을 꽤 수월하게 오르내릴 수 있었다. 그런 기술을 스테밍stemming 혹은 침닝chimneying이라고 한다. 굴뚝 안을 타고 오를 때 사용하는 방식을 생각하면 될 것이다.

첫 번째 쐐기돌 조금 밑으로 이번에는 버스 바퀴만한 쐐기돌 하나가 1m쯤 튀어나와 있는 두 벽 사이에 단단히 고정되어 있었다. 만일 그 돌을 밟고 설 수 있다면 내려가야 할 거리가 2m 50~60cm 남짓으로 첫 번째 암벽보다 더 짧은 셈이었다. 나는 일단 그 쐐기돌에 매달린 다음 협곡 바닥에 쌓여 있는 둥근 돌들까지 짧은 거리를 뛰어내릴 생각이었다. 한 발을 한 쪽 암벽에 대고 한 손을 다른 쪽 벽에 댄 상태로 그 쐐기돌 근처에 섰다. 등으로 뒤쪽 벽을 누르고 왼쪽 무릎을 안으로 접으니 발이 앞쪽 벽을 단단히 떠받치게 되었다. 오른발로 돌덩이를 차보면서 그것이 어느 정도로 고정되어 있는지 시험했다. 돌이 약간 흔들리긴 했지만 그럭저럭 내 무게를 지탱했다. 나는 침닝 자세로 내려가 그 쐐기돌에 올라섰다. 돌은 약간 흔들리긴 했지만 괜찮았다. 쐐기돌에서부터는 침닝 자세로 내려가지 않기로 했으므로 몸을 웅크린 자세에서 쐐기돌의 뒤쪽을 잡고 협곡 위쪽으로 등이 가도록 했다. 그리고 나서 돌의 앞쪽 가장자리에 배를 대고 미끄러지면서 두 팔을 완전히 벌리고 집의 지붕에서 내려오는 것과 비슷한 자세로 내려왔다.

매달려 있는 돌에 내 몸의 무게가 더해지면서 돌이 원래 있던 자리에서 불안하게 흔들리자, 나는 순간 문제가 생긴 것을 알았다. 그래서 흔들거리는 돌에서 본능적으로 손을 떼고 얼른 아래에 있는 둥근 바윗돌 위로 발을 디뎠다. 미처 자세를 잡기 전에 고개를 들어 보니 내가 매달려 있던 돌이 뒤로 빛을 받으며 내 머리를 향해 떨어지고 있었다. 반사적으로 두 손을 머리 위로 올렸다. 뒤쪽으로는 움직일 수가 없었다. 만일 그렇게 한다면 작은 바위틈 너머로 떨어질 수도 있었다.

시간은 더디게 흘러갔다. 마치 꿈을 꾸고 있는 것처럼 나는 천천히 반응했다. 돌은 느린 동작으로 뒤쪽 벽 위에 있던 내 왼손을 내리쳤고 내 두 눈은 그 충돌을 똑똑히 보았다. 나는 돌이 튀어오를 때 왼쪽 팔을 확 잡아당겼다. 하지만 이번에는 돌덩이가 오른손을 짓누르는가 싶더니 순식간에 손목까지 돌 안으로 빨려 들어갔다. 엄지손가락은 위로 올라가고 다른 손가락들은 쫙 펴진 채 손바닥이 돌 안으로 들어간 것이다. 바위가 벽을 따라 30cm정도 미끄러지면서 내 오른쪽 팔뚝의 옆쪽 살갗이 찢어졌다. 다음 순간 정적이 흘렀다.

떨어진 돌덩이와 협곡 벽 사이의 믿을 수 없을 만큼 좁은 공간으로 팔이 사라져 버렸다. 잠시 동안 내 모든 생각이 마비되었다. 그리고 얼마간 시간이 지나자 정신적 충격 대신 신경 체계의 통증이 시작되었다. 맙소사, 내 손! 나는 극심한 고통으로 공황 상태에 빠졌다.

"이런, 제길!"

나는 얼굴을 일그러뜨리며 날카로운 비명을 질렀다. 내 이성이 몸에게 명령했다.

'거기에서 손을 빼!'

팔을 돌 아래에서 빼낼 수 있으리라는 순진한 마음에 세 번이나 팔을 당겨 보았다. 하지만 내 팔은 꼼짝도 하지 않았다. 불안감으로 머리가 빙글빙글 돌았고, 손목 윗부분의 통증이 극심했다. 나는 거의 미칠 지경이 되어 소리쳤다.

"아, 빌어먹을! 어쩌지! 어떻게 하지?!"

너무나 혼란스러운 그 상황에서 평범한 어떤 어머니가 아기를 구출하기 위해 극도로 흥분하여 전복된 차를 들어 올렸다는 근거가 불분명한 이야기가 떠올랐다. 그저 누군가 꾸며낸 이야기일지도 모른다고 생각했지만 내 몸의 화학 물질들이 최대로 넘쳐나는 **바로 그 순간이** 무한한 힘을 발휘해 돌 사이에서 **빠져나올** 수 있는 가장 좋은 기회임을 분명하게 알았다. 나는 그 큰 돌덩이를 떠밀고, 들어 올리고, 왼손으로 밀어도 보고, 두 무릎으로 받쳐 들어 올려도 보았다. 발 앞에 있는 30cm가 좀 넘는 바위가 훌륭한 지레가 되었다. 그 위에 서서 허벅지로 쐐기돌을 떠받치고 몇 번이고 반복해서 위로 떠밀며 주문을 외웠다.

"제발… 움직여!"

하지만 아무 소용이 없었다.

잠시 쉬었다가 또 다시 그 쐐기돌을 밀었다. 역시 돌은 꿈쩍도 하지 않았다. 두 발을 다시 바위턱에 디뎠다. 좀 더 잡기 좋은 곳을 찾기 위해 쐐기돌 밑 부분을 더듬다가 왼손을 위로 젖혀 새로운 부분을 잡고는 숨을 크게 들이쉬고, 이전보다 더 세게 돌덩이를 밀었다.

"으으으…….아아아!"

갑작스럽게 힘을 쓴 탓에 폐에서 바람이 밀려나왔지만 돌이 흔들거리며 내는 조용하고 텅 빈 소리를 가릴 뿐이었다. 돌의 움직임은 거의 알아차릴 수 없을 만큼 미세했다. 내가 얻은 거라고는 이미 심한 고통에 찌르는 듯한 충격을 더한 것뿐이었다. 나는 숨을 몰아쉬며 한마디 내뱉었다.

"아! 빌어먹을!"

쐐기가 된 손

돌덩이를 2~3cm 정도 옮기긴 했지만 그 때문에 오히려 돌은 내 팔목 위에 더욱더 단단히 자리 잡았다. 돌덩이가 조금 움직인 것은 내가 얼마나 흥분해 있는지를 나타내는 표시일 뿐이었다. 이제 내가 원하는 것은 그 돌을 조금 더 움직이는 것뿐이었다. 나는 다시 자세를 잡은 다음 왼손으로 돌의 윗부분을 밀었다. 별다른 효과는 없었다. 깔린 손에 느껴지는 고통이 조금 누그러지긴 했어도, 그 과정에서 왼쪽 무릎 바로 위의 허벅지 살갗이 벗겨지고 멍이 들었다. 땀이 비 오듯 흘렀다. 왼손으로 오른쪽 셔츠 소매를 어깨까지 걷어 올리고 이마의 땀을 닦았다. 숨이 차서 가슴이 위아래로 들썩거렸다. 목이 말랐다.

하지만 수낭의 호스를 빼는 순간, 물통이 비어 있다는 것을 알았다. 배낭에 있는 물병에 물 1ℓ 정도가 남아 있긴 했지만 오른손이 갇혀 있어 배낭을 벗겨 낼 수가 없었다. 일단 왼팔을 가방끈에서 빼내고, 오른쪽 가방끈을 늘렸다. 그 늘린 끈 안으로 머리를 집어넣어 몸통을 통해 가방을 벗었다.

짙은 회색 물병을 꺼내 내가 뭘 하는지 미처 깨닫기도 전에 물을 입 안 가득 넣고 세 번을 벌컥벌컥 마셨다. 다음 순간, 채 5초도 안 되어서 남아 있는 물의 3분의 1을 마셔버렸다는 생각이 머리를 때렸다.

‘아, 이런 멍청이 같으니. 빨리 뚜껑 닫고 저리 치워. 더 마시면 안 돼.’

나는 물병 뚜껑을 단단히 닫고 무릎 위에 놓인 가방에 물병을 넣은 다음 심호흡을 크게 세 번 했다.

‘자, 이제 좀 진정해 보자. 흥분해 봤자 달라지지 않아. 상황을 보고 무슨 방법이 있는지 생각해 보는 거야.’

단시간에 끝날 상황이 아니었으므로 생각을 해야 했다. 그러려면 차분해져야 했다. 놀랍게도, 사고가 난 지 벌써 30분이나 지나 있었다. 정신없이 무모한 행동을 하는 동안 그 시간이 흘러가 버린 것이다. 우선 그 돌덩이가 어떻게 내 손목을 누르고 있는지 살펴보았다. 쐐기돌은 중력과 마찰 때문에 두 암벽 사이에 끼어 있다가 이제 협곡 바닥으로부터 1m 조금 넘는 높이에 다시 자리를 잡았다. 두 벽이 그 돌덩이를 세 지점에서 단단히 잡고 있었고, 돌의 아래쪽에서는 내 손과 손목이 그 끔찍한 안착에 지지대 역할을 하고 있었다.

‘내 손은 돌에 그저 갇혀 있는 게 아니야. 돌을 암벽에서 떠받치고 있는 거야. 이렇게 한심할 수가.’

협곡의 뒤쪽 벽을 따라 보이는 내 오른손에 왼손을 대 보았다. 먼저 엄지손가락을 만져 보았다. 그것은 이미 죽은 잿빛으로 변했다. 자세도 옆쪽으로 삐딱하게 틀어져 있었는데 아주 부자연스러웠다. 나는 왼손의 집게손가락과 중지손가락으로 엄지손가락을 잡고 똑바로 세웠다.

'전혀 감각이 없군.'

나는 마치 다른 사람의 문제를 진단하듯 오른손의 무감각을 덤덤하게 받아들였다. 그처럼 냉정하고 객관적이 되니 마음도 차분해졌다. 감각이 없으니 내 손 같지가 않았다. 내 손이라면 만졌을 때 느낌이 있어야 했다. 오른팔에서 감각이 있는 부분은 돌덩이가 누르고 있는 손목까지가 다였다.

'지금 손의 모양, 사고 당시 뼈가 갈라지는 소리가 없었다는 점, 그리고 왼손으로 느껴지는 모든 감각으로 판단하건대 아마도 뼈는 전혀 부러지지 않았을 거야.'

하지만 사고의 성격으로 봐서 연조직은 상당히 손상된 듯했고, 내 지식으로 볼 때 손 가운데 부분의 무엇인가가 부러졌을 가능성도 있었다. 어느 쪽이든 좋은 상황은 아니었다.

쐐기돌의 아랫면을 통해 오른손의 새끼손가락을 만질 수 있었다. 새끼손가락은 손바닥 안쪽으로 말려 있어 부분적으로 주먹을 쥔 것처럼 되었다. 내 손 근육들은 억지로 조여진 상태가 된 듯했다. 손을 펼 수도 없었고 손가락들을 하나씩 따로 움직일 수도 없었다. 손가락을 구부려 완전히 주먹을 쥐려고도 했지만 조금도 잡아당길 수가 없었다. 그것 역시 좋지 않은 상황이었다.

여기저기 찔러보는 일을 그만두고 왼쪽 손목을 보았다. 굵기가 8cm정도 되어 보였다. 하지만 오른쪽 손목은 눌려서 그것의 6분의 1정도 밖에 안 되었다. 뼈가 없었다면 내 팔은 그 무거운 돌덩이에 납작하게 짓눌렸을 것이다. 오른손으로는 혈액 순환이 전혀 되지 않는 것 같았다. 감각이나 움직임이 없는 것은 신경이 손상되었다는 얘기일 것이다. 어떤 상처를 입었는지는 모르지만 아무튼 내 오른손은 몸의 혈액 순환, 신경과 운동 통제 체계에서 완전히 벗어나 있었다. 그것이 세 번째 '좋지 않은 현상'이었다.

의미 없는 탄식이 터져 나왔다.

"아, 제길! 어떻게 이런 일이 생겼지? 대체 이게 뭐야! 대체 어쩌다가 이 빌어먹을 돌덩이에 손이 갇힌 거야? 이것 좀 봐! 손이 다 뭉개졌어. 죽어가고 있다고! 그런데도 내가 할 수 있는 일은 아무 것도 없어. 몇 시간 안에 피를 다시 돌게 하지 못하면 손은 죽어 버릴 거야."

그 순간 냉철한 이성이 대답했다.

'아니야. 빠져나갈 수 있을 거야. 그러니까, 빠져나가지 못한다면 손만 잃게 되는 게 아니란 거지. 살고 싶다면 빠져나가야만 해!'

하지만 그 순간 이성은 내 통제 범위 밖에 있었다. 그때까지도 흥분이 완전히 사라지지 않았다.

'너는 갇힌 거야. 이제 넌 끝난 거야.'

비관에 빠지고 싶지 않았지만 내 왼쪽 어깨에 있는 악마는 영악해서 허세 따위는 부리지 않았다. 그 조그마한 녀석이 속삭이는 말은 모두 옳았다. 앞으로의 내 운명은 암담했다. 하지만 절망을 받아들이기에는 너무 일렀다.

'됐어, 그만해! 그런 생각은 아무 소용 없잖아.'

내 오른쪽 어깨에서 이야기하는 어떤 존재는 내가 처한 현실을 정확하게 지적해 주었다. 내가 걱정해야 할 것은 손이 아닌 더 큰 문제였다. 이미 벌어진 문제에 지나치게 집중해 봤자 기운만 소모할 뿐이었다. 더 많은 정보를 찾아야겠다는 생각이 들었다. 그런 결정을 하고 나니 담담히 상황을 받아들이자는 생각이 들었다.

오른쪽을 올려다보았다. 쐐기돌 위 30cm쯤 되는 벽에 작은 살점과 사암을 물들인 핏자국이 보였다. 그 돌덩이가 내 팔을 깔고 미끄러질 때 매끄러운 나바조 사암이 강판처럼 내 피부를 얇게 벗겨낸 것이다. 다행히 더 이상의 출혈은 없었다. 헤드폰은 귀에서 떨어져 나간 상태였지만 마음이 좀 진정되니 떨어진 CD에서 환호하는 청중들의 갈채 소리가 그대로 들렸다. 그 소리는 이내 잦아들더니 곧 CD플레이어가 멈췄다. 아무런 소리없이 조용해지자 상황이 더욱 또렷히 인식되었다.

'나는 꼼짝없이 갇혔어. 여기서 기껏해야 몇 센티미터밖에 움직이지 못해. 문제는 내가 있는 곳을 아는 사람이 하나도 없다는 거야. 어쩌자고 친구들한테 일정도 말하지 않은 걸까'

믿을 만한 사람에게 자세한 여행 일정을 남기지 않았으니 오지 여행의 기본 원칙을 어긴 셈이었다. 평소에는 어머니의 가르침대로 언제나 룸메이트나 가족에게 등산 행선지를 알렸지만, 그날의 여행은 그저 이리로 가볼까 하는 순간적인 충동으로 나선 것이라 나 자신도 목적지를 알지 못했다. 그리고 이제 나는 사람들이 별로 찾지 않으며, 아무리 소리를 쳐봐야 50m 밖에서는 들리지도 않는 그곳에 홀로 있었다. 조금만 있으면 생명이 위험할지도 모르는 상황에서 말이다.

시계는 오후 3시 28분을 가리켰다.

'돌이 내 팔로 떨어진 지 45분이나 지났어.'

어쩐지 좀 차분해졌다. 왼손으로 가방의 물건을 하나씩 하나씩 꺼내면서 내가 가진 것들을 점검해 보았다. 멕시코 식 땅콩빵 2개는 500kcal는 될 듯했다. 가방 밖에 달려 있는 그물 주머니에는 CD플레이어, CD 몇 개, 여분의 건전지 몇 개, 소형 디지털 비디오 캠코더가 있었다. 또한 다용도 도구, 헤드라이트도 있었다. 나는 전자제품들은 정리하고 칼과 헤드라이트는 꺼내 돌덩이 위에 놓았다. 카메라 부품에 먼지가 묻지 않도록 하기 위해 천으로 된 안경 주머니에 카메라를 넣고 그물 주머니에 넣었다. 물병과 빈 수낭을 제외하고, 가방 속에는 지퍼가 달린 검은 색 자일 가방 안에 든 녹색과 노란색으로 된 등산 자일, 암벽 등반 안전벨트, 수직절벽에서 하강할 때 쓰려고 가져온 라펠 장비의 작은 다발이 있었다.

'자 이제 생각해 봐. 어떻게 빠져나가지?'

손쉬운 방법들이 먼저 떠올랐는데, 꽤나 희망적이고 현실성이 있어 보이는 것도 있었다.

하나는 다른 협곡 등반자들이 그곳을 지나다가 나를 발견하는 것. 그들은 내가 빠져나오도록 돕거나 아니면 내게 옷과 음식과 물을 준 다음 도움을 청하러 갈 수도 있을 것이다.

두 번째는 메간과 크리스티가 나와의 약속이 어긋난 것에 대해 뭔가 잘못되었다고 생각하고 내 차를 찾으러 가 보거나 공원 관리청에 알리는 것.

세 번째는 내가 그날 밤 스쿠비두 파티에 나가지 않아 친구들이 신고하는 것. 하지만 파티의 그 친구들이 내가 꼭 참석하는 걸로 알고 있는 것은 아니었다. 그 전날 내가 모아브에 있을 때 그들에게 확인 전화를 하지 않았기 때문이다.

네 번째는 다음날 일요일도 주말이니까 일을 쉬는 누군가가 내가 갇혀 있는 곳으로 오는 것. 그것도 아니라면

다섯 번째로, 내가 일요일 밤까지 빠져 나가지 못할 경우 룸메이트들이 내가 실종되었다고 생각하고 경찰에 신고하는 것.

여섯 번째, 내가 화요일에 가게로 출근하지 않아 그곳 지배인이 어머니에게 알리는 것.

'어떤 상황이건 간에 사람들이 내가 간 곳을 알아내려면 2~3일은 걸릴 거야. 그래도 어쩌면 수요일까지 찾아낼 수도 있어. 그리고 그들이 내 차를 발견한다면 나도 금방 찾을 수 있을 거야. 구조는 언제든 될 거야.'

문제는 내가 그렇게 오래 기다릴 만큼 물을 충분히 가지고 있지 않다는 것이었다. 좀 전에 벌컥벌컥 들이켜고 난 뒤 650ml 정도밖에 남아 있지 않았다. 사막에서 물 없이 살 수 있는 평균 시간은 이틀에서 사흘이며, 37℃가 넘는 고온에서 지치면 단 하루도 힘들다.

'월요일 밤까지는 견딜 수 있을 거야. 그 전에 누군가가 나를 찾는다면, 애석하지만 그 사람은 체계적으로 구조 훈련을 받은 구조대가 아닌 나와 같은 협곡 등반자일 가능성이 커.'

그러니까 그 시간 내에 구조대가 올 확률은 거의 없다는 얘기였다.

뭐라도 해야지

성격상 나는 참을성이 없다. 기다려야만 하는 상황에 처하게 되면 뭐라도 하면서 시간을 보내야 했다. 내가 순간적인 만족을 추구하는 세대여서 그럴지도 모르고 TV 시청을 너무 많이 하다 보니 상상력이 없어져서 그런 것일지도 모르지만, 어쨌든 나는 가만히 앉아 있지 못했다. 그리고 그 상황에서는 그런 내 성격이 바람직했다. 나는 그곳을 빠져 나가야 하는, 그러니까 풀어야만 하는 문제가 있었다. 문제를 풀기 위해서 할 수 있는 일은 다 해 보아야 했다.

'돌 위에 건전지를 깨뜨려서 산이 나오게 하면 그 산이 쐐기돌을 부식시키고 그러면 팔을 다치지 않고 꺼낼 수 있겠지?'

이런 엉터리 같은 생각을 제외하고, 마음에 드는 순으로 몇 가지를 정리했다. 하나는 다목적 도구로 내 손 주위에 있는 돌을 쪼아내는 방법. 두 번째는 위로 앵커를 설치하고 자일을 이용해 손에서 돌을 들어 올리는 방법. 세 번째는 팔을 절단하는 방법.

'그래!' 하고 생각하는 순간 이것들 모두 불가능해 보였다. 우선 돌을 충분히 부숴서 손을 빼낼 만한 도구가 없었다. 돌덩이를 움직일 만큼 끌어당길 힘도 없었다. 도르래 방식을 이용한다 해도 마찬가지였다. 그리고 비록 최선의 방법이라 할지라도, 팔을 자를 도구도, 방법도, 감정적인 용기도 내게는 없었다. 팔을 자른다는 무시무시한 생각을 떨쳐 버리기 위해, 실제로 탈출할 수 있는 방법은 아닐지 모르지만 좀 더 쉬운 방법에 매달려 보기로 했다. 돌을 조금씩 깨서 팔을 꺼내는 것이다. 돌 위에 놓인 다용도 도구를 집어 2개의 칼날 중 긴 쪽을 폈다.

'잘 쓰지 않는 건데. 챙기길 잘했어!'

가슴 앞쪽에 있는 쐐기돌에서 오른 손목으로부터 몇 센티미터 떨어진 곳 중 닿기 쉬운 부분을 정한 다음 칼끝으로 돌을 가로지르는 10cm 길이의 선을 그었다. 그 선 아래에 있는 돌을 떼어내고 다시 손가락 쪽으로 15cm 정도를 없앤다면 손을 뺄 수 있을 것 같았다. 하지만 표시를 한 부분에 두께가 7~8cm 되는 곳도 군데군데 있었기 때문에 거의 $1,000cm^3$ 정도를 깎아내야 했다.

'꽤 많은 양이야. 게다가 깎아내기 힘든 사암이잖아.'

힘들게 표시한 희미한 선을 따라 돌을 잘라내기 위해 내가 처음 한 일은 톱질을 하듯 칼날을 돌에 대고 움직여보는 것이었다. 그리고 좀 더 힘을 줬다. 하지만 칼자국은 돌보다 칼 손잡이 뒷부분을 쥔 집게손가락에 더 많이 남았다. 손 모양을 바꿔 칼의 자루를 엄지손가락과 나머지 네 손가락으로 감아쥐고서 돌덩이의 같은 지점을 찔렀다. 별반 다르지 않았다. 돌에 갈라진 틈이나 약한 부분, 쉽게 깨질 수 있는 부분이 있는지 찾아 보았지만 역시 없었다. 나는 화가 머리끝까지 나서 칼을 쥔 손 아랫부분으로 돌을 치면서 소리쳤다.

"이 돌은 도대체 왜 이렇게 단단한 거야?"

사암 지형에 올라갈라치면 그때마다 손으로 잡는 부분이 떨어져 나오는 것 같더니 어찌된 일인지 그 돌덩이에는 자국 하나 낼 수 없었다. 그래서 그 돌이 다른 돌들에 비해 얼마나 단단한지 알아보기 위해 간단한 실험을 하기로 했다. 칼을 펜처럼 쥐고는 협곡 뒤쪽 벽, 내 오른쪽 팔위로 30cm쯤 되는 곳에 대문자 'G'를 새겨 보았다. 쉽게 새겨졌다. 이어서 소문자로 'e-o-l-o-g-i-c'라고 천천히 쓰고 나서 눈으로 공간을 가늠해 본 다음 나머지 글자를 새겼다. 5분도 채 안 되어서 세 단어가 더 써졌다.

"Geologic Time Includes Now (지질 시대에는 지금도 포함된다)."

게리 로치*Gerry Roach*가 쓴 《등산에 대한 최고의 계율*Classic Commandments of Mountaineering*》에서 인용한 말인데, '떨어지는 바위를 조심하라'는 말을 우아하게 표현한 것이다. 지각 형성은 지금 이 순간도 일어나고 있는 과정이다. 단층선이 어긋나고, 오랫동안 휴화산 상태에 있던 화산들이 폭발하고, 산중턱이 진흙과 미끄러운 길로 변한다. 게리 로치의 계율은 바윗돌이 언제든 떨어질 수 있다는 사실을 등산가들에게 상기시키는 말이었다.

때때로 바윗돌은 자연적으로 떨어져 나오기도 하고 애초에 허술하게 박혀 있기도 하다. 또한 시시로 떨어지는 바윗돌을 실제로 보지 못하고 덜그럭거리는 소리만 들을 때도 있다. 또는 어떤 사람이나 그 동료가 그 위로 올라갈 때 떨어지기도 한다. 살짝만 건드렸는데도 그 큰 돌이 이리저리 움직일 때도 있다. 또 이미 그 위에 올라서 있거나, 그 돌을 손잡이로 사용하고 있는데 떨어지기도 하고, 자신을 보호하기 위해 두 손을 머리 위로 올리는 틈에도 떨어진다. 물론 그런 일은 드물다. 하지만 그런 일은 일어난다. 그리고 일어났다.

내 손목을 짓누르고 있는 그 쐐기돌은 내가 그곳에 가기 한참 전부터 박혀 있었을 것이다. 그러더니 자기 자리를 박차고 나와 나를 덮치고 내 팔을 삼켰다. 나는 절망했다. 돌이 그곳에서 음흉한 미소를 띠고 나를 기다리고 있었던 것만 같았다. 그 여행 코스는 평이하고 별다른 위험이 없을 거라고 생각했었다. 나는 대단한 모험을 하러 간 것이 아니었다. 그저 휴가를 즐기러 간 것이었다. 무슨 악운으로 무수한 세월 동안 잠자던 쐐기돌이 내가 손을 댄 그 시간에 떨어졌을까? 이미 일어난 일인데도, 그 일은 절대 불가능해 보였다.

그러니까 내 말은, 이게 도대체 무슨 일이란 말인가?

캐니언랜드 국립공원을 중심으로 주변 지역을 나타낸 지도

캐니언랜드 국립공원 근처의 블루존 협곡에서 내 오른팔이 쐐기돌에 짓눌리는 사고가 일어났다.

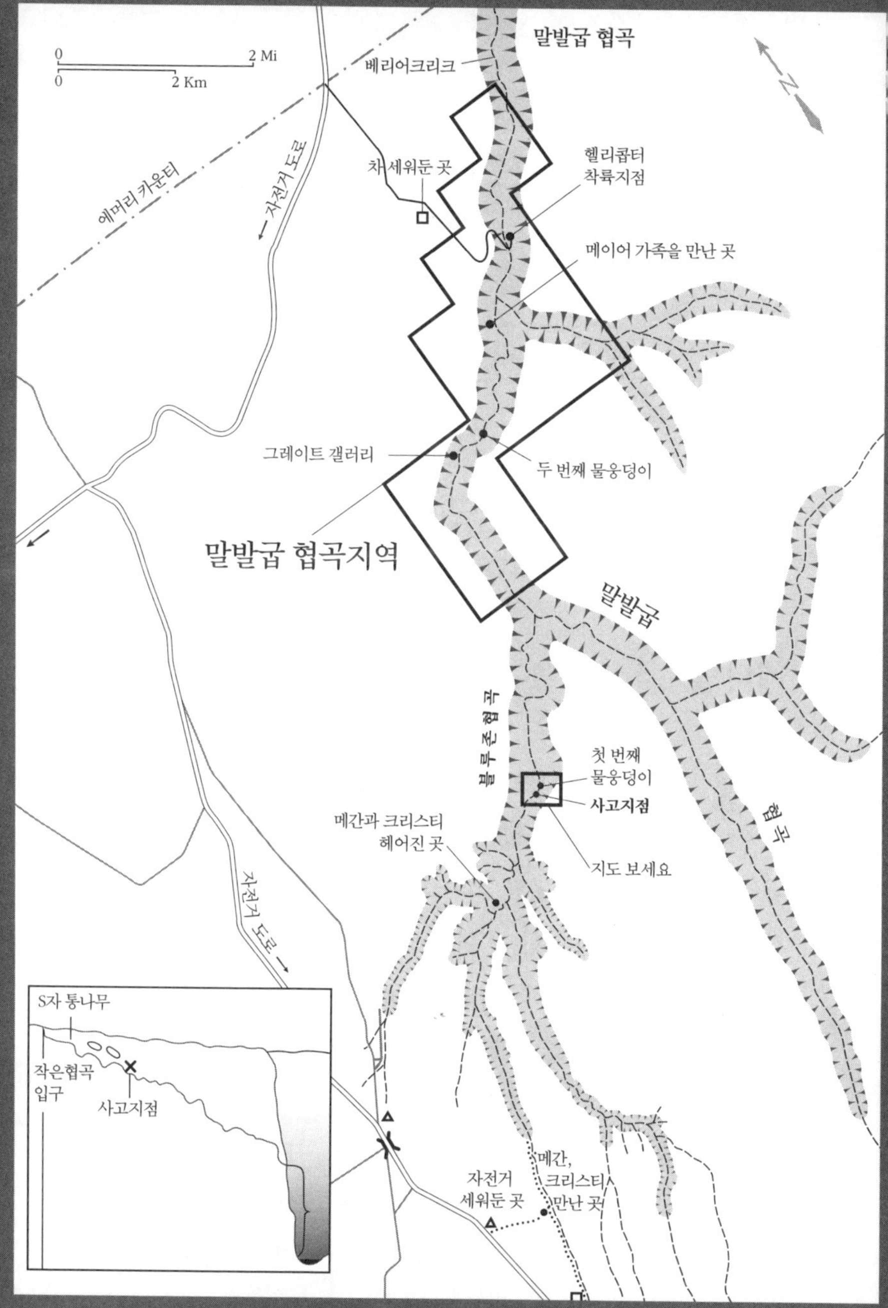

말발굽 협곡 지역을 확대한 지도

2003년 4월 26일 토요일 오후 2시43분에 블루존 협곡에서 사고를 당하다.

chapter 2

곰 옆구리 살 스테이크

산은 수단이며 인간은 목적이다. 목표는 산의 정상에 이르는 것이 아니라 인간의 가치를 높이는 것이다.

발터 보나티*Walter Bonatti*
이탈리아 등산가

애니멀

어릴 적 나는 겁이 많았다. 중학교 때 스키를 처음 타게 됐는데, 할 수만 있다면 도망치고 싶었다. 하지만 막상 타 보자 스키 타는 것은 처음에 생각했던 것처럼 그리 끔찍하지 않았다. 나는 곧 스키 클럽에 가입했고, 스키를 탄 지 이틀째가 되자 중간 코스를 전속력으로 달리면서 새로 사귄 친구들을 앞질렀으며, 세상에서 가장 마음에 드는 스키 코스가 있는 휴양지인 윈터파크와 메리 제인의 아주 험한 지형에도 가볍게 도전했다.

새로운 환경에 대한 내 적응력은 다음해 여름까지도 여전해서, 록키*Rocky* 산 국립공원으로 배낭여행을 가기도 했다. 13세에서 14세까지의 아이들과 함께 2주간 공원의 오지로 가는 여행이었는데,

무거운 짐을 지고 간 것도 그렇고 집 근처나 차가 아닌 곳에서 밤을 지낸 것도 그때가 처음이었다. 한 계절 내내 스키를 타면서 산에 대한 두려움은 많이 없어진 상태였다.

어느새 나는 산의 매력에 푹 빠져 있었다. 6월 하순에 시작된 배낭여행의 첫 날, 나는 그렇게 광활한 장소에 내가 있다는 사실이 너무도 벅차서 등에 진 짐에도 아랑곳 않고 껑충껑충 뛰어 내려갔다. 그 엄청난 에너지 때문에 나는 얼마 안 가 머핏 밴드*Muppet band*의 드러머 이름을 딴 애니멀(Animal : 짐승)이라는 별명을 얻었다. 우리 그룹의 선생님 두 분은 다른 아이들보다 앞서서 뛰어 나가는 나를 말리느라 진땀을 빼야 했다. 점심을 먹고 나서 선생님들은 우리들 15명이 앞으로 다섯 끼의 점심 식사로 먹을 땅콩버터가 든 커다란 바구니를 내 짐에 얹었다. 그런데도 나는 길의 모퉁이를 먼저 돌아 그들의 시야에서 사라지곤 했다. 한참 가다 보면 선생님 중 한 분이 외치는 소리가 들렸다.

"애니멀! 기다려!"

첫째 날 저녁, 땅거미가 내려앉을 즈음에 우리는 빅 메도즈에 있는 2,880m 높이의 언덕에 야영지를 정하고 자리를 잡았다. 우리 각자는 메모지를 들고 무엇이든 쓰고 싶은 대로 쓰기로 했다. 바닥에 자갈이 깔린 얕은 개울을 따라 초원이 펼쳐져 있었는데, 나는 그 초원의 키 큰 잔디 위에 앉아 물장난을 했다.

강둑에 앉은 지 몇 분이 지났을까. 꼬리가 검은 사슴 한 마리가 나무숲에서 나와 강 쪽으로 느릿느릿 걸어가면서 귀를 씰룩거리고 머리를 흔들면서 벌레들을 쫓는 모습이 보였다. 앞쪽을 보고 있던

나는 그 암사슴이 초원으로 걸어 들어와 내 쪽으로 다가오는 것을
보고는 너무 황홀해 그 자리에 얼어붙었다.

다른 아이들은 모두 텐트 근처에 있었기 때문에 그곳에는 오로지
나 혼자였다. 사슴은 물이 있는 곳까지 왔다. 나는 뒤로 몸을 젖혀
수첩을 들고는 조심스럽게 표지를 열었다. 혹시라도 부스럭거리는
소리가 나서 사슴이 겁을 먹을까 봐 조심했다. 내게는 5시간 같기도
하고 5초 같기도 했던 5분 동안 사슴은 개울에서 물을 마시고 나는
그 모습을 메모지에 스케치했다. 몇 분 후 사슴은 몸을 돌려 숲속으
로 다시 걸어갔다.

15분 동안의 개인 명상 시간이 끝나갈 무렵, 아직 다른 아이들 모
두 조용하게 명상에 잠겨 있을 때, 나는 사슴 이야기를 하러 야영장
으로 뛰어 들었다. 그리고는 눈빛을 반짝거리며 몰려드는 아이들에
게 스케치를 자랑스럽게 보여 주었다. 그리 훌륭한 작품은 아니었
지만, 내 놀라운 만남에 대한 기념품으로는 제 역할을 했다.

이틀 밤이 지난 뒤에는 3,300m 높이의 돌밭에 가서 집채만한 바
윗돌 위로 기어 올라가는 모험도 했다. 또 눈더미들이 내려와 아주
차가워진 개울에 몸을 담그기도 했다.

다음해 1989년 여름에는 다른 주로 가는 야외 모험 캠프에 참가
했다. 그 캠프에는 국립공원 근처에서 하는 암벽 등반, 그랜드 정크
션 근처에 있는 콜로라도 강에서 하는 래프팅, 그리고 거니슨 근처
농장에서 하는 승마가 포함되어 있었다. 야외 활동에 전문가가 되어
간다고는 말할 수 없었지만 어떤 열정이 내 안에서 자라고 있었다.

4년 뒤 피츠버그에 있는 카네기멜론대학*Carnegie Mellon University*

으로 가고 나서야 서부에서 지내던 시절에 내 정체성이 확립되었음을 알게 되었다. 나는 진짜 콜로라도 사람이 되어 있었다. 펜실베이니아에서 향수병에 걸렸을 때 나는 서부의 내 고향에 있는 광야와 태양, 산봉우리가 그리웠고, 사람들이 나에게 어디 출신이냐고 물을 때면 콜로라도에서 왔다고 대답했다. 하지만 록키 산맥에 대한 그리움을 함께 이야기할 콜로라도 출신 또래들이 없었으므로 혼자 쓸쓸히 눈 덮인 스키장을 그리워했다.

1994년 7월에는 절친한 친구인 존 하인리히와 함께 콜로라도에서 해발 4,200m 이상이 되는 59개의 산 중 하나인 롱스 피크에 올랐다. 해발 4,276m인 그 산은 콜로라도에서 열여섯 번째로 높은, 아주 유명한 산이다. 그 산의 다이아몬드라고 알려져 있는 동쪽의 장엄한 화강암 절벽코스에는 세계적 수준의 전문 등산가들이 몰려드는 반면, 비교적 수월한 보통 코스에는 수천 명의 평범한 여행자들이 모여들어 정상까지 오른다.

존과 나는 친구 브랜든의 아버지께 조언을 얻었다. 브랜든의 아버지는 해발 4,200m 이상의 산 수십 곳을 직접 올라가 본, 전 보이스카웃 대장이었다. 그 분은 높은 산을 오를 때 지켜야 하는 기본적인 원칙 몇 가지를 이야기해 주셨다.

"시간을 맞추는 것이 중요하단다. 되도록 일찍 출발해야 해. 산에는 거의 매일, 오후쯤엔 폭풍우와 번개가 들이친단다. 그것을 맞는 것은 굉장히 위험한 일이지. 정오가 되기 전까지는 정상을 떠나야 안전해. 물, 식량, 우비, 지도는 필수품이니 잊지 말고."

고개를 끄덕거리며 메모를 했지만, 나중에 우리는 그 충고 대부분을 무시했다.

우리는 간식만 챙겨서 산에 올랐다. 수목 한계선, 그러니까 나무가 더 이상 자라지 않는 높이인 3,300m 지점에 이르자, 우리는 셔츠를 벗고 자외선 차단제를 가슴에 듬뿍 발랐다.

"음…, 정확히 어디로 가야 하지?"

"글쎄? 아까 아침에 공원 관리청에서 지도 복사본 가져왔잖아. 한번 보자."

우리는 현재 위치를 점검하면서 각 경계지점에 이르는 시간을 표시했다.

"어휴, 한참 가야 하잖아?"

"그러네. 그래도 괜찮아. 어두워지기 전에는 충분히 돌아올 수 있을 것 같아."

"음, 그렇겠지?"

약 3,600m 높이까지 올라, 우리는 북쪽 산등성이의 가파르고 들쑥날쑥한 길에 앉아 청명한 하늘 아래서 가볍게 식사를 했다. 3,900m까지 올라갔지만 그 날의 가장 힘든 코스는 아직 남아 있었다. 우선 북쪽 산등성이의 서쪽 방향으로 비탈진 화강암 구역을 건너 높이가 150m나 되는 바위 골짜기의 가파른 경사면을 올라가야 했다.

그곳을 지나는데 10명이 넘는 여행자들을 만났다. 그들은 그 산 중턱의 골짜기까지 올라오느라 힘들었는지 굉장히 거칠게 호흡을 했다. 4,200m 정도의 높이에서는 공기의 밀도가 해수면의 반 정도밖에 안 되기 때문에 호흡할 수 있는 산소가 현저하게 줄어든다. 장난스런 웃음을 띠며 존이 말했다.

"이봐, 아론! 우리 시합할까? 여기서 저기 골짜기 꼭대기까지 달려서, 앞에 가는 저 여행자들 보이지? 저 사람들 중 몇 명이나 앞지를 수 있는지 보자고!"

나는 크게 웃으며 팔을 치켜 올렸다.

"좋아! 당연히 내가 이기지!"

"헷, 자신만만한데? 좋아, 그럼 나 먼저 간다!"

존은 말을 마치기가 무섭게 출발해 다른 사람들을 전부 앞질러 나갔다.

"어라? 이봐! 그런 게 어딨어!"

존이 중간 지점쯤 갔을 때야 나는 출발했다.

'그래도 내가 이겨!'

내심 승리를 자신했지만 속도를 높여 두 명을 제친 지 얼마 안 되어, 호흡이 빨라지는 것이 느껴졌다.

'왜 이러지?'

나는 그렇게 높은 고도에 적응이 되지 않은 것이었다. 가슴이 있는 대로 울렁거리면서 폐가 터져버릴 것 같아 어쩔 수 없이 바위 계단에서 잠시 멈춰야 했다. 그 사이에 존은 꼭대기에 도착했다. 어쨌든 다른 여행자들을 모두 앞지르긴 했지만 존보다는 몇 분 늦게 도착했다. 승패와는 상관없이 나는 매우 기분이 좋았다. 심장과 폐에서는 비명을 지르고 있는데도, 그런 고통이 그렇게 좋은 기분일 수 있다는 것이 내게는 의미 있는 경험이었다.

"자, 가볼까?"

"그럼! 정상을 정복해야지!"

난생 처음 자신의 힘으로 4,200m 가까이 가게 된 조와 나는 현기증을 느끼면서도 정상까지 오른다는 희망으로 들떴다. 하지만 정상 바로 아랫부분을 보니 한 면이 90m 정도 되는 두 암벽이 아래로 갈수록 점점 좁아지다가 서로 만나 마치 펼쳐진 책 모양 같았다.

"어어."

"역시, 만만치는 않겠다."

정상에 올라서려면 그 매끈매끈한 석판에 두 손을 대고 기어올라야 했다. 우리 아래 암벽들 사이로 600m 깊이의 틈이 있었는데, 그곳으로부터 이따금씩 돌풍이 불어와 더 긴장되었다.

"아론, 저 사람 좀 봐."

"응? 어디?"

"저기, 저 사람. 청바지를 입고 정상에 올랐나 봐."

"정말이네? 대단하다. 그런데 어째 좀 위험해 보여. 내려오는 게 더 힘들잖아."

산을 등지고 내려오는 그 사람은 몸을 최대한 낮추고 걷는 바람에 한 번씩 다리를 움직일 때마다 엉덩이가 발에 닿았다.

"맞는 말이야. 저 사람이 혹시 발이라도 헛디디면…."

"말해 뭐하냐. 우린 다 도미노처럼 떨어져 버릴 거야."

우리는 다행히 도미노가 되는 일 없이 암벽에서 튀어나온 평평하고 안전한 지점에서 그 남자를 지나쳐 계속 갔다. 그리고 3분쯤 지난 뒤 드디어 롱스피크의 광활한 바위 고원에 도착했다.

"우린 해냈어, 친구!"

우리는 커다란 포옹으로 그 순간을 자축했다. 존은 지도 뒷면에

서명을 한 다음 "사랑해"라고 썼다. 여자친구인 니키에게 보내는 글이었다. 미풍을 맞으며 지도를 들고 저산소증으로 힘겹게 미소를 짓는 조의 모습을 나는 사진으로 남겼다. 늦게 출발을 했지만 우리 둘은 오후 2시가 되기 전에 정상을 떠나 바로 아래 직선 코스로 내려왔다. 구름 몇 점이 밀려들었지만 날씨 운은 좋은 편이었다. 잠깐 쉬면서 음식을 먹는데 우리 오른편에 있는 북쪽 산등성이의 넓은 눈 언덕이 시야에 들어왔다. 존과 나는 동시에 말했다.

"눈썰매!"

우리가 글리세이딩glissading, 그러니까 설상 기술의 일종인 눈의 사면을 등산화로 제동하면서 미끄러져 내리는 기술이 뭔지 알았다고는 생각하지 않는다. 어쨌든 우리는 눈이 180m나 펼쳐져 있는 꼭대기까지 기어 올라가 스키 바지를 입었다. 눈사태가 날 수도 있을 만큼 가파른 언덕이었지만, 한여름 같은 날씨 때문에 우리는 미끄럼을 타고 돌진할 생각만 했다. 존이 먼저 신발 뒤축으로 부드러운 눈을 사방으로 날리며 신이 나서 소리를 지르면서 30초 만에 내려갔다.

"이봐, 존! 내가 도착하는 걸 사진 찍어줘!"

나도 눈밭에 털썩 앉아 무서운 속도로 존을 향해 내려갔다. 내가 생각했던 것보다 내려가는 속도가 훨씬 빨랐다. 존이 내려가면서 길을 만들어 놓은데다 내 스키 바지가 마찰이 적은 나일론인 탓에 속도는 순식간에 내 통제 범위를 벗어나버렸다.

나는 눈에 묻혀 있던 장애물에 튕겨나가 일직선으로 질주해 내려갔다. 속도를 늦추지 못하면 눈이 끝나는 곳에 있는 바위 들판을 피로 얼룩지게 할 상황이었다.

나는 겁에 질려 두 손을 양 옆의 눈 속으로 밀어 넣고 두 발로 눈을 팠다. 다행히 심하게 진창이 된 눈이어서 이런 방법은 즉시 효과를 냈다. 나는 눈을 손가락으로 더 단단히 긁으면서 계속 발길질을 했고 결국 반쯤은 정신이 나간 상태로 존 바로 뒤에서 멈췄다. 그 바위 들판을 겨우 1m쯤 앞둔 지점이었다.

우리는 누가 먼저랄 것도 없이 정신없이 웃어댔다. 그리고는 얼굴을 마주보면서 외쳤다.

"다시 하자!"

짐을 놔두었던 곳으로 다시 올라가면서 나는 손에 묻은 얼음 덩어리들을 떨어내 마비가 된 손의 감각을 되살리려 했다. 위험천만한 놀이를 다 끝내고 나서 우리는 구름이 밀려오기 시작할 때쯤 수목 한계선에 도착했고, 그때부터는 다가오는 비를 피하기 위해 달리기 시작했다. 신발로 땅을 쿵쿵 울리며 뛰어 내려가면서 그 첫 번째 산길 달리기 놀이를 '신속한 하산(Rapid Mountain Descent)', 줄여서 RMD라고 이름 붙였다. 자동차로 돌아왔을 때는 내 생애 처음으로 4,200m 이상의 산을 올라간 감동에 마음이 벅찼다.

'이건 시작이야.'

눈 덮인 산

나는 1997년 5월에 대학원 과정을 수석으로 졸업하고 기계공학

석사 학위를 받은 뒤에 애리조나 주 피닉스 시의 동남쪽 경계에 위치한 인텔사에서 엔지니어로 일자리를 얻었다. 학교에서 좋은 성적을 거두고 근사한 직장을 얻은 것에 대해 나 자신에게 상을 주고 싶었다. 그래서 단순한 휴가가 아닌 휴가 이상의 무언가를 계획했다.

'그랜드 티턴, 옐로스톤, 글레이셔 국립공원을 가고 다음에는 캐나다로 가서 밴프 국립공원, 아이스필드 파크웨이를 여행하자. 밴쿠버를 거쳐 캐스케이즈 국립공원, 올림픽 국립공원, 레이니어 국립공원을 돌아본 다음 마지막으로 크레이터 국립공원, 요세미티 국립공원, 자이언*Zion* 국립공원을 가는 거야.'

30일 동안 9,600km, 10개의 국립공원을 횡단하는 일정이었다. 하지만 결국 그렇게 멀리까지 가지는 못했다. 그때가 5월 하순이어서 아직 눈이 높이 쌓여 있었기 때문에 처음에는 낮은 고도를 따라서만 배낭여행을 해야 했기 때문이다. 그래도 티턴*Teton*에 있는 펠프스*Phelps* 호수로 가서 근처에 있는 야영지에서 보낸 첫 날, 땅거미가 질 무렵 암사슴 한 마리가 일몰을 배경으로 보여준 실루엣은 그 철 이른 여행에 대한 충분한 보상이 되었다. 다음날 아침에는 폭포 위로 날아오르는 흰머리 독수리 한 쌍을 보았으며, 셋째 날에는 거리 근처 숲에서 회색 곰을 보았다.

'오늘은 브래들리 호수에 가서 이틀을 지내야겠다. 그곳에는 큰 봉우리가 많아. 일단 베이스 캠프를 설치하고, 미들 티턴이 가장 쉬운 코스라고 했던가? 거길 올라 봐야지.'

그곳 허가 사무소의 순찰 경비대원에게 티턴의 봉우리 중 하나를 어떻게 올라가야 하느냐고 물었을 때, 경비대원은 당황스러운 표정을 지었다.

"거길 가시게요? 젊은이가 그렇게 물어 보니 어쩔 수 없이 얘기를 해야겠군요."

그러면서 경비대원은 사무실 조리대 아래에 있는 지도를 보며 브래들리 호수로 가는 방법을 알려 주고는 통로에 눈이 1m 가까이 쌓여 있다는 말을 덧붙였다.

"만약 눈신이 없다면 포스트홀링을 해야 할 겁니다"

'포스트홀링Post-holing?'

나는 포스트홀링이 무엇인지 몰랐지만 그냥 아무 말 없이 허가서를 작성했다. 나중에 안 것이지만 포스트홀링은 허리춤까지 오는 눈 속에서 한 발 한 발 끌어당기면서 걸음을 옮기는 전진방식을 말했다.

이른 오후, 3일 예정의 단독 여행을 시작했다. 큰 가방에는 캠핑 도구와 옷을, 가슴에 멘 자주색 작은 가방에는 식량과 요리 재료들을 넣었다.

'여행 떠나서는 처음으로 혼자서 잠을 자겠군.'

입구를 따라 1.5km쯤 가니 이미 눈이 너무 깊게 쌓여서 한 걸음 한 걸음 옮길 때마다 허우적거리며 겨우 나아가야 했다.

'주위에 다른 발자국이 없어. 올 겨울에는 내가 이곳의 첫 여행자인가 봐.'

나는 무거운 짐을 멘 채 온 힘을 다해 걸어갔다. 점점 높이 올라가 빙하기의 빙하에서 남은 둥근 빙퇴석들에 오를 즈음에는 눈이 더 깊어졌다. 천천히 움직이며 앞으로 나아가기를 1시간 정도 하니 빙퇴석과 엄청난 눈 더미에 덮인 숲에 이르렀다. 걸음을 옮기면 발이

1m 가까이 빠졌고, 그때마다 가운데 설괴빙원에 있는 삐쭉삐쭉한 얼음덩어리에 내 정강이뼈가 점점 더 세게 스쳤다.

15분이 더 지나자 신발 안으로 들어간 눈이 바지의 무릎까지 올라오면서 무릎 아래로는 감각이 없어졌다. 그러니까 오히려 차갑고 축축한 느낌이 덜 고역스러웠다. 수십 번씩 눈으로 넘어진 뒤에야 간신히 쌓여 있는 눈 더미 위로 올라설 수 있었다. 그곳에서 기진맥진한 채 내 발자국이 남긴 깊숙한 구멍들을 바라보면서 포스트홀링이 무슨 의미인지를 그제야 이해했다.

지도를 확인해 보니, 브래들리 호수의 남쪽에 도착하려면 0.5km 정도를 더 가야 했고, 거기서 호수를 돌아 1.2km를 또 가야 내 야영지에 갈 수 있었다. 숲의 가장자리에 이르니 그곳은 눈이 더 단단한 것 같았다. 내 오른쪽으로 짧은 내리막이 있기에 등을 대고 미끄러져 내려갔다. 일어나서 첫 발을 내딛는데 이번에는 허리까지 눈에 빠졌다.

"아, 만만치 않은 길이 되겠어."

나는 큰 소리로 이렇게 말하면서 생각했다.

'눈신이란 걸 한 번도 신어 보진 않았지만 그것이 있었더라면 훨씬 더 좋았을 텐데.'

허리까지 오는 눈을 헤치고 고생고생해서 걸어 나간 지 2시간 정도 지날 즈음 브래들리 호수의 북쪽에 있는 짧은 인도교에 닿았다. 나무 꼭대기 위로 구름이 걸려 있었고 서쪽으로 산중턱이 60~70m 높이까지밖에 보이지 않았는데 그곳에서 상록수들이 안개 속으로 사라졌다. 그 다리를 지나 200~300m쯤 가니 호숫가로부터 6m쯤 떨어진 곳에 눈 속에 묻히다시피 한 야영지 푯말이 보였다.

'아, 다행이다. 그래도 어두워지기 전에 도착했어.'

하지만 그것은 안도할 일이 아니었다. 앞으로 4시간 동안 생각지도 못한 고투가 날 기다리고 있었다. 나는 아무것도 모른 채 그 표지판 바로 아래, 얼어붙은 솔잎이 떨어진 작은 땅에 내 2인용 녹색 텐트를 세웠다. 꽁꽁 언 발에 통증이 느껴졌다. 텐트 입구에 앉아 젖은 등산화 끈을 풀었다. 양쪽 신발에서 눈을 떨어내니 녹은 눈이 한꺼번에 쏟아져 나왔다. 자줏빛이 된 발에서 양말을 벗겨냈다.

양말에서 텐트 안으로 물이 뚝뚝 떨어졌지만 너무 피곤한 터라 신경쓰지 않았다.

투둑.

얼음 같은 발가락을 문지르는데 근처에서 나뭇가지 부러지는 소리가 들리는 바람에 깜짝 놀랐다.

'이게 무슨 소리지? 누가 있나?'

정신을 바짝 집중하고 귀를 기울이니 호수에서 물 튀기는 소리가 들렸다. 내 왼쪽으로 10m쯤 떨어져 있는 울창한 수풀의 반대편에서 들려오는 소리였다.

'며칠 전처럼 사슴인 걸까?'

호기심이 생긴 나는 몸을 앞으로 기울이고 텐트 틈으로 밖을 엿보았다. 얕은 호수에서 1m 조금 안 되는 곳에서 중간 크기의 검은 곰 한 마리가 걸어오는 모습이 보였다. 온몸이 완전히 검은 그 곰은 90kg쯤 되어 보였고 몇 살 안 된 것 같았다.

그때만 해도 난 그 곰이 나에게 위험이 되리라는 생각은 하지 못하고 서둘러 가방에서 카메라를 꺼내 사진을 찍었다. 카메라 플래시가 나무에 반사되자, 나무들 틈으로 곰을 똑바로 보기도 전에 곰이 겁을 먹고 가버리지나 않을까 걱정이 되었다. 하지만 곰은 놀라서 도망을 가기는커녕 차분하게 방향을 바꾸더니 내 텐트를 향해 똑바로 걸어왔다. 한 걸음, 두 걸음, 세 걸음. 곰은 분명 내 텐트를 향해 오고 있었다.

"워, 저리 가."

나는 낮은 소리로 중얼거렸다.

"어이, 저리 가, 저리 가!"

하지만 곰은 계속 걸어오면서 덤불을 지나고 물을 건너 내 텐트 가까이까지 왔다.

'다행히 바람이 내 쪽으로 불고 있어. 내 냄새를 맡지는 못했을 거야.'

나는 휘파람을 불어서 그 둔중한 짐승에게 내 존재를 경계하도록 하려 했다. 하지만 너무 겁에 질린 나머지 입술을 제대로 오므리지 못한 탓에 카메라에 침만 튀기고 말았다. 이제 곰은 불과 7~8m밖에 떨어져 있지 않았다.

나에게 인사나 하러 오는 것은 아닌 것이 분명했다.

곰은 앙상해 보였다.

'겨울잠에서 깨서 배가 고픈 모양이군. 내 식량을 원하는 거야?'

나는 자주색 작은 가방을 텐트 입구에 떨어뜨리고는 곰의 시선을 똑바로 바라보았다. 이제야 어떻게 해야 하는지 깨달았다. 곰을 불과 4~5m 앞에 둔 채 나는 식량 가방을 움켜쥐고는 텐트를 빠져나가 오른쪽으로 달아났다. 맨발로 딱딱한 땅을 구르며 텐트 뒤쪽으로 뛰어가서 넘어져 있는 나무를 뛰어넘어 바로 눈 더미에 닿았는데 처음에는 왼발이, 다음에는 오른발이 얼음조각에 찔렸다.

통증으로 왼발이 얼얼했다. 발을 눈에서 빼내 확인하니 나무에서 튀어나온 가지에 발바닥 가운데가 베인 자국이 보였다. 오른쪽 어깨 너머로 상황을 보아하니 응급처치를 하느라 낭비할 시간이 없었다. 나는 눈 덮인 숲으로 뛰어 들어갔다. 두 발이 여기저기에 긁히면서 마비가 되는 듯했다. 근처에 있는 나무들을 둘러보며 어디에 식량을 매달아 놓으면 좋을지 살폈다.

하지만 땅으로부터 적어도 2~3m 정도는 떨어져 있고, 가지가 나무줄기에서 1.5m 정도 떨어져 있으면서도 가방을 던졌을 때 그것을 지탱할 만큼 튼튼한 나무는 도무지 찾을 수 없었다. 보통 때라면 끈을 사용해서 가방을 높고 튼튼한 가지에 걸었겠지만, 그때는 그런 방법을 쓸 만한 시간이 없었다.

시계방향으로 돌다 보니 결국은 텐트 앞으로 다시 왔고 이번에는 서쪽으로 몇 걸음 가 보았다. 곰은 숲속에서 내가 움직일 때마다 따라왔는데, 곰과 나 사이의 거리는 9m도 채 되지 않았다. 그러다 마침내 몇 년 전에 쓰러져 빽빽하게 엉켜 있는 뿌리들이 허공으로 솟아오른 나무 하나를 찾아냈다.

그 뿌리들이 손에 닿을 수 없을 만큼 높지는 않았지만, 최소한 뿌리에 끈으로 가방을 묶어놓고 텐트로 가서 신발을 신은 다음 다시 돌아와 더 적당한 장소를 찾을 수는 있었다. 나는 거꾸로 쓰러져 있는 그 나무로 달려가서 허공을 향해 1m 넘는 높이로 솟은 울퉁불퉁한 3개의 뿌리에 가방 끈을 맸다. 그런 다음 곰이 쉽게 잡지 못하도록 가방을 또 다른 뿌리 뒤로 넘겨 놓았다. 그리고 마비된 두 발을 끌고 텐트로 조심스럽게 갔다.

텐트 입구에 앉아 왼발에 난 상처를 재빨리 살핀 다음 흠뻑 젖은 신발을 신고 다시 쓰러진 나무로 서둘러 갔다. 내가 없는 그 30초 동안에 곰은 내 식량 가방을 이빨로 물고 앞뒤로 잡아당기면서 가방 끈을 뿌리에서 잡아떼려 하고 있었다. 가방 끈이 아주 단단하게 매어진 그 뿌리를 곰이 아주 쉽게 물어뜯는 모습을 보자 비로소 나는 내가 무시무시하고 긴박한 상황에 처했음을 실감했다.

'그냥 도망칠까?'

좋은 방법같아 보였지만 사실 그렇지 않았다. 눈밭을 헤쳐 그곳 야영장에 도착하는데 기운을 거의 다 써서, 차가 있는 곳까지 다시 돌아가려면 뭘 좀 먹어야 했다. 만일 곰에게 그 가방을 내주면 나는 오도 가도 못 하게 될 처지였다. 그런 생각을 하는 동안, 곰은 내 자주색 가방을 입에 물고 이미 나무의 가로 줄기를 따라 6m 정도 가고 있었다.

'아, 안돼!'

그 순간 나는, 생명이 걸린 문제이므로 무슨 수를 써서라도 가방을 찾아와야 한다고 결심했다. 나무뿌리에서 1m 정도 되는 뿌리 하나를 꺾어 왼손에 곤봉처럼 쥐고, 쓰러져 있는 나무의 줄기 위로 껑충 뛰어 올라갔다. 그리고 그 무기를 머리 위에서 흔들며 목청껏 소리쳤다.

"이 녀석, 내 식량을 내놔!"

곰이 어떻게 반응할 거라고 기대했는지는 나 자신도 확실히 알 수 없었지만, 곰이 멈춰 서서 자기의 높은 어깨 너머로 머리를 돌리더니 뒷발로 휙 돌아 열 걸음도 안 되는 거리에서 나를 마주보고 섰을 때는 두려움으로 온 몸이 떨렸다. 내가 녀석의 관심을 끈 것이다.

'좋다. 결판을 내자!'

나는 고함을 치며 막대를 허공에 대고 흔들다가 이번에는 훨씬 더 크게 소리를 질렀다.

"내 식량 내놓으란 말이야!"

주인의 명령을 잘 못 알아들은 개처럼 곰은 머리를 장난스럽게 왼쪽으로 기우뚱했다. 곰의 이마에 주름이 보이는 듯도 했다. 곰이 머뭇거리는 사이, 나는 있는 용기를 다 끌어 모아 나무 위에서 발을 굴렀다. 그리고 한 번 더 소리를 치면서 꿈쩍도 않고 있는 곰을 향해 발을 쿵쿵 구르며 명령했다.

"굶주린 여행자의 식량을 훔치다니 상대를 잘못 골랐어. 당장 내려놔!"

마지막 말을 하면서 나는 펄쩍 뛰어오르며 나무줄기를 두 발로 힘차게 굴렀다. 그 순간 곰은 식량 가방을 툭 내려놓더니 나무에서 멀어져 숲속으로 걸어가기 시작했다. 그 광경을 믿을 수가 없었다. 이내 나는 들고 있던 나무뿌리를 곰에게 휙 던지고 가방을 집어 들었다. 나무뿌리는 곰 머리 위로 드리워진 소나무 가지에 맞았고, 곰은 서쪽으로 허둥지둥 뛰어갔다. 이겼다.

5분 뒤에 나는 텐트에서 주전자에 호수물을 넣고 캠핑 난로에 데웠다. 그리고 물이 끓기를 애타게 기다렸다.

'저 녀석은 그대로 포기한 게 아니야. 언제든 돌아올 거야.'

물이 끓기 시작한 지 2분쯤 지나, 컵라면 한 그릇을 허겁지겁 그야말로 마셨다.

그런 다음 작은 배낭 안에 식량, 그릇, 난로를 넣으면서 보니 곰의 이빨이 만들어 놓은 또렷한 구멍 4개가 보였다. 그 가방을 안전한 위치에 걸어 놓을 때쯤엔 이미 밤이 되었다. 다시 텐트 안에 들어가 웅크리고 앉았다.

나를 잔뜩 긴장시키는 방법으로 곰은 내게 복수를 하고 있었다. 어둠 때문에 주위가 보이지 않자 침낭 안에 누웠다. 하지만 잠은 잘 수 없었다. 숲속에서 아주 희미한 소리라도 들릴라치면 그때마다 막연한 두려움이 극심한 공포로 변했다.

7시간 동안, 나뭇잎 하나가 눈 위에 떨어질 때마다, 솔잎 하나가 호수에 빠질 때마다, 나무가 바람에 흔들리는 소리를 낼 때마다, 혹시나 곰이 나타났을까 봐 내 상상력은 출발선에서 결승점까지 순식간에 요란한 소리를 내며 속도를 높이는 레이스카 같이 날뛰었다.

철썩

물고기 한 마리가 호수에서 뛰자 순간 내 마음이 반응했다.

'아하느님곰이뒤에있어요녀석은나를잡아먹을겁니다나는죽을거예요.'

그러면서 어쩌면 마지막일지도 모를 숨을 안으로 꾹 삼켰다. 새벽 3시가 훨씬 지나서야 공포가 조금은 누그러졌고 나는 불안한 채로 잠시 눈을 붙였다.

곰 옆구리 살 스테이크

　다음날 아침 느지막이 출발해 엉덩이까지 오는 눈을 뚫고 걸어 약 3,150m 높이의 산을 올랐다. 꽤 높은 지점이었지만 그때까지 남아 있던 비구름들에 가려 경치가 제대로 보이지 않았다. 이정표 하나 찾을 수가 없었다. 시행착오를 거쳐 길을 찾기에는 너무 늦었으므로 올라왔던 길을 따라 다시 내려갔다. 2시간쯤 지난 뒤 빗속을 터벅터벅 걸어 브래들리 호수의 야영지로 도착했다.

　"이게 뭐야!"

　무참한 텐트의 잔해였다. 덮개가 벗겨졌고, 4개의 버팀목 중에서 2개가 부러졌으며, 앞쪽 날개 부분이 완전히 찢겨 벌어졌고, 침낭은 호수에 떠다녔다.

　"대체 어떻게 된 거야?"

　비명을 지르면서 텐트 안을 살펴 보니 온통 젖고 진흙범벅이 되어 있었다.

　'그 곰 짓이야.'

　나는 이렇게 생각했다.

　'내가 협곡에 올라간 동안 녀석이 다시 와서 내 식량을 가져가려고 물건들을 마구 뒤진 거야.'

　다행히 식량 꾸러미는 나무 위 곰의 손이 닿지 않는 곳에 그대로 있었다. 난장판이 된 텐트 안에서, 곰이란 녀석이 '화풀이'로 그 모든 짓을 했다는 생각밖에 들지 않았다. 나는 자주색 식량 가방을 내리고 나뭇가지를 이용해 호수에서 침낭을 꺼낸 다음 장비를 꾸렸다.

모든 것이 다 젖었기 때문에 밤을 지낼 수가 없었다. 차가 있는 곳까지 돌아가면 어두워질 테지만 그래도 그렇게 해야 했다. 물에 젖은 바람에 30kg가 넘게 된 장비에 짓눌리면서 그 전날처럼 가슴에 식량 가방을 메고 출발하는데, 내 발자국 위에 새겨진 곰의 발자국이 금세 눈에 띄었다.

곰은 냄새를 쫓는 사냥꾼처럼 내 야영지로 나를 따라 왔던 것이다. 눈이 더 깊이 쌓인 그 작은 인도교에 서니 곰이 어떤 식으로 북쪽에서 와 내 텐트를 가로질러 갔는지 알 수 있었다. 9m 높이 언덕으로 올라간 곰의 흔적들을 눈으로 더듬는데… 그곳에서 곰이 소나무 옆에 앉아 나를 쳐다보고 있었다.

“빌어먹을…”

30분 전부터 억누르고 있던 곰을 향한 분노가, 이제는 익숙해진 긴장과 공포로 바뀌면서 내 목소리는 잦아들었다. 내가 할 수 있는 일이라고는 눈 속에서 쓰러지는 일 없이 계속 걸어가면서 곰이 나를 그대로 내버려 두길 기도하는 것뿐이었다. 주머니에서 흠뻑 젖은 지도를 꺼내 나침반과 함께 왼손에 쥐었다. 절대 실수하면 안 되었다. 약 15m 더 걸어서 그 길을 벗어나 곰의 남쪽 방향에 있는 언덕 꼭대기로 비틀거리며 걸었다. 그때까지 곰은 꼼짝도 하지 않았다. 내가 놈에게서 벗어나려고 버둥거리는 모습을 보며 그곳에 앉아서 씩 웃는 녀석의 모습이 떠올랐다. 언덕에서 설괴빙원을 둘러보았다. 동쪽으로 갈수록 더 얕아 보였다. 지름길을 통해 큰 길까지 똑바로 가면 빙퇴석 꼭대기에서 떠돌아다니는 일은 피할 수 있으리라고 판단했다.

　언덕의 능선을 건너 숲속의 계곡으로 내려간 다음 왼쪽 어깨너머로 뒤를 돌아보았다. 곰은 사라졌다. 녀석은 언덕의 다른 쪽으로 내려가 호수를 향해 걸어갔다. 나는 그제야 마음을 놓고 열다섯 걸음쯤 걸은 다음, 마치 곰이 언덕의 능선을 넘어 내 뒤로 바짝 붙어 따라 오기라도 하는 것처럼 다시 한 번 뒤를 살폈다. 10분 동안 동쪽을 향해 걸어가면서 나침반을 보다가 주변 지형과 지도를 맞춰보고, 그러다가 혹시 곰이 있는지를 왼쪽 어깨너머로 살피는 일을 번갈아 했다.

　곰은 사라진 것이 아니었다. 녀석은 몇 번 내 뒤로 5~6m까지 다가왔다. 나는 더욱더 정신을 집중해 깊은 눈은 피해 길을 찾으면서 가슴에 멘 식량가방을 빼앗기 위해 곰이 어떤 행동을 할지 짐작해 보았다. 그렇게 긴장된 상황에서 길을 찾는 일은 정말 힘들었다. 얼마 못 가 방향을 잃었다. 지도를 보면서 판단하고 예상했던 것과 지형이 맞지 않았다.

　'도대체 어디로 가야 해?'

　잠시 시간이 지나서야 지도에 있는 북쪽과 나침반이 가리키는 북쪽 사이의 편차를 조정하면서 올바른 위치로 돌아갈 수 있었다. 낮은 언덕을 올라가 아래쪽에 있는 호수를 내려다보았다.

　'호수?'

　그때까지 호수가 있을 거라는 생각은 하지 못했다. 그런데 그곳, 그러니까 내가 있는 곳과 눈 덮인 호수 주변 사이에 사람 발자국이 몇 개 있었다.

　'사람들을 찾으면 날 도와줄 거야!'

그제야 깨달았다. 길을 찾는 것이 문제가 아니었다. 나는 눈을 뚫고 그 발자국이 있는 쪽으로 쿵쿵거리며 걸어갔다. 그때 퍼뜩 드는 생각이 있었다.

'이건 내 발자국이고 여기는 브래들리 호수야. 완전히 한 바퀴를 돈 거야!'

절망으로 심장이 내려앉았다. 곰은 이미 내 뒤로 열 발자국 거리에 있었다. 그때까지는 내가 멈추면 녀석도 멈췄다. 하지만 이번에는 곰이 언덕을 내려와 내가 있는 곳까지 왔다. 다 포기하고 싶었다. 절대 곰에게 먹일 수는 없다고 생각한 그 식량 가방을 녀석에게 던져주고 싶은 마음이 들었다. 하지만 그보다 울고 싶다는 생각이 더 간절하게 들었다. 하지만 곰과의 거리가 4~5m 정도가 되자 다시 한 번 생각이 변했다. 절망감은 분노가 되었다.

"날 좀 그냥 놔두란 말이야!"

나는 곰의 얼굴을 똑바로 보며 소리쳤다. 다시 한 번 곰이 제자리에 멈춰 섰다. 가장 섬뜩하고 무서웠던 영화 대사를 떠올리다가 펄프 픽션이라는 영화의 대사 몇 줄을 인용했다.

"성질이 더러운 순찰대원들을 불러다가 네놈을 혼쭐 내주겠어. 그 친구들이 널 기절시켜서 바다로 던져버릴 거다!"

나는 다시 두 팔을 머리 위에서 흔들며 으르렁거렸지만, 그것은 곰에게 새삼스러운 일이 아니었다. 곰은 그 전날 밤 나무 위에서 대결할 때 그랬듯이 머리를 뒤로 젖혔다. 왼쪽으로 채 1m가 안 되는 곳에 있는 소나무 주변에 원뿔꼴로 파진 곳이 있고 거기에 돌 하나가 튀어나온 것이 보였다. 나는 나무 쪽으로 손을 뻗어 주먹 크기만

한 그 돌을 방어용으로 움켜쥐고 서둘러 남쪽으로 방향을 잡고 이전에 갔던 길을 거슬러갔다. 곰은 이제 내 뒤로 아주 가까이 따라오면서 내가 소리를 지를 때만 잠깐씩 멈춰 섰다.

'3m 내로 다가오면 이걸로 녀석을 맞혀야지!'

가방과 그 끈 때문에 제대로 움직일 수 없어서, 돌을 던져도 그 이상은 나가지 못할 것 같았기 때문이다. 눈은 점점 더 깊어졌고, 그때까지도 계속 떨어지고 있던 비 때문에 전날보다 훨씬 눈이 질어졌지만, 나는 몸을 곧게 세우는 데 정신을 집중했다. 그렇게 가고 있는데 눈이 얼어붙은 곳이 깨지면서 엉덩이까지 빠졌다.

"이런!"

하체가 눈 속에 단단히 박혀서 빠져나올 수 없었다. 곰은 기회가 왔다는 것을 알아챈 듯 거리를 좁혀 왔다. 이제 내 머리와 곰의 코 사이의 거리가 불과 3m 정도 밖에 안 되었다. 3m. 하지만 눈 속에서는 두 팔이 부딪힐 뿐이고 두 발은 꼼짝도 하지 않았다. 허리를 왼쪽으로 틀어 등을 바닥에 대고 오른쪽 어깨 쪽으로 굴렀더니 다리가 구멍에서 쑥 빠졌다. 등에 메고 있는 가방 2개가 나를 잡아당기는 바람에 나는 뒤집힌 거북이 꼴이 되었다.

'곰, 곰은 어딨지?'

누워 있는 동안 곰이 나를 공격해 물어뜯을까 겁이 났다. 나는 공격에 무방비 상태였다. 다행히 곰은 내가 불안정한 얼음 위에 겨우 비틀거리며 서자 거대한 모습을 드러냈다.

'좋아, 승부를 내자!'

좀 전부터 쥐고 있던 돌을 투포환처럼 어깨에 얹은 다음 곰을 향해 날렸다. 하지만 돌이 그리는 반원이 곰의 앞쪽 눈 덮인 구멍에서 끝나는 광경을 나는 곰과 함께 지켜보아야 했다. 돌은 전혀 소용이 없었고 녀석은 꿈쩍도 하지 않았다.

'던질 만한 걸 가지고 있어야 해.'

가장 가까운 데 있는 나무 주위를 살펴보니 작은 돌 2개가 눈에 띄었다. 그 돌들로 재무장을 하고는 재빨리 뒤돌아 갔다. 하지만 이전에는 아무 문제없이 걸어갔던 지점에서 다시 빠졌다. 나는 뒤로 넘어졌고 곰은 바짝 가까이 왔다. 나는 일어서서 곰을 향해 돌을 던졌다.

탁—

이번에는 돌이 그 녀석의 엉덩이 부분에 맞았다. 그 순간 곰이 자기 왼쪽으로 가장 가까이 있는 소나무로 쏜살같이 오르더니 공중으로 세 번을 튀어 올랐다.

절로 입이 벌어지고 눈이 있는 대로 커졌다. 그처럼 큰 짐승이 그렇게 힘차게 움직이는 광경을 그때까지 살면서 한번도 본 적이 없었다. 그 힘을 보니, 공격해 오는 곰과 맞붙어 싸우느니 레슬링 경기에서 챔피언을 때려 눕히는 편이 낫겠다는 생각이 들었다. 그러는 동안 내가 얼마간의 시간을 벌었다는 사실을 깨달았다.

나는 아까 그 돌을 다시 들고 한 번 더 남쪽으로 향했다. 30초쯤 지났을까, 나뭇가지들이 부딪히는 소리가 들렸다. 뒤를 돌아보니 곰이 나무 아래로 내려오고 있었다. 그 순간 나는 다시 눈으로 뛰어들어갔고, 곰과 나는 우리의 작은 무용극을 시작했다. 내가 맡은 역할은 넘어지고 돌고 서고 던지는 것이었고, 곰이 맡은 역할은 올라가고 기다리고 내려가고 따라오는 것이었다. 시간이 흘러도 우리는 그 춤을 계속했다.

나는 빙퇴석에 점점 더 가까이 가면서 고함을 더 많이 지르고 욕을 하면서 곰을 겁줘 시간을 더 많이 벌려고 했다. 물론 곰에게는 눈 속에 있는 것이 전혀 문제되지 않았다. 두 다리로 서 있는 나에 비해 녀석은 네 다리로 서 있기 때문에 설괴빙원의 얼어붙은 표면에 서 있을 때 무게가 더 넓게 분산되기 때문이다.

가장 큰 빙퇴석으로 올라가 나는 전날 그랬던 것처럼 몸을 웅크리고는 1km쯤 떨어진 진흙길을 갈망하듯 바라보았다. 곰은 결심을 전혀 누그러뜨리지 않은 채 5m도 안 되는 간격을 두고 나를 계속 따라왔다. 빙퇴석의 아래로 내려가는 일은 내가 곰보다 빨랐고 설괴 빙원의 깊이도 줄었으므로 나는 속력을 냈다. 20분쯤 지난 뒤, 나는 설괴 빙원의 가장자리에 서서 곰이 더 가까이 오기를 기다렸다. 곰은 비교적 멀찍이 9m쯤 떨어져서 내리막길을 천천히 걸어오고 있었다.

하지만 10초도 채 안 돼서 곰은 피로한 내 팔을 휘두를 수 있는 거리, 그러니까 3m 정도의 거리에 닿았다. 그 순간 곰의 머리를 향해 돌을 날렸다. 돌은 곰의 머리 위로 빗나갔다. 하지만 두 번째 돌은 곰의 왼쪽 목에 묵직하게 맞았다. 곰은 울부짖는 소리를 내더니 바로 옆 나무로 내뺐다. 이번에는 곰과 역할을 바꿨다. 내가 쫓아가는 거다. 나무 밑까지 따라가며 가방을 벗었다. 주위에는 돌이 많았다. 나는 야구공만한 돌로 곰의 엉덩이를 맞히면서 앙갚음을 했는데 최소한 세 번에 한 번은 맞았다.

"너, 이 녀석! 저리 가! 저리 가란 말이야! 이건 절대 못 줘!"

화가 나서 곰을 향해 소리치다 보니 지난 24시간 내내 곰이 준 긴장과 공포에서 어느새 벗어나고 있었다. 곰은 내가 돌을 연속으로 다섯 번을 던져도 맞추지 못할 정도로 나무 위 높은 곳까지 올라갔다.

"이제 따라오지 마! 다음번엔 가만두지 않을 거야!"

곰에게 으름장을 놓고 나는 다시 가방을 멘 다음 더 이상은 뒤도 돌아보지 않고 내 차가 있는 곳을 향해 진흙길을 걸어갔다.

나는 비와 허리까지 오는 눈을 헤치고 걷는 일에 지쳤다. 그리고 무엇보다 곰에 지쳤다. 그래서 앞으로 가려고 했던 글래시어 국립공원 여행에 흥미를 잃어 버렸다. 그곳은 티턴이나 옐로스톤보다 더 많은 곰이 살 뿐 아니라 고도가 높은 탓에 어느 지역 못지않게 눈이 많기 때문이었다.

공원 관리청에 들러서 공원 직원에게 조심하라는 의미로 나의 경험을 얘기해 주었다. 순찰 경비대원들은 다른 국립공원, 아마도 사람의 생명을 단축시키는 글래시어 공원을 말하는 것 같았는데, 그곳에서는 그렇게 곰이 걸어 나왔다는 얘기를 들었지만 티턴에서는 처음 듣는 얘기라고 했다.

"곰이라니 무슨 소리오? 정말 당신이 곰에게 소리를 지르고 팔을 흔들고 곰과 싸우고 돌로 곰을 맞혔다면, 십중팔구 당신은 상처를 입었을 거요."

그 말을 들으니 내가 멀쩡한 것은 내 수호천사 덕이라는 생각이 들었다. 그 길로 시내로 가 모텔 방 하나를 얻고 눈에 젖은 물건들을 말렸다. 그리고 부모님에게 전화를 걸어 그간 있었던 일을 얘기하고 다음날 집에 가겠노라고 말씀드렸다. 그런 다음 레스토랑 몇 군데를 찾아다녔다.

"곰 옆구리 살 스테이크를 먹을 수 있나요?"

하지만 어디에서도 먹을 수가 없었다. 그날 밤 잠자리에 들기 전, 극장에서 상영하는 두 편의 영화, 그러니까 공룡들이 주인공에게 다가가는 '쥐라기 공원2'나, 곰이 주인공에게 다가가는 '디 엣지*The edge*' 중 어떤 것도 보러가지 않았다.

chapter 3

첫째 날. 밤새 돌을 쪼다

사형수는 최후의 순간에 이르면 저항하지 않고 대부분의 경우 자신의 사형집행
인이 사용하는 도구에 감사하는 마음으로 순순히 복종한다.

에드워드 애비 *Edward Abbey*

《태양이 머무는 곳, 아치스》

하루가 가고

시계를 보았다. 오후 4시 19분. 나는 1시간 반째 갇혀 있으며 그
시간의 반 동안 칼로 돌을 내려치고 있는 중이었다. 저녁 9시가 될
때까지는 햇빛이 남아 있을 테지만 그래도 푸른 모자 위에 헤드라
이트를 달았다. 당장 켜지는 않았어도 어쨌든 헤드라이트를 가져온
것은 다행스러웠다. 보통 짧은 일정의 여행이 될 거라고 생각될 경
우에는 칼이나 헤드라이트는 챙기지 않는다. 캘시가 거미나 뱀을
미리 볼 수 있게 라이트를 가져가라고 한 충고를 들었을 뿐이다.

나는 그 불빛으로 뱀 대신 짓이겨진 팔목이 차지한 1cm 남짓한
틈 사이로 손을 좀 더 자세히 살필 수 있었다. 가장 중요한 문제는
내 손목이 떠받치고 있는 돌의 무게였다.

'만일 차라리 돌 전체가 내 손을 누르고 있는 거라면 잘라내야 하는 돌의 양은 적어져. 하지만 내 손과 손목이 돌을 떠받치고 있는 거라면 내가 그 무거운 돌을 잘라낼수록 돌은 내려앉을 거야. 못 나가는 거지. 인정하고 싶지 않지만, 내 손목 바로 위아래 뒤쪽 암벽과 돌 사이에 틈이 있어.'

하지만 나는 그 문제를 무시하기로 하고 다시 칼로 돌덩이를 긁고 쪼아냈다. 설령 돌이 더 내려앉더라도 나는 갇혔다는 사실을 되도록이면 생각하지 않으려고 했다. 비록 그것이 어쩔 수 없는 현실이기는 하지만, 생각한다고 해도 아무런 도움이 되지 않을 테니까. 대신, 갇힌 내 오른쪽 손목의 바로 위와 왼쪽 부분의 돌덩이 표면에 조금이라도 약한 부분이 있는지 찾는 데만 정신을 집중했다. 나는 손을 빼내기 위해서는 쐐기돌에서 주먹만한 크기의 돌을 떼어내야 한다고 생각하고 그에 맞게 선을 그었다.

그리고 이번에는 돌에서 약한 부분, 그러니까 내 손목 위로 15cm쯤 되는 곳에 약간 움푹 패인 부분을 찬찬히 살폈다. 경계선은 그 함몰부를 지나갔다. 나는 돌의 꼭대기에서부터 5~6cm 아래 지점에서 시작해 최대한 표적 부근을 거냥해 칼을 내려쳤다.

다용도 주머니칼에 붙은 7cm짜리 스테인리스 칼날로 돌을 가볍게 치고 다음에는 사정없이 두드리며 매번 칠 때마다 같은 지점을 맞히려고 노력했다. 다른 모든 것, 즉 고통이나 구조에 대한 생각, 원망은 마음 뒤편에 밀어 넣었다.

행동을 해야 했다.

쐐기돌의 이음새나 자연적으로 갈라진 틈을 찾아 한시라도 빨리 거기에서 빠져 나오기로 작정했다. 몇 분마다 한 번씩 동작을 멈추고는 돌의 전체 표면을 살피면서 더 확실한 목표물이 있는지 확인했다. 하지만 진행속도는 알아볼 수 없을 만큼 느렸다. 이번에는 주머니칼에서 쇠줄을 펴서 5분 동안 돌을 갈았다.

줄은 칼보다 아주 조금 더 효과가 있었지만, 그것도 돌의 가장자리를 매끈하게 만들고 선을 따라 자국을 내는 정도였다. 돌은 약한 줄질로 잘라내기에는 너무 단단했다. 동작을 멈추고 줄을 닦아내니 오히려 줄에서 떨어져 나온 금속 조각들로 가득했다.

'돌이 아니라 줄을 갈았군.'

돌을 다시 한 번 살펴보며 돌의 색, 단단함, 그리고 위에 있는 쐐기돌과의 비슷한 정도 등을 확인해 보다가 그 돌이 순수한 사암이 아니라는 것을 깨달았다.

내가 있는 슬롯 협곡의 꼭대기에 S자 나무가 걸려 있고 그 위로 100m쯤 되는 곳에 다소 어두운 색의 나바조 사암으로 된 암벽이 있었는데, 돌은 거기에서 떨어진 것 같았다. 약 2시간 전 내가 모래바닥으로 떨어지기 전에 매달려 있던 그 돌이었다.

'골치 아프군. 이 돌은 협곡의 다른 부분보다 침식에 더 강하기 때문에 협곡에서 튀어나와 있던 거였어. 이 쐐기돌은 여기에서 가장 단단해. 차라리 암벽을 파내는 편이 더 빠를지도 몰라.'

줄 대신에 다시 7cm짜리 칼을 꺼내 내 오른쪽 손목 위의 암벽을 쳤다. 칼은 불그스레한 색의 경사진 협곡 암벽을 그대로 미끄러졌다.

"우왓!"

하마터면 팔을 찌를 뻔 했다. 벽을 치기가 굉장히 어렵고 더구나 팔 때문에 정확한 위치를 내리칠 수 없었다. 행동을 잠깐 멈추고 왼팔과 손을 쉬게 하면서 오른쪽 팔뚝에서 작은 가루가 된 모래를 떨어냈다.

'돌은 그대로군.'

함몰부에 그어 놓은 선을 다시 내려쳤다.

탁 탁 탁… 탁 탁

돌을 두드리는 칼 소리는 애처로울 정도로 작았지만, 그럼에도 그 소리는 협곡 전체에 울렸다. 팔을 힘껏 들어 올려 내리칠 수는 없었다. 그렇게 하면 칼이 미끄러져 내 무릎을 치거나 아니면 목표물에 빗맞았기 때문이다. 잰걸음처럼 작게 쪼아댈 뿐이었다. 그런데 돌은 너무 단단했다. 아무리 노력을 해도 깨뜨릴 수가 없었다.

또 1시간이 지나 오후 6시가 되었다. 사고가 난 지 3시간이 조금 더 지났다. 날은 아직 따뜻했지만, 왼쪽 가방끈에 감겨 있는 시계를 보니 3시 30분의 기온보다 조금 떨어져 19℃였다. 그때까지 쪼던 지점에 쌓인 먼지를 날려버리고 눈에 띄는 진전이 있는지 살폈다.

'없어.'

다음에는 눈을 돌에 가까이 대고 내 목표 지점이 어떤 광물로 되어 있는지 조사하고, 조금 덜 단단한 구조를 가진 곳이 있는지도 살펴보았다.

미미한 진척 정도를 고려해볼 때, 문제는 방법을 바꿔서 해결될 성질이 아니었다. 그 돌에서 빠져나가려면 지질학자의 곡괭이가 마법처럼 내 손 안에 나타나는 방법 밖에 없었다. 알카트라즈 *Alcatraz* 9)의 독방에 갇힌 신세랄까. 거기에 남은 물마저도 1*l* 밖에 안 되었다. 사막을 여행하는 사람에게 필요한 최소한의 물은 한 사람당 하루에 3.8*l*다. 그 물로 내가 얼마나 버틸 수 있을지 다시 한 번 계산해 보았다.

'월요일, 고작해야 화요일 오전이야. 탈출만이 살아날 수 있는 유일한 방법이야.'

어쨌든 도박은 시작되었고, 내 패는 그 돌을 깨고 빠져나가기 위한 값싼 주머니칼 뿐이었다. 아이가 모종삽으로 탄광을 파는 것보다도 성공할 확률이 낮았다. 갑자기 돌을 쪼는 그 지루함이 절망스러웠다. 돌을 어느 정도나 잘라냈는지, 그리고 그렇게 하는 데 시간이 얼마나 걸렸는지를 계산했다.

내가 헛된 일에 애를 쓰고 있었다는 결론이 금방 나왔다. 다른 방법을 생각했다.

'앵커를 만들고 도르래를 설치하는 거야! 물론 성공할 수는 없겠지….'

가장자리로 나와 있는 돌들은 내 머리 위로 1m 80cm 정도 되었고 간격도 3m 정도 떨어져 있었다. 두 손을 사용할 수 있다고 해도 설치는 불가능한 일이었다. 구조를 기다릴 수 있을 만큼 충분한 물이 없기 때문에, 돌을 쪼갤 곡괭이가 없기 때문에, 앵커가 없기 때문에, 남은 것은 단 하나였다. 나는 천천히 큰 소리로 말했다.

"팔을 잘라내야 할 거야."

---

9) 알카트라즈 *Alcatraz*

미국 샌프란시스코의 섬. 영화 '더 록*the Rock*'의 무대이기도 한 이곳은 세계에서 가장 악명높은 감옥이 있었으나 현재는 관광지가 되었다. 탈출에 성공한 사람은 없다.

그 소리를 들으니 내 본능과 감정이 반란을 일으켰다. 성대가 긴장되었고 새된 소리가 나왔다.

'하지만 팔을 자르고 싶지는 않아!'

"아론, 너는 팔을 잘라야 해."

나는 나 자신과의 헛된 싸움에 그저 너털웃음을 터뜨리고 말았다. 팔을 자를 수는 없었다. 미친 짓이었다. 그래서 계속 돌을 잘라 내 보자고 결심했다. 헛된 노력이었지만, 그게 최선이었다. 그로부터 1시간이 지나도록 가끔 쉬면서 아무 성과도 없이 돌을 파는 동안 하늘의 푸른빛이 더 짙어졌다. 내 오른팔 위에 새겨져 있는 '지질시대에는 지금도 포함된다'라는 게리의 경고는 이제 지질시대의 대리인이 되어 나 역시 지질시대를 만들고 있다고 말하고 있었다. 돌덩이를 깎아 내고 사암 덩어리의 냉혹한 악수에서 손을 빼낼 수 있다는 희망을 주고 있었다. 하지만 돌은 금세 내 칼을 굴복시켰다. 나는 도구를 바꿔 이번에는 줄을 다시 꺼낸 다음 계속 줄질을 했다.

기억들

줄질을 하면서, 나는 유타 주를 처음 방문했을 때를 생각했다. 왜 그 생각이 났는지는 확실히 모르겠다. 어떻게 하다 내가 그곳에 오게 되었는지, 그리고 어쩌다가 그곳에 갇히게 되었는지 끊임없이 묻다보니 그런 것 같다. 고등학교 1학년 때인 1990년에 봄방학에 가족들과 함께 유타에 갔다. 솔직히 나는 그 여행에 대해 별 기대가 없었다. 친구들은 모두 스키여행을 가거나 멕시코로 휴가를 떠났다. 하지만 나는? 나는 부모님과 유타 주로 가야 했던 것이다.

그나마 다행은 우리 가족과 친구로 지내던 오하이오 주 출신의 베티도 함께라는 것이었다. 그녀는 내가 기쁜 마음으로 친구라고 부르는 적극적이고 통찰력 있고 배려심 있는 사람이다. 그녀는 내가 알고 있는 사람 중 가장 책을 많이 읽었으며, 책을 읽는 열정보다 더 큰 열정으로 야외 활동을 사랑했다. 이 두 가지만으로도 베티는 아주 훌륭한 여행 동반자였다.

어릴 적에 소아마비에 걸려서 허리 아래가 마비되었지만 베티는 모든 사람들에게서 밝고 좋은 면을 찾아냈으며, 모든 사람들을 좋아했다. 그녀가 그렇게 적극적인 사람이 된 것이 소아마비와 싸웠기 때문인지 아니면 원래 적극적이기 때문에 마비로 인해 부딪히는 도전들을 극복한 건지는 모르겠다. 아무튼 그녀는 지역 교도소에서 일주일에 며칠 동안 자원봉사를 하며 죄수들에게 읽고 쓰는 법을 가르쳤고, 자신의 잡지를 가져가 죄수들과 함께 공부를 하기도 했다. 사람을 사랑한 베티는 그 죄수들에게서도 가능성을 보았다. 그들이 저지른 이전의 잘못들은 그녀에게 그다지 중요하지 않았다.

베티는 소아마비를 앓고 난 후 목발을 사용하고 다리와 등에 교정기를 착용했는데, 오하이오 외곽에 있는 집에 있을 때면 가끔씩 양손으로 땅을 짚고 다리는 뒤로 끌면서 이곳저곳을 다니기도 했다. 그 여행에서 베티는 자동 휠체어를 타고 다녔는데, 그 휠체어를 '조랑말'이라고 불렀다.

베티가 조랑말을 타고 가다가 그 말이 올라갈 수 없을 만큼 가파른 언덕을 만날 경우에는 나와 내 동생이 서로 베티를 밀어 주겠다고 싸우곤 했다. 브라이스 협곡에서는 내가 이겼기 때문에 베티의 조랑말을 밀어 마지막 언덕에 올라가 경치를 보여 주었다. 휠체어를 밀 때는 두 팔은 쭉 뻗고 머리를 숙여 땅을 보면서 가야 했다. 그때 베티가 외치는 소리가 들렸다.

"아, 아론, 저것 좀 봐!"

나는 고개를 들다가 하마터면 휠체어를 놓칠 뻔 했다. 90m 깊이의 협곡이 우리 앞 쪽으로 쭉 뻗어 내려와 양 옆 1km 정도 뻗어있으며 그 협곡을 오렌지색과 분홍색으로 이루어진 수백 개의 사암 탑이 채우고 있는 광경이 눈앞에서 펼쳐졌다. 나는 놀라 할 말을 잃었다.

아마도 협곡에 대한 나의 동경은 그때 그 모습에서 비롯되었을 것이다. 나는 그 협곡으로 달려가 당장이라도 쓰러질 것처럼 보이는 탑들을 만져보았다. 탑들 사이를 뛰어다니는 동안에는 그 미로 속에서 길을 잃어버려도 괜찮을 것 같았다.

나는 토르의 망치(Mjollnir) 10)라고 하는 탑 꼭대기에 서 있다가 초인적인 능력으로 이탑 저탑의 꼭대기로 날아다니는 모습을 상상했다. 그러나 환상의 시간은 너무 짧았다. 나는 마음이 공허한 채로 그곳을 떠났다. 열 네 살이던 그때, 무엇이라고 꼬집어 말할 수는 없었지만 내 안의 욕망을 마주한 듯했다. 그리고 그것은 지금까지도 채워지지 못한 채 남아 있다.

---

10) 므욜니르 *Mjollnir*
토르는 북유럽신화에 등장하는 뇌신으로 가장 강한 신이다. 므욜니르는 바이킹 시대에 종교적인 장식품으로 사용되었다.

그 여행을 떠난 지 이틀째 되던 날, 우리는 어두어진 다음에야 그랜드협곡에 도착해서 호텔방에 들어갔다. 다음날 아침에는 사우스림에서 떠오르는 해를 보기 위해 5시 30분에 일어나야 했다. 전날은 밤에 그곳에 도착했기 때문에 그때까지 협곡은 보지 못한 상태였다. 새벽에 일어나며 나는 투덜거렸다.

"해 뜨는 거 꼭 봐야 돼요?"

날씨도 추웠기 때문에 그렇게 일찍 일어나는 일이 정말 싫었다. 우리 다섯은 이불을 가지고 차에 올라탄 다음 경치를 보기 위해 5분을 달렸다. 나는 뒷자리에 앉아 다시 잠을 자려고 애를 쓰면서, 모두들 일출을 보려고 나가는 동안 나는 그냥 차 안에 있게 해달라고 아버지를 졸랐다. 아버지는 별로 신경쓰지 않았다. 목적지에 도착하자 아버지는 베티를 안고 일출을 보는 곳으로 갔고 엄마와 동생은 이불을 들고 그 뒤를 따랐다.

아버지가 차 안의 히터를 꺼버렸기 때문에 가족들이 내린 지 몇 분 되지 않아서 온 몸이 떨려왔다. 하는 수 없이 가족들이 있는 곳으로 걸어가 동생 옆에서 이불을 뒤집어썼다. 그때까지 난 일출을 보기 위해 앉아 기다린 적이 한 번도 없었고, 기대도 전혀 하지 않았다.

하지만 그 광활한 그랜드 협곡이 우리 발끝에서 시작해 무지개까지 뻗은 모습은 그야말로 장관이었다. 짙은 암갈색과 검은 그림자였던 협곡 안쪽의 바위층은 새벽녘의 신비한 화학작용으로 파스텔 조의 노랑, 하양, 초록, 뭐라고 말하기 힘든 빨강으로 변했다. 이어 불타는 태양이 멀리 사막 절벽에서 무지개 한 가운데로 떠오르자, 수십 개의 성전과 언덕, 골짜기, 탑의 행렬 속에 협곡은 갑자기 모습을 바꾸었고, 떠오르는 태양이 내뿜는 강렬한 붉은 빛은 협곡을 둘러싼 벽들과 선명한 대조를 이루었다.

그 신비스러운 모습은 베티에게 배운 적극적인 태도와 삶에 대한 열정과 더불어 세상을 경험하고 발견하려는, 강박관념과도 같은 끈질김을 키울 수 있게 해주었다.

동전 크기

'그 아련한 추억은 이제 사라져 버리겠지. 이 구멍에 갇힌 이상 다시는 일출을 보지 못 할 거야.'

오후 7시, 나는 잠깐 쉬기로 하고 칼을 돌 위에 올려놓았다. 그리고 어깨를 들어 왼쪽 팔을 머리 위로 뻗고는 뻣뻣해진 손을 흔들면서 한숨을 내쉬었다. 손가락을 구부리면서 두려운 마음으로 왼손을 보았다. 사고가 날 때 돌이 내 왼쪽 손에 부딪히고 튀었는데 그때 받은 충격으로 손과 손가락이 평소의 두 배 가까이 부풀어 올라 있었다. 부기 때문에 손가락 모양이 심하게 변해서 손등에 혈관도 보이지 않았다.

'팔 끝에 달린 풍선 같아.'

정말 이상한 일은 그런 모양인데 전혀 아프지 않다는 것이었다. 물론 아프지 않을 리 없었다. 다만 그때 처한 상황 때문에 나는 제정신이 아니었다. 상황이 너무도 절박해서 손이 부어오른 것쯤 그리 중요하지 않았다. 부어오른 손보다는 왼쪽 허벅지가 더 많이 아팠는데, 바지를 들춰보니 그 이유를 알 수 있었다. 대퇴부에 멍이 들고 무릎 위는 열 군데 넘게 벗겨졌다. 돌에 갇힌 직후 돌을 들어 올리려고 버둥거리면서 생긴 상처였다. 몇 군데 피가 엉긴 자국이 있었지만 피가 흘러내리지는 않았다.

'생각보다 나쁘지는 않군.'

이번에는 다른 방법으로 돌을 쪼기로 했다. 발아래 쌓인 돌무더기에서 주먹만한 돌 하나를 골랐다. 간신히 손이 닿았다. 갇힌 손목이 당겨져 약간의 통증이 느껴졌다. 방금 주운 4.5kg 정도 되는 돌을 칼 위에 놓았다. 손에 넣을 수 있는 돌들은 모두 암벽처럼 좀 무른 붉은빛 사암이었으므로 그런 돌을 쐐기돌에 직접 부딪힌다는 생각은 아예 하지 않았다. 대신 망치와 끌처럼 칼을 두드리는 망치로 쓰기로 했다.

우선 내 오른쪽 손목 바로 위에 있는 함몰부에 파놓은 가는 홈에 칼의 끝을 맞춰놓고 칼 손잡이를 기울였다. 그런 다음 칼의 머리 부분을 정확하게 맞힐 수 있도록 망치 대용 돌을 꽉 쥐고 시험 삼아 한 번 가만히 쳐 보았다. 혹시라도 빗맞아서 칼이 쐐기돌의 뒤로 밀려나거나 내 발 아래로 떨어질까봐 겁이 났다. 끌장치는 충분히 견고한 것 같았지만 크게 자신은 없었기 때문에 망치 돌로 칼을 조심스럽게 두세 번 쳐 보면서 칼이 미끄러지지 않을지 시험해 보았다.

'괜찮아. 좀 더 세게 쳐 보자.'

전보다 10배는 더 강하게 칼을 내리쳤다. 우지끈 소리를 내며 망치돌이 내 손 안에서 폭발하는가 싶더니 가루가 된 사암 한 줌이 내게로 떨어지고 파편이 얼굴로 날아들었다. 칼은 그 순간의 힘을 못이기고 쐐기돌에서 미끄러져 내 바지에 맞고 튕겨 오르더니 오른발 앞 50cm쯤 되는 곳 모래로 떨어졌다.

"이제 도리가 없어. 어떤 방법도 효과가 없잖아."

이렇게 중얼거렸지만, 고맙게도 그 실망감은 금세 사라졌다. 나는 입술을 핥아 말라붙은 땀에 붙어 있는 자갈가루를 맛보았다. 칼은 손이 닿을 수 없는 곳에 있었고, 발로 닿아보려 할수록 모래 안에 묻혀버렸다. 왼쪽 신발과 양말을 벗은 다음 다시 발가락을 최대한 뻗어 그 다용도 칼을 잡고 거뜬하게 집어 올렸다. 깨진 것은 망치돌뿐이었다. 쐐기돌은 여전히 멀쩡했다.

'자, 아론, 이렇게 멍청한 짓은 그만두자.'

나는 스스로를 책망했다.

저녁 8시가 되면서 협곡 아래로 바람이 부드럽게 불었다. 가끔씩 강한 바람이 내 위에 있는 바위의 모래를 얼굴 쪽으로 날렸다. 머리를 숙여 모자 아래로 얼굴을 숨겼다. 먼지가 눈으로 많이 들어가지는 않았지만 그래도 눈을 깜빡거릴 때 꺼끌꺼끌한 먼지가 느껴졌다. 바람이 대여섯 차례 불어오는 동안 나는 몸을 잔뜩 움츠린 채 아무 것도 하지 않고, 아무 생각도 하지 않았다.

문득 오른팔을 덮고 있는 먼지와 깨진 돌조각들이 보였다. 정신이 퍼뜩 들었다. 처음에는 손가락으로 먼지를 떨어내다가 깊숙한 곳은 칼을 사용해 흙먼지를 떨어냈다. 그리고 입술을 오므려 바람을 불어 먼지들을 마저 떨어냈다. 그렇게 팔을 깨끗하게 하려는 내 행동이 우스울 수도 있겠지만, 그것은 내가 할 수 있는 몇 안 되는 행동 중 하나였다.

내가 갇혀 있는 곳에서 어둠이 시작되면서 위쪽 사막으로 퍼져나갔다. 밤이 되었다. 나는 헤드라이트를 다시 켜고 새로운 목표물을 찾았다. 내 손목 위 5cm 부근을 목표 지점으로 하고는 리듬을 타면서 1초에 두 번 돌을 쪼고 5분마다 한 번씩은 동작을 쉬었다. 시간이 미끄러지듯 흘러갔다. 쐐기돌을 쪼아내면서 생기는 얕은 골 옆으로 나타난 연어 색의 작은 파편들이 희미하게나마 일의 진척을 보여주었다.

'이 덩어리 둘레로 충분히 돌을 쪼아내면 안쪽 덩어리를 조각째 뽑아낼 수도 있을 거야.'

한참을 파냈다. 나도 모르는 사이에 3시간이 흘러 자정이 가까워졌다. 그 조각 둘레로 왼쪽, 아래쪽, 위쪽, 세 군데에 약 3mm 넓이의 홈을 만들었다. 그리고 돌에서 조각을 떼어낼 준비를 했다. 자칫하다 칼날의 끝이 부러지면 안 되었기 때문에 칼 대신 줄을 쓰기로 했다. 줄은 칼보다 더 두껍고 튼튼할 뿐 아니라 망가져도 별 상관없었다. 안을 파낸 홈에 줄을 끼우고 손잡이를 돌 쪽으로 움직이면서 파편이 눈으로 날아 올까봐 조심하며 숨을 죽였다. 파편이 부서지고 떨어지면서 도구가 내 손바닥을 파고드는 것이 느껴졌다.

"됐어!"

동전 크기만한 돌 조각이 쐐기돌에서 떨어져나가 갇힌 내 손목 위로 떨어졌다. 기대했던 것만큼 크지는 않았지만, 내 방법이 작으나마 어떤 효과를 냈다는 사실이 기뻤다. 파편이 떨어져 나가자 좀 더 쉽게 깰 수 있는, 약간은 부드러운 돌이 드러났다. 그 후 1시간 동안 돌을 쪼니 파편으로 나올 수 있는 양의 돌은 다 깨뜨릴 수 있었다.

나는 깨진 조각 중 큰 것들을 집어서 쐐기돌 위에 나란히 놓았다. 작은 구멍이 넓어지면서 모인 조각들도 늘어 갔지만, 조각들이 늘어 갈수록 피로도 더해갔다. 하지만 갇힌 팔의 통증이 너무 지독해서 피로로 몸이 휘청거리는 것쯤은 문제가 되지 않았다.

'조금이라도 힘이 남아 있을 때 어떻게든 이곳을 빠져나가야 해. 자고 싶어도 잘 수가 없잖아?'

차가운 밤공기와 에는 듯한 칼바람 때문에 계속 돌을 쪼아서 몸의 열을 만들어 내야 했다. 의식이 흐릿해져 무릎이 주저앉더라도 그 즉시 고통스럽게 깨어났다. 아마도 피로가 심해졌기 때문이겠지만, 머릿속에서 어떤 노래가 자꾸만 반복해서 울렸다. 그 며칠 전 밤에 룸메이트와 함께 보았던 영화 '오스틴 파워*Austin Powers*'에 나오는 멜로디였는데, 영화가 끝난 뒤 자막이 나올 때 흐르던 곡이었다. 문제는 단 한 소절만 끝도 없이 반복된다는 것이었다. 나는 빈정거리듯 중얼거렸다.

"그래 아론, 전혀 지겹지 않아. 그런데 다른 부분은 생각이 안 나는 거야?"

다른 노래를 부르려고 해보았지만 소용이 없었다. 좋아하는 곡들 중에서 하나를 고르려고 해도 마찬가지였다. 마음을 점령한 '오스틴 파워'에서 벗어날 수 없었다.

배낭에서 자일, 안전벨트와 등반 장비, 수낭, 물병을 꺼내놓고 배낭을 등에 멨다. 배낭의 패드 부분이 체온을 유지하는데 도움이 되기 때문이었다. 수낭에서 푸른색 물통을 꺼낸 다음 그 빈 주머니를 갇힌 팔에 끼웠다. 그렇게 하니 팔과 어깨 대부분이 차가운 돌에서 떨어졌다. 자일을 단단하게 감아 내 무릎 앞의 바위에 놓았다. 그제야 무릎을 앞으로 구부려 기댈 수 있게 되어 무릎에 가해지는 무게를 조금 줄일 수 있었다. 여전히 쉴 수는 없었지만 그래도 때때로 자세를 바꾸니 다리에 혈액순환이 되었다.

새벽 1시 30분에 두 번째로 물병을 열어 조금 마셨다. 벌써 2시간 전부터 물을 마시고 싶었지만 일부러 밤을 반쯤 보낼 때까지 미루고 있었다. 해가 떨어진 지 4시간 30분이 지나고 동틀 때까지 4시간 30분이 남았다.

물을 마시니 확실히 힘이 생겼고, 약 8시간 전에 처음 물을 벌컥벌컥 마신 뒤로 갈증을 참은 내 인내심이 보상받는 듯했다. 하지만 걱정이 되는 것은 어쩔 수가 없었다. 이제 남은 650ml의 물에 내 생존이 달려 있다는 것은 알았지만 얼마나 마시고 얼마나 남겨 둬야 할지, 얼마나 오랫동안 참아야 할지 도무지 감을 잡을 수 없었다. 곰곰이 생각했다.

'1시간 반마다 조금씩 마시자. 그렇게 하면 시간을 잴 수도 있고 밤을 보내면서 기대할 뭔가도 생기는 거니까.'

피로 때문에 무릎이 계속 꺾였다.

'의자 같은 걸 만들어 다리를 좀 쉬게 해야 해.'

무수한 실패와 노력으로 나는 왼손 하나로 안전벨트를 착용하고 웨빙과 카라비너 등을 이용해서 뒤로 기대면서도 다리에서 무게를 덜 수 있는 장치를 만들었다. 비로소 휴식을 맛볼 수 있었다. 아아.

12시간 넘게 긴장과 함께 서있었던 내 몸은 승리의 환호를 질렀다. 돌 위에서 물병을 집어 정확히 새벽 3시에 물을 조금 마셨다. 내 휴식은 완벽했지만 너무나 짧았다. 겨우 15분이 지나자 안전벨트 때문에 다리에 혈액 순환이 안 되었다. 안전벨트가 내 무게를 지탱하고 있는 오금 부근에 통증이 왔다. 나는 다시 서 있어야 했다. 결국 섰다 앉았다를 반복해야 했는데 나중에는 그 동작을 10분 간격으로 반복했다. 동이 트기 전 가장 추운 시간에, 그러니까 새벽 3시부터 6시 사이에, 칼을 다시 집어 들고 쐐기돌을 쳤다. 서 있거나 앉아 있거나 관계없이 돌을 칠 수 있었다.

'아주 조금씩이긴 하지만 그래도 깨지고는 있어.'

새벽 4시 30분과 6시에 물을 조금 먹고는 지난 15시간 힘들게 떼어낸 돌을 살펴보았다. 그 양을 기준으로 계산을 해 보니, 손을 빼내려면 150시간 동안 돌을 쪼아야 했다. 나는 낙담했다. 그리고 뭔가 다른 방법을 써야 한다는 것을 깨달았다.

오전 8시가 막 지났을 즈음, 내 위의 협곡에서 갑자기 요란한 소리가 들려오면서 바람이 휙 하고 지나갔다. 위를 올려다보니 커다랗고 검은 갈까마귀였다. 갈까마귀는 협곡 위에 있었는데, 날개를 퍼덕일 때마다 그 울림이 들려왔다. 몇 번 날개를 퍼덕이더니 갈까마귀는 크게 깍깍 하고 날카로운 소리를 내며 내 머리 위로 사라졌다. 내가 있는 협곡 틈 깊숙한 곳은 여전히 축축하고 차가웠지만, 내 위로 20m 되는 북쪽 벽으로는 햇빛이 보였다. 층구름의 조각들이 흩어져 떠다녔다. 헤드라이트를 껐다. 그렇게 하룻밤이 지나갔다.

첫 아침

아침 9시 30분이 되자 햇살이 내 뒤의 협곡 바닥을 비췄다. 감질날 정도로 조금씩 다가오는 그 밝은 빛줄기는 아직 내 신발에서 1m쯤 뒤에 있었다. 밤의 한기가 완전히 가시지 않았기 때문에 태양이 내 살갗에 조금이라도 닿기를 간절히 바랐다. 5분쯤 지나자 햇살이 뒤꿈치를 찔렀다. 발을 디디고 손목 부근이 당길 때까지 몸을 뻗으며 왼쪽 다리를 쭉 피니 햇살이 발목과 장딴지 아랫부분을 어루만졌다. 10분 동안 그렇게 가만히 매달린 채, 햇빛이 협곡 바닥을 훑으며 움직이는 것에 맞추어 왼쪽 다리를 펴고 다음에 오른쪽 다리를 펴는 동작을 반복했다. 마치 요가 동작과도 같은 그 태양 스트레칭으로 새로운 하루를 맞았다.

‘며칠이나 아침을 여기에서 맞아야 할까? 몇 번이나 이 아침 의식을 하게 될까?’

하지만 곧 생각은 지우고 장딴지에 느껴지는 부드러운 온기를 음미했다. 그 빛은 내 오른쪽 다리 위쪽 암벽을 따라 올라가며 울퉁불퉁한 사암을 감싸더니 내 다리가 닿지 않는 곳 위로 올라갔다. 암벽을 따라 올라가던 빛이 1m 위에 매달려 있는 쐐기돌 위를 지나면서 시야에서 사라졌다.

‘내가 하루 동안 직접 햇빛을 받을 수 있는 때는 이게 전부군.’

어쨌든 햇빛을 받으니 기분이 좋아져 잠시 동안 활기를 되찾았다. 새로운 기운이 넘치는 그 순간을 놓치지 않으려고 나는 칼을 잡고 2시간 주기로 바위를 쪼는 일을 시작했다. 그러면서 생각했다.

'난 언제쯤 발견될까? 수색은 언제쯤 시작될까?'

암담했다.

'크리스티와 메간은 나를 잘 몰라. 어젯밤에 약속장소에 나가지 못한 것도 그냥 자기들을 잊어버린 거라고 생각할 거야. 게다가 그들은 내 차가 어떻게 생겼는지도 모르잖아.'

스쿠비두 파티 역시 확실하게 가겠다고 약속한 것이 아니기 때문에 내가 나타나지 않았어도 그 친구들은 그러려니 했을 것이다. 룸메이트들은 내가 없어진 것을 알 테지만 그렇다 해도 내가 어디에 있는지는 몰랐다.

'친구들이 아스펜 경찰에 신고한다고 해도 24시간이 지나기 전엔 별다른 행동을 하지 않을 거야.'

그 말은 화요일 밤까지는 구조작업이 이루어질 가능성이 전혀 없다는 뜻이었다.

'화요일에 내가 출근하지 않으면 지배인이 우리 부모님께 전화할 가능성이 가장 커. 그럼 부모님은 분명히 신고를 할 거야. 그렇게 되면 신용카드 조회와 내 위치 추적이 시작되겠지.'

그리고 보니 내가 사용했던 내역이 문제였다. 나는 방향이 갈라지는 고속도로에서 기름을 넣을 때만 신용카드를 사용했다. 동쪽으로 갈 수도 서쪽으로 갈 수도 있는 곳에서 말이다. 가만, 모아브에서 직불카드로 식료품을 사고 자동차 연료통을 가득 채운 다음 말발굽 협곡으로 차를 몰고 갔다. 아니었나? 기억이 나지 않았다.

실종자 수색에 직불카드 구매 내역 조사도 포함되기를 바랄 뿐이었다. 만일 미국 국립공원 관리청에서 경찰의 연락을 받고 수요일에 총수색을 시작한다고 해도 내 차를 즉시 찾지 못할 가능성이 컸다. 경찰은 우선 모아브에서 가까운 지역을 집중수색할 것이다. 매주 순찰 경비대원들이 말발굽 협곡을 따라 암벽화들이 있는 곳까지 안내한다고 관광객들에게 알리는 표지판이 있었다. 그렇다면 토요일에 그들이 말발굽 협곡으로 되돌아갈 때 내 차를 발견할 확률이 가장 컸다.

'운이 좋으면, 목요일에 내 차 위치를 알아낼 수도 있어. 목요일에 말이야. 그리고 금요일이면 내가 있는 협곡을 찾을 거고.'

그러니까 금요일도 지나야 내 머리 위쪽 3m 앞에 있는 그 쐐기돌 위로 누군가가 머리를 내밀 거라는 얘기였다. 금요일. 하지만 그것도 가장 빠를 경우였다. 경비대원들의 일정으로 생각해 볼 때, 수색대가 나를 찾는 것은 일요일이 될 가능성이 더 컸다.

'일요일…이라. 아직 일주일이나 더 남았다는 말이지?'

물이 없는 상태에서 일주일을 견딘다는 것은 어림없는 일이었다. 내가 화요일 아침까지만 살아 있다 해도 그야말로 놀랄 일이었다. 금요일까지 견딜 수 있는 방법이 없었다. 일요일이 되면 나는 미라가 되고 말 것이다.

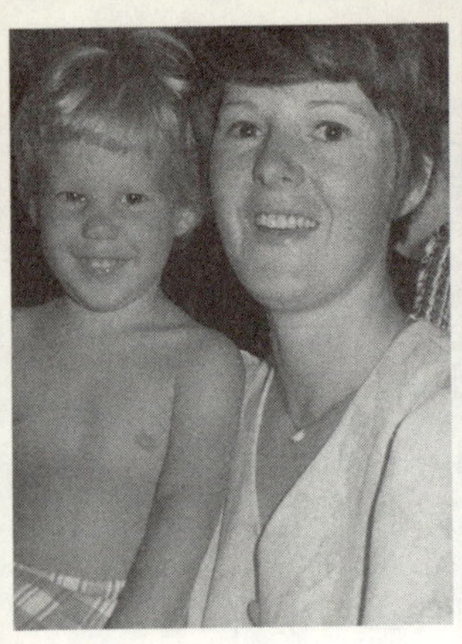

1977년 어머니와 나

1983년 할머니댁에서 나와 여동생

1987년 옐로스톤 국립공원

1987년 내 첫 번째 스키여행

1997년 나의 카네기 멜론대학 졸업식에서 베티 다레와 함께

어머니와 아버지

2000년 부모님과 나, 여동생
약 4,300m 산 정상에서

chapter 4

엔지니어 일을 그만두다

큰 도박에서는 도박에 이겨서 얻는 것보다
져서 잃게 되는 것이 훨씬 크다

조 심슨 *Joe Simpson*
《어두운 그림자가 드리우다》

영혼의 탐험

그랜드 티턴에서 나를 향해 성큼성큼 다가온 그 곰과 맞닥뜨린 후 1년이라는 시간 동안, 나는 세 가지 등반 계획을 세웠다. 첫째로 콜로라도에 있는 4,200m가 넘는 산을 모두 등반할 것, 둘째 그 모든 산을 겨울에 혼자 등반할 것, 마지막으로 미국의 각 주에서 가장 높은 산을 등반할 것. 내 온 관심은 이 세 가지 계획에 집중되어 있었다.

나는 1997년 후반부터 인텔에서 엔지니어로 일했는데, 그 겨울 비쩍 마른 곰에게 쫓기던 때를 생각하면 그 일은 식은 죽 먹기처럼 보였다. 엔지니어라는 직업에서 느끼는 진부함을 메우기 위해 인생의 모험을 하기로 하고, 나는 협곡·산·화산 봉우리 등 애리조나의 광활한 땅들을 찾아다녔다. 대학 시절 만난 마크 반은 내 절친한 친구이자 멘토였는데, 우리는 피닉스에서 함께 일하기도 하고, 점심을 먹으며 하이킹과 캠핑 여행 계획을 세우기도 했다.

그 즈음 나를 매료시킨 한 권의 책이 있었다. 존 크라카우어*Jon Krakauer*의 《황무지 속으로*Into the Wild*》라는 책이었는데, 나는 주인공인 젊은 크리스의 모험 이야기에 흠뻑 빠져들어 협곡으로 여행을 갈 때면 그 책을 항상 지니고 다녔다. 특히 크리스가 여행길에서 만난 한 친구에게 보내는 편지는 마치 스스로에게 하는 맹세와도 같았다.

너무도 많은 사람들이 불행한 환경 속에 살면서도 그 상황을 바꾸려 하지 않는다. 안정과 순응, 보호에 익숙해져 있기 때문이다. 이런 것들 모두 마음의 평화를 주는 것처럼 보이지만, 사실 인간에 내재해 있는 모험적인 정신에 가장 해로운 것은 안정된 미래다. 살아있는 인간의 영혼이 지니는 가장 근본적인 핵심은 모험을 향한 열정이다. 새로운 경험을 만나는 일에서 삶의 기쁨이 온다. 그러므로 삶의 경계선을 끊임없이 넓히는 것보다 더 큰 즐거움은 없다. 매일 새롭고 다른 태양이 뜨기 때문이다.

나도 그런 즐거움을 맛보고 싶었고, 모험에 대한 열정을 경험하고 싶었으며, 직장이 주는 안정감을 벗어 던지고 내 영혼이 마음껏 떠돌도록 하고 싶었다. 그것은 곧 야외 활동에 대한 교육을 받아야 한다는 의미이기도 했다. 대장정에 나서기 전에 나는 경험을 쌓아야 했다. 그리고 철저하게 준비해서 위험 요소를 최대한 줄여야 했다. 더 직접적으로 말하자면, 차를 사야 했고 직장을 그만두어야 했다. 하지만 그럴 준비가 되기까지는 해야 할 일들이 있었다.

1998년 겨울에는 크라카우어의 또 다른 책《희박한 공기 속으로 Into Thin Air》를 읽으며 상상의 나래를 펴 보았다. 책에는 11명의 사망자를 낸 에베레스트 조난 사고에 대한 이야기가 실려 있었다. 책을 읽으면서 나 자신이 그런 상황에 처해 있다면 어떻게 했을까 하는 생각을 해보았다. 산을 오르느라 힘이 다 빠지고, 사나운 바람이 온 몸을 때리고, 산소는 부족하고, 그리고 추위로 몸이 꽁꽁 언 채 산 정상에 올랐는데 누군가가 쓰러져 있다면 난 어떻게 해야 할까?

나만 살아남기 위해서 그들을 버려두고 떠나야 할까?

그리고 내가 안전하게 캠프에 도착하게 된다면 그들을 구하기 위해 다시 산으로 돌아가야 할까?

내 인간됨의 마지막까지 다 끌어내 보이는 상황에서 나는 과연 어떻게 행동할까?

나 자신을 시험하고 싶었다. 내가 어떤 사람인지 확인해 보고 싶었다. 비극적인 상황에 처해 그냥 죽어가는 사람인지, 아니면 상황을 극복해 내고 나 자신과 다른 사람들을 구하는 사람인지 알아보고 싶었다. 히말라야 산에 올라 정상을 정복하고 싶었을 뿐 아니라 내 영혼의 깊이도 탐험해 보고 싶었다.

1998년 3월 8일, 드디어 나는 애리조나에서 가장 높은 산인 험프리즈 피크로 단독 겨울 등반을 시작했다. 마크는 내게 눈 신과 얼음 도끼, 그리고 등반 설명서를 빌려 주며, 설명서를 보면서 얼음도끼 사용법을 완전히 익혀야 한다고 말해 주었다. 매서운 비바람을 이기고, 그 힘든 상황에서 길을 찾아가면서, 간신히 번개의 위험을 피해 오로지 나 혼자 힘으로 등반을 무사히 마쳤다. 그 등반으로 자신감은 더 확고해졌다. 내 의식은 더 높아졌으며, 그 속에서 나는 살아 있음을 더욱 분명하게 느꼈다.

모험의 시작

험프리즈 피크 등반을 마친 후에, 마크와 나는 콜로라도에 있는 4,200m 이상의 산을 모두 단독 등반하겠다는 내 계획에 대해 자주 이야기를 나누었다. 마크는 그렇게 위험한 모험을 시작하기에는 내가 경험이 너무 없다는 사실을 잘 알고 있었지만, 내가 무슨 일이 있어도 그 계획을 실행에 옮길 거라는 것 역시 알고 있었다. 마크는 내게 암벽 등반과 로프 조작법, 산사태의 위험을 미리 알아내는 법, 그리고 눈이 쌓였을 때의 등반 요령 등 기본적인 사항들을 가르쳐 주었다.

우리 두 사람은 애리조나 중부를 다니며 초급 수준의 등반 연습을 하고, 실내 암벽 등반 연습장을 찾아 가기도 했다. 1998년 노동절에는 친구 하워드와 함께 마크 손에 이끌려 베스탈 산으로 가서 암벽 등반을 하기도 했다.

베스탈 산은 특히 기억에 남는데, 그때 마크는 우리 두 사람에게 거대한 암벽을 올라가기 전과 오르는 동안 느끼는 두려움을 어떻게 극복해야 하는지 가르쳐 주었다. 장비를 제대로 갖추지 않았는데도 우리는 큰 어려움 없이 정상에 오를 수 있었다. 정상에서 마크는 자신이 정상에 오를 때마다 즐겨하는 의식을 내게 소개해 주었다.

그 후로 우리는 함께 정상에 오를 때마다 훈제 생선과 크래커로 치르는 그 의식을 함께 치렀다. 나는 반쯤 씹은 생선을 입 안 가득 문 채 미소를 지으며 친구들과 함께 사진도 찍었다. 그 사진을 보면 가장 좋은 친구들과 함께 두려움을 이겨내고 정상에 올라섰을 때 내가 얼마나 아찔한 기쁨을 느꼈는지 고스란히 드러난다.

1998년 12월이 되었지만, 그때까지도 겨울에 4,200m 이상의 산을 등반한다는 계획은 시작하지 못했다. 사실, 그때까지 다 합해서 7개의 산밖에 오르지 못했는데, 그것도 모두 여름에 오른 것이었다. 1998년 겨울이 되면 좀 더 수월하고 평이한 산부터 올라가 보기로 했다. 쉬운 산이라도 겨울에 산을 타려면 안전하게 눈 속을 걷는 방법을 알아야 했고, 더 높은 산에 도전하기 위해서는 겨울 등반경험이 필요했다. 겨울 휴가를 떠나기 전에 나는 마크와 함께 콜로라도 남서쪽에 있는 엔지니어 산에서 마지막 연습 등반을 했다.

등반 상황은 열악했다. 눈발이 가루처럼 날리며 얼굴을 때리는 탓에 10m 이상은 볼 수 없었다. 산의 3분의 1쯤 올라갔을 즈음, 우리는 등반을 멈추고 늦은 아침부터 이른 오후까지 눈덩이로 뒤덮인 들판을 정확하게 파악하기 위한 연습으로 눈의 상태를 살펴보았다. 마크는 눈의 층을 살피는 방법을 가르쳐 주었는데 그것이 단단한지,

응집력은 있는지, 눈사태 가능성은 어떤지, 내가 앞으로 4,200m 이상의 산을 등반하면서 항상 겪게 될 문제를 어떻게 알아내는지와 같은 것이었다.

이틀 후에 마크와 나는 스키를 타러 갔다. 그 전 해에도 우리 두 사람은 함께 스키를 타곤 했지만, 그 해 겨울에 마크가 직장 때문에 다른 곳으로 이사할 예정이었기 때문에 그 날의 스키 여행은 좀 더 특별했다. 다음 날 아침, 그와 헤어져 나는 차를 몰고 콜로라도 중부로 갔다.

그곳에서 퀸더리 산으로 겨울 단독 등반을 한 다음 부모님에게 가서 크리스마스를 보낼 생각이었다. 퀸더리 산은 겨울에 접근하기가 쉽고 능선이 짧기 때문에 4,200m 이상의 산 중에서 겨울에 혼자 등반해 볼만 했다. 뿐만 아니라, 산사태의 위험도 낮았기 때문에 겨울 단독 등반 기술을 시험할 수 있는 이상적인 실험장이었다.

12월 22일의 아침은 차가웠지만 청명했다. 하지만 산꼭대기에는 차가운 바람이 매섭게 불었다. 나는 마크에게 얻은 낡은 눈 신을 가죽 등산화에 묶고 이번 등반은 지금까지와는 다르다는 생각에 흥분해서 어린애처럼 안절부절못했다. 왜냐하면 4,300m가 넘는 퀸더리 산을 등반하는 것은 나의 계획을 구체적으로 이루는 첫 단계였기 때문이다. 준비가 행동으로 바뀌는 순간, 나는 산의 입구에서 두 팔을 활짝 벌리고 섰다.

완만한 구간을 오르는 동안에는 얼굴에 불어오는 바람에 온 신경이 쓰였다. 그러다 눈이 쌓여 있고 나무가 똑바로 자라지 못하고 거의 수평으로 자라는 높이에 이르러서는 고글이 서리로 덮이지 않도록 가능한 고개를 숙이고 걸어갔다. 울퉁불퉁한 노간주나무 지역도 서둘러 지났다.

더 높이 올라가니, 바람이 고글의 환기 구멍을 통해 들어와 눈에서 눈물이 났다. 구름 한 점 없는 하늘 아래 눈으로 덮인 정상이 내 시야에서 떠다녔다. 콜로라도에서 가장 높은 곳에 서 있는 나 자신을 상상해 보았다. 겨울에 4,200m가 넘는 높이의 산을 오르는 사람은 분명 아무도 없을 것 같았다. 북부의 다른 높은 산에도 그 계절에는 사람들이 거의 등반을 하지 않기 때문에, 내가 전국에서 가장 높이 서 있는 사람일 가능성이 아주 크다고 생각했다.

기온이 영하 10℃ 가까이 내려갔다. 그런데도 바지 주머니에 있는 얼마 안 되는 식량을 잘 보관해야 한다는 생각을 까맣게 잊고 있었다. 정상에 올라가 보니, 상점에서 산 물병은 완전히 얼어 있었고 초콜릿 바도 포장지 안에서 꽝꽝 얼은 상태였다. 초콜릿 바 하나를 들고 아이스크림처럼 핥아먹어 보려 했지만 도저히 먹을 수가 없었다.

정상에서 돌아오는 길은 바람을 등지고 내려올 수 있어서 좀 수월했다. 산을 올라갈 때의 고된 과정에서 해방되고 나니 그 날 이룬 성과를 자축할 여유가 조금은 생겼다. 그래서 그날 하루의 과정을 되짚어 보았다. 특히 산을 올라가는 동안 식량이 얼지 않도록 하려면 어떻게 해야 할지 생각했다. 앞으로는 식량과 물 없이도 견딜 수 있을 만큼 짧은 여행만 할 것이 아니기 때문이었다. 사실, 허기 때문에 위에 구멍이 나는 것 같았고 입속에서 혀는 딱딱하게 굳는 느낌이었다. 나는 재충전을 해야 했지만 꽝꽝 얼어 무거워진 식량과 물을 그저 가지고 다니기만 할 뿐 전혀 먹을 수 없어서 낙담했다.

차로 돌아온 나는 두 시간을 달려 부모님이 사시는 덴버로 갔다. 계획의 첫 단계를 성공리에 마쳤다는 기쁨에 가슴이 터질 것 같았다. 이후로 계속 겨울철 단독 등반을 하면서 기량이 나아질 기회도, 성공을 거둘 기회도 더 많아졌지만, 다음 해 12월에 두 번째로 4,200m 이상의 산을 등반할 때까지 1년 내내 나는 첫 번째의 성공에 들떠 있었다. 그러는 사이에 직장 문제로 워싱턴 주로 이사를 갔는데, 그 덕에 등반 기회가 많이 생겨 실력도 부쩍 향상 되었다. 속도도 빨라져 1,000m 높이의 산을 10kg 무게의 가방을 메고 1시간 이내에 등반할 정도가 되었다. 눈과 얼음, 바위에서 아이젠을 사용하는 데도 능숙해 졌다.

워싱턴에 있던 6개월 동안 주말에 날씨가 좋았던 적이 단 한 번도 없었지만, 나는 단 한 주도 빠지지 않고 등반을 했다. 날씨가 좋아질 때까지 기다리다가는 아무 것도 할 수 없을 거라는 사실을 알고 있었으므로, 물에 젖은 옷이나 곰팡이 핀 텐트, 한 여름의 추운 밤, 구름에 가려져 좀 덜 근사한 정상의 모습도 나에겐 그다지 문제가 되지 않았다.

그 즈음에 등반 팀에 소속되어 있던 세 명의 파트너와 함께 슉산산*Mt. Shuksan*의 북쪽을 등반했다. 그곳은 세계에서 손꼽히는 아름다운 산이며 그때까지 내가 올라 본 산 중 가장 근사한 곳이었다. 하지만 그 산에 오르는 과정은 '천국에 닿고 싶다면 지옥을 지나야 한다'라는 속담을 떠올리게 했다.

그곳을 오르려면 빽빽한 덤불을 헤치며 앞으로 나아가야 했다. 그러는 사이에 가방에 매달아 놓았던 빙벽 등반 도구들이 다 떨어져 나가 버렸는데도 나는 전혀 알아채지 못했다. 뿐만 아니라 미끌미끌한 나뭇가지가 5cm 두께로 쌓인 경사면을 지날 때는 두 걸음마다 한 번씩 넘어졌는데 그 바람에 우리 팀에 하나밖에 없던 지도마저도 잃어버렸다. 우리 팀이 그 산의 지형을 다 외우다시피 하고 있었다는 것이 정말 다행이었다. 하지만 그렇다고 해도 사방이 깜깜한 밤이었기 때문에 거의 8시간 동안 채 2km도 가지 못했다.

밤새 지독하게 고생한 탓에 아침이 되어서는 모두들 기진맥진했다. 그래도 햇빛을 받자 기운을 다시 추스르고는 산의 북쪽으로 1,500m 높이까지 올라갔다. 그러고는 자리에 쓰러져 한 시간 동안 낮잠을 자기도 했다. 태양이 바다 위 길게 늘어서 있는 구름 사이로 사라지면서 바닷물에서 생긴 수증기에 빛이 굴절되자, 슉산 산은 가장 아름다운 가운을 몸에 걸친 황홀한 모습으로 변했다. 해수면 위 2,700m 높이의 빙산에서 나는, 슉산 산 정상의 균형 잡힌 검은색 원뿔 모양이 주위의 설원 가운데에서 불쑥 튀어나와 있는 것을 보았다. 감탄이 절로 터져 나왔다.

도전을 위해

슉산 산을 등반한 지 일주일 쯤 지나서 다시 직장 때문에 이번에는 뉴멕시코로 이사를 가야 했다. 나는 그곳에 도착하기 무섭게 마크가 5년 동안 활동했던 수색 구조팀에 들어갔다. 기술을 요하는 암벽 구조대로서는 최고의 팀인 앨버커키 산악 구조회 덕에 나는 아주 특별한 훈련 경험을 쌓을 수 있었으며, 그 이후 3년 동안 함께 했던 등반 동료들 대부분을 그곳에서 알게 되었다. 또한 앨버커키 팀에 있으면서 콜로라도 주에 있는 산들을 등반할 기회도 더 많아졌는데, 한 달에 평균 닷새는 산을 등반하면서 보냈다.

여름에는 워싱턴에 있는 높은 산들을 등반했고, 콜로라도의 산들에서도 등반 훈련을 했다. 그 과정을 통해 꽤 많은 경험을 쌓으면서, 1999년에서 2000년 사이의 겨울 동안 4,200m 이상의 산을 등반할 수 있는 탄탄한 발판을 마련했다.

2000년 겨울이 끝나기 전에 콜로라도에 있는 4,200m 이상의 산을 여섯 군데 더 단독 등반했고 2001년, 2002년 겨울 시즌에는 좀 더 어려운 등반을 시작했다. 하지만 가장 어렵고 멀리 있는 산들은 내 목표의 정점으로 남겨 두었다. 시간이 갈수록 등반과 야영 기술 그리고 장비 다루는 법에 더 익숙해졌고, 체력과 환경에 적응하는 능력도 향상되었다. 그 덕에 더 오랜 일정이 소요되고 힘든 노선도 시도해 볼 수 있었다. 등반을 떠날 때면 언제나 여행 일정을 짰고 돌아올 날짜를 부모님과 룸메이트들에게 알렸다. 그리고 내 계획에서 나타날 수 있는 가장 치명적이고 현실적인 위험 요소, 그러니까 눈사태를 만나는 일을 최소화하는 쪽으로 노선을 정하고 계획을 조정했다.

2002년이 끝날 즈음이 되니, 4번의 겨울 동안 4,200m가 넘는 59개의 산 중 36개의 산을 등반했다. 하지만 내가 이룬 성과는 숫자 그 이상의 의미를 지녔다. 나는 이 세상 그 누구도 하지 못한 새로운 경험을 끊임없이 만들어갔다.

산 입구에서 등산객 명부에 이름을 기입할 때면, 내 바로 전에 있는 이름이 석 달, 넉 달, 어떤 때는 다섯 달 전에 기입된 것일 경우가 흔히 있었다. 여름에 산 정상에 오를 때면, 내가 7~8개월 만에 그곳에 온 사람일 경우도 있었다. 몇 달 동안 아무도 찾지 않았던 곳에 있으면 고독감과 함께, 내가 그 차가운 정상, 산꼭대기에 묻혀 있는 호수, 소리를 죽이고 있는 나무 덤불의 주인이 된 듯한 기분이 들었다. 그리고 사슴, 비버, 담비, 뇌조, 야생 염소들과 가족이 된 것 같기도 했다. 그 녀석들의 집을 몇 번이고 찾아가다 보면, 그 곳이 마치 내 집 같았다.

한번은 에반스 산의 서쪽에 올랐다가 하마터면 움푹 들어간 지형의 버드나무 수풀에서 새하얀 뇌조를 밟은 뻔한 적이 있다. 울음소리를 내며 총총 걷던 새는 아슬아슬하게 내 바로 앞에서 피해갔다. 나는 새 쪽으로 몸을 숙여 마치 잉크 한 방울을 떨어뜨려 놓은 듯한 새의 두 눈을 무엇인가에 홀린 듯 한참동안 바라보았다. 우주가 한없이 넓어졌다. 우리 둘 다 꼼짝도 하지 않았다.

하얀 눈길에 서 있는 그 작고 통통한 새에게 느낀 친밀감은 나와 같은 사람들에게서 느껴지는 유대감보다 더 단단한 것 같았다. 겨울날의 풍경 속에 함께 있으면서, 그런 세상으로의 여행에 한 번도 함께 해본 적이 없는 다른 사람들과 나눈 것보다 더 많은 것을 나는 그 새와 나누었다. 친구들에게 보여주기 위해 새의 사진을 찍었다.

하지만 내가 설명을 했음에도 불구하고 친구들은 나와 그 새, 우리 둘 사이의 유대감이 아닌 새만 보려 했다. 그러한 장소들, 그리고 그곳에서 내가 했던 경험들은 내 것, 오직 나 하나만의 것이었다. 고독감, 주인이 된 듯한 느낌, 그리고 여행 장소에서 했던 경험들로 나만의 세상이 만들어 졌고, 그 세상은 분명 누구와도 나누어 가질 수 없었다. 그럼에도 나는 다른 사람들과 그 세상을 나누고 싶었다. 여행 사진을 찍고 온라인에 사진들을 올렸다. 하지만 그 사진들은 아무 것도 전하지 못했다. 그 사진에는 바로 그 당시에 내가 그곳에 있으면서 경험했던 시간과 장소가 들어 있지 않았다. 사무실이나 거실에 앉아 있는 사람에게 겨울 산 일몰의 사진은 그냥 사진일 뿐이었다. 하지만 내게 있어 사진은 그곳에서 했던 경험이었다.

가령, 언젠가 20kg이 넘는 가방을 메고 눈 신을 신은 채 깊이를 알 수 없을 만큼 쌓인 눈 때문에 길이 없어진 숲 사이를 8시간 넘게 걸어 4,000m 높이의 산에 오른 적이 있다. 새천년의 첫 해 겨울, 나는 앨버트 비어슈타트 *Albert Bierstadt* (미국의 풍경화가 : 옮긴이)의 그림 같이 아름다운 그곳에 서서, 일몰의 붉은 빛이 눈으로 덮인 산을 보라색으로 물들이는 모습을 바라보았다. 그 장엄한 아름다움에 나는 탄성을 질렀다. 사진으로는 그 경험을 온전히 담을 수 없었다. 내 사진 기술이 아무리 뛰어나다고 한들, 어스름해지는 그 시간에 그처럼 장대한 산마루에 올라 내가 느꼈던 탈진, 피로, 저산소증, 우쭐함이 한 데 섞여 만들어내는 오묘한 감정을 사진을 보는 사람들도 그대로 느끼도록 할 수는 없었다.

4,200m 이상의 산을 겨울에 단독 등반한다는 계획을 하나하나 실천해 갈수록, 나만의 은밀한 세상도 점점 더 커지면서 자아에 대한 내 의식과 하나가 되었다. 겨울에 4,200m 높이의 산을 혼자서 오르는 것은 그냥 내가 하는 어떤 일이 아니었다. 그것은 내 존재 자

체가 되었다. 세계적 수준의 등산로와 비교해 보면서 내 계획이 얼마나 어려운지 상상해 보지도 않았고, 나 자신을 일류 등산가와 비교하지도 않았다. 그저 또 하나의 높은 산을 오를 때마다, 또 다른 나를 탐험하고 발견할 뿐이었다.

야외 활동에 대한 내 열정과 몰두가 깊어감에 따라, 산에 있을 때면 단 한 가지의 바람, 콜로라도로 돌아가 그곳에서 계속 나 자신을 키워나가고 싶다는 바람이 내 마음을 채웠다. 나는 대기업에서 일하는 것에 완전히 흥미를 잃어갔다. 그러던 중 2002년 봄에 등반 팀과 함께 데날리*Denali*로 등반을 할 기회가 생겼다. 하지만 그 등반을 하기 위해 휴가를 낼 수는 없는 상황이었다. 내게 찾아온 행운을 잡느냐 아니면 직장을 잡느냐 둘 중 하나를 선택해야 했다.

결국, 나는 별 미련 없이 직장을 그만두고 집에서 쓰던 물건들 대부분을 팔고 야외 활동 장비들을 3년 된 내 차 도요다 타코마에 실었다. 2002년 3월 23일, 마지막으로 직장에 출근한 나는 친구들 모두에게 이메일을 보내 나의 새로운 출발을 알렸다. 그러면서 괴테의 말을 인용했다.

"네가 할 수 있는 일이 무엇이든, 꿈꿀 수 있는 일이 무엇이든, 지금 그 일을 시작하라. 대담함 속에 재능과 힘과 마법이 존재한다."

동료들 대부분은 나의 또 다른 출발을 격려해 주었다. 하지만 직장을 그만 둘 것이며 당장 옮겨갈 직장이 있는 것은 아니고 학교로 다시 갈 생각도 아니라는 내 말을 좀처럼 믿지 못하는 동료들도 있었다. 그런 일은 인텔의 엔지니어가 할 일이 아니었던 것이다. 하지만 나는 스물여섯 살에, 5년간의 안정된 직장 생활을 끝으로 회사를 그만두었다.

그리고 나는 회사 일을 하면서 동시에 록키산맥의 높은 산을 그리워하는 일은 내 인생에서 다시 하지 않겠노라고 맹세했다. 그렇게 해서 여섯 달 동안 38개 주와 캐나다를 거쳐 북아메리카에서 가장 높은 산 정상을 정복하고 마지막으로 콜로라도 주 해발 2,400m에 위치한 작은 도시, 아스펜까지 가는 여행을 시작할 수 있었다.

1998년
추수감사절에 나와 여동생
하바수파이에서

1998년 노동절
마크와 베스탈 정상에서

1998년 12월 4,200m산 겨울 단독 등반의 시작

1998년 3월 애리조나의 험프레이 산 정상에서

1999년 4월 그랜드 캐니언에서

chapter 5

이틀째. 모든 방법에서 실패하다

사막에 새벽이 오면,
일찍 일어나 타오르는 돌에서 나오는 생명의
호흡을 느끼며 소리 높여 노래를 불러라.
오래된 그 돌을 느끼고, 살갗에 문질러보고,
바람을 따라 춤을 추는 꽃들의 숨결에서
그 향기를 맡아 보라.

스트링 치즈 인시던트 *String Cheese Incident*
서정시인 크리스티나 캘리콧 *Christina Callicott* 의
'사막의 새벽 Desert Dawn'

구조장치

아침이 되자 좀 따뜻해졌다. 열을 내리고 바위를 칼로 치는 무의
미한 일을 더 이상 할 필요가 없었다. 칼을 쥔 손이 지금까지 해오던
동작을 바꾸라며 파업을 시작하려던 찰나였다. 잠시 돌을 두드리고
조각내는 일을 그만두었다. 잠을 자지 않았는데도 협곡을 감싸는 빛
을 받으니 몸에 에너지가 차오르는 기분이었다. 밤샘 여행을 하고
새벽을 맞을 때 늘 그랬던 것처럼 그 빛은 내 기운을 북돋워 주었다.

하지만 그날의 여행은 끝이 보이지 않았다. 돌덩이와의 싸움은 끝이 없었다. 그것은 내가 이기거나 아니면 죽거나의 문제였다.

사막에서 생존하는데 가장 무서운 적은 탈수다. 탈수 때문에 우리 몸이 충분한 영양소를 받아들이지 못하면서 결국은 기능을 상실한다. 신장이 기능을 멈추고 몸에서 독성이 나오면서 목숨을 잃는 사람들도 있고, 그런가 하면 심장이 멈춰서 죽는 사람들도 있다. 무더운 환경에서 애를 쓰다보면, 탈수로 인해 체온이 한계 이상 올라가고 사실상 머리가 익게 된다. 내가 어떤 식으로 죽게 되든지, 경련이 먼저 일어나면서 죽음을 예고할 것 같았다.

'과연 신장이 멈춘다면 어떤 느낌일까? 아마 좋지는 않겠지. 너무 많이 먹어서 배가 아플 때와 비슷할 지도 몰라. 아니, 그보다 더 고약하겠지.'

신장이 멈춰서 죽는 것은 모진 고통일 것이다. 차라리 저체온증으로 죽는 편이 나을지도 몰랐다. 그러면 무감각해져서 최소한 고통은 느끼지 않을 수 있으니까. 하지만 그 전날 밤의 기온은 12℃로 저체온증을 일으킬 만큼 춥지 않았다.

'갑자기 홍수가 밀어닥쳐 죽는 편이 더 낫지 않을까? 그러니까, 어차피 죽을 거라면 말이야.'

하지만 나는 죽을 준비가 아닌 행동할 준비가 되어 있었다. 더 효과적인 앵커를 만들어서 그것을 이용해 돌을 들어 올릴 만한 장치를 설치하려고 했다. 그만한 쐐기돌을 움직이려면 한참이 걸리겠지만 돌의 앞부분을 30cm 정도만 들어 올린다면 손을 뺄 수 있었다. 어쩌면 5cm 정도의 간격이 생기도록 돌을 뒤쪽으로 조금 움직여 손을 짓누르는 정도가 느슨해지게 할 수도 있었다. 그렇게만 해도 엄지손가락의 굵은 부분을 빼낼 수 있었다. 그 과정에서 사고 자체보다 더 큰 상처가 생길 거라는 것은 알고 있었다. 손은 이제 못쓰게 되었다. 나는 이미 손을 포기했다.

'그런데 손에 피가 다시 돈다면 어떻게 될까? 내 혈관으로 부패한 물질이 돌고 심장으로 독이 퍼질까? 아마 그럴 것 같은데.'

앞으로 어떤 위험이 있을지에 대해 의학적인 지식이 없었지만, 손을 갑자기 빼낼 경우 독이 퍼지는 것이 제일 가능성이 클 것 같았다. 그것은 내가 받아들여야 하는 위험이었고, 동시에 내가 마주할 수 있는 유일한 희망이기도 했다.

두 번째로 앵커를 만들기 위해 우선 안전벨트 뒤쪽에 있는 카라비너에 구겨져 있던 밝은 노란 색의 웨빙을 떼어내 깨끗하게 감겨 있는 끈을 풀었다. 내가 갇힌 지점에서 협곡 위를 바라보면서, 정면 위로 턱을 이루고 있는 쐐기돌의 윤곽과 그 꼭대기의 보이지 않는 테두리를 추측해 보았다. 그리고는 다시 한 팔만으로 앵커를 만들기 시작했다. 높은 곳에 걸기 위해 던진 자일은 계속 떨어지고 목표 지점에는 닿을 수가 없고… 하지만 그렇게 고생한 후 간신히 완성할 수 있었다. 시계를 보니 이미 일요일 아침 11시가 지나 있었다. 단지 앵커의 형태를 바꾸는 데 2시간을 쓴 셈이었지만, 그 노력은 그때까지 완전한 성공이었다. 조금이지만 물도 마시니 만족감이 더해졌다. 나는 배운 바를 잘 이용하고 있었다.

'아래에서 잘 보이지도 않는 곳과 연결해 앵커를 설치했어. 그것도 한 손으로 말이지. 잘했어, 아론. 이제는 이 돌덩이를 옮기기만

하면 돼. 여기서 멈추면 안 돼.'

등산자일을 1m 정도 잘라 그 짧은 줄의 한쪽 끝으로 쐐기돌을 둘러 묶었다. 다음에는 끈의 다른 쪽 끝을 하강 링에 꿰었다. 왼손으로 링을 잡을 수 있었다. 자일을 잡아당겼다. 돌이 조금이라도 움직일 거라는 기대는 하지 않고 말이다. 역시 돌은 꿈쩍도 하지 않았다.

'뭐, 적어도 앵커는 잘 만들었잖아.'

역학적인 효과를 위해서는 도르래 장치를 만들어야 했다. 자일을 한 번 구부리게 되면 직선으로 잡아당길 때 보다 더 많은 힘이 필요하다. 하강 링에 생기는 마찰 때문이다. 애석하게도 나에게는 도르래 장치가 없었다. 대신 카라비너는 있었다. 꽤 마찰이 크겠지만 하는 수 없었다. 이제 내게 시간은 느껴지지 않았다. 나는 자일과 카라비너에 온전히 몰두했다. 나는 이전에 받았던 수색 구조 훈련을 떠올리고는 조난자들을 구조할 때 사용하는 특수 인양 장치를 따라해 보기로 했다.

앨버커키구조팀에서 두 가지 표준 장치를 배웠는데, 나는 그 중 당기는 부분의 방향을 한 번 더 변경하는 Z-도르래 장치를 사용하기로 했다. 공간과 장비가 한정되어 있기 때문에 거기에 맞춰 원래의 장치 배치를 수정해 가면서 카라비너에 고정되어 있는 고리들에 매듭을 더 만들어 자일이 서로 연결되게 했다. 그런 식으로 방향에 두 번 변화를 주면 이론적으로는 당기는 부분에 3배의 힘이 가해진다. 하지만 그 장치는 여전히 너무 약했다. 내 온갖 노력에도 돌은 꿈쩍도 하지 않았다. 다시 한 번, 또 한 번. 도르래 장치를 이리저리 고쳐 보았지만 그대로였다.

‘이게 뭐야…!’

노력을 해도 눈에 띄는 성과가 없자 실망했다. 잠시 쉬며 시계를 보았다. 오후 1시가 넘었다. 나는 땀을 흘리며 숨을 헐떡였다.

‘… 뭘 더해야 하지?’

사악사악, 탁 탁

문득 멀리에서 어떤 소리가 협곡에 메아리쳤다. 나도 모르게 하느님을 불렀다. 놀라움과 들뜬 마음으로 숨이 턱 막혔다.

‘혹시 누군가 지나가는 걸까?’

가슴이 뛰기 시작했다.

‘이곳에 온 사람들이 웨스트 포크West Fork 지역이나 말발굽 협곡 입구로 돌아갈 만한 딱 그런 시간이잖아. 그리고 네 생각대로 사람들이 주말에 이곳을 지날 가능성도 크고. 네가 어제 오후에 이곳에 온 것처럼 말이야.’

그런 생각을 하면서도 혹시 착각으로, 그냥 상상으로 그 소리를 듣는 것이 아닐까 두려웠다. 숨을 멈추고 귀를 기울였다.

‘맞아! 이건 사암을 문지르는 신발 소리야!’

S자 통나무 뒤쪽에 있는 첫 번째 낭떠러지를 내려오는 암벽 등반자일지도 몰랐다. 생각만 할 시간이 없다.

“사람 살려요!”

찢어지는 듯한 내 외침은 메아리가 되어 협곡 안으로 사라졌다. 억지로 숨을 참고 대답을 기다렸다. 아무 소리도 없다.

“사람 살려!”

내 떨리는 외침 소리가 너무도 절박해 오히려 불안해 졌다. 다시 한 번 숨을 참고 귀를 기울였다. 내 메아리는 곧 잦아들었다. 흥분으로 쿵쾅거리는 심장 소리 외에는 아무 소리도 들리지 않았다. 째각째각. 절박한 시간이 지나가고 희망도 사라졌다. 협곡에는 아무도 없었다.

첫사랑의 실연에 절망했던 그때처럼 나는 고통 속으로 곤두박질쳤다.

사악사악, 탁 탁

그 소리가 다시 들렸다. 이번에는 좀 더 신중하게 기다렸다. 먼 곳에서 나는 소리가 아니었다. 고개를 돌렸다. 뒤편 위쪽에 매달려 있는 쐐기돌 근처 한 구석에서 캥거루 쥐가 돌을 긁고 있었다.

캥거루 쥐는 몇 번 쿵쿵대더니 자기 굴로 들어가 버렸다. 그 모습을 보며 생각했다.

'내 목소리는 기껏해야 40~50m까지 들릴 거고 가장 가까이에 있는 사람이라고 해야 8~10km 밖에 있을 거야.'

소리 지르는 것은 전혀 도움 되지 않는 방법이었다. 게다가 불안정한 내 목소리를 듣는 일은 거의 공포에 가까웠으며, 너무 여러 번 소리를 지르다 보면 냉정함을 잃어 버리고 공황에 빠질지도 몰랐다.

'살려달라는 구조요청은 하루에 한 번만 하자. 아무래도, 다음 주 주말까지는 여기에 올 사람이 없을 거야. 그때쯤이면 난 시체가 돼 있을 텐데.'

결국, 팔을 잘라야 하나?

2시 즈음, 내 상황과 선택할 수 있는 방법들을 다시 한 번 되짚어 보았다. 기다리고, 칼로 돌을 내리치고, 돌을 들어 올리는 그 모든 일들은 효과가 없었다. 그때 처음으로, 진지하게 생각했다.

'팔을 잘라야 하나?'

내가 가진 물건들을 전부 꺼내 늘어놓고 각 장비의 쓰임새를 점검했다. 가장 중요한 것은 팔을 자를 수 있는 칼과 출혈을 막을 지혈대였다. 내 다목적 도구에는 2개의 칼이 있었는데 그 중 짧은 칼이 긴 칼보다 더 날카로웠다. 긴 칼은 쐐기돌을 잘라내는데 쓰고 짧은 칼은 언젠가 하게 될 팔 절단을 위해 아껴둬야 했다.

'그렇지만 너도 알고 있잖아. 이게 날카롭다고 해도 뼈를 잘라낼 수는 없어.'

남북 전쟁 때 야전병원에서 의사들이 환자의 팔다리를 절단할 때 썼다던 '쇠톱'을 본 적이 있었다. 그런데 내게는 그런 원시적인 톱 비슷한 것조차도 없었다.

'물론, 자른다고 해도 조금만, 되도록 조금만 자를 거야.'

이 소심한 마음 때문에 팔꿈치 관절의 연골이 아닌 팔뚝 뼈를 자르는 것에 대해서만 궁리를 했다. 팔꿈치를 자를 수도 있다는 생각을 아예 하지 않은 탓에 제일 가능성 있는 방법을 처음부터 제쳐둔 셈이 된 것이다.

그리고 지혈대. 마약 중독자들이 자기 팔에 직접 주사를 놓으면서 긴 수술용 관으로 팔을 감싸던 영화 속 장면이 생생하게 기억났다.

빈 수낭에 달린 비닐 호스로 지혈대를 한 번 만들어 보자는 생각이 들었다. 수낭에서 호스를 잘라내 팔꿈치 바로 아래 팔뚝에 두른 다음 매듭 하나가 생기도록 묶었다. 비닐 호스의 매듭은 너무 헐거웠다. 세 번이나 매듭을 다시 만들어 보았지만 팔을 조이지는 못했다.

'비닐이 너무 뻣뻣해.'

그래서 팔과 지혈대 사이에 넣을 나뭇가지를 찾았지만 내가 찾는 굵기의 나뭇가지는 보이지 않았다. 설령 나뭇가지를 손에 넣는다 해도 지혈대가 팔을 꽉 조이도록 하기 위해서는 그 나뭇가지를 부러뜨릴 만한 힘이 있어야 했다.

'이건 아무래도 불가능해.'

이번에는 보라색 웨빙을 꺼내 매듭을 푼 다음 팔뚝을 감싸 묶어 보았다. 5분 동안 애를 쓴 덕에 매듭을 2개 만들어 묶긴 했지만 역시 너무 헐거워서 피가 흐르는 것을 막기에는 어림없었다. 아무래도 막대가 하나 있어야 하거나 아니면 카라비너를 이용해 끈을 더 단단히 고정해야 했다. 그때까지 사용하지 않고 남겨두었던 카라비너를 매듭에 고정한 뒤 두 번 돌렸다. 그러자 끈이 팔뚝을 묵직하게 누르면서 손목 근처의 피부색이 생선의 배처럼 창백하게 변했다.

'이것 좀 봐. 아주 쓸 만한 지혈대를 만들었는걸. 좋아 잘했어, 아론. 이제 또 뭐가 필요하지?'

기본적인 응급치료에서 보면, 상처에 직접적인 압력을 가해야 한다고 하니까 절단된 팔 끝을 감쌀 수 있는 무언가가 필요했다. 그래야 지혈대로 미처 막을 수 없는 출혈을 최대한 줄일 수 있었다. 자전거 탈 때 입는 바지의 폭신한 가랑이 부분이 훌륭한 흡수대가 될 수 있을 것 같았다. 바지의 푹신한 부분을 팔 끝에 댄 다음 앵커에서 아직 사용하지 않은 노란 웨빙을 1m 정도 잘라내 단단히 묶으면 될 거라 생각했다. 그런 다음 끝이 잘려나간 팔을 수낭에 밀어 넣고 양쪽 끈을 어깨에 두르면 가방이 팔걸이 붕대 역할을 하면서 팔을 가슴 앞에 고정할 수 있을 듯했다.

'완벽해.'

그런데 이처럼 희망적인 생각이 드는 한편, 시간이 갈수록 점점 암울해졌다. 마음으로는 팔을 자른다는 계획을 세우고 있었지만 그것은 여전히 이론상 가능한 일일 뿐이었다.

나는 계속 팔을 자른 이후의 일만을 생각하고 있었다. 하지만 그보다 칼이 너무 무디기 때문에 절단 이후의 생각은 그저 공허한 계획에 지나지 않았다. 뼈를 잘라낼 방법을 알아내기 전까지 절단은 실행 가능한 선택이 아니었다. 모든 방법들 중 하나로 생각해 볼 수 있는 하나의 가설일 뿐이었다.

나는 또한 내 용기가 어느 정도일지, 그리고 어떻게 해서 절단할 방법을 찾아냈다고 할 때 내 마음 상태가 어떻게 변할지에 대해서도 의심스러웠다. 한 번 시험해 보자는 생각에 다용도 도구의 짧은 날을 살에 대 보았다. 돌에 깔린 손목 위 힘줄과 혈관 사이를 칼끝으로 찌르자 살이 움푹 들어갔다. 그 모습을 보는 순간 움찔했다. 나도 모르게 소리를 질렀다.

"너, 뭐하는 거야? 그 칼 당장 치워버려! 어쩔 작정이야? 죽기라도 하겠다는 거야? 그건 자살 행위야. 네가 아무리 좋은 지혈대를 가지고 있다고 한들 그게 무슨 대수야? 팔에 있는 그 수많은 혈관을 다 틀어막을 수는 없어. 온몸의 피가 다 빠져나가고 말 거야. 손목을 자르는 것은 칼로 배를 찌르는 것이나 똑같아. 용케 뼈를 잘라 바위에서 빠져나온다 해도 자일에만 의지해 내려가야 돼. 지혈대는 소용이 없을 거야. 다음 달쯤 구조대원이 널 발견하게 되겠지. 피가 다 빠져나간 채 독수리들에게 온통 뜯긴 네 몸뚱이를 말이야. 팔을 자르는 것은 그냥 죽겠다는 얘기야."

왠지 모를 역겨움으로 나는 칼을 팔에서 떼었다. 도저히 할 수 없었다. 어쩌면 그 순간 나는 팔을 자를 준비가 되지 않았는지도 몰랐다. 나를 말리는 그 목소리가 하는 말이 옳을지도 몰랐다. 정말 팔을 자르는 것은 자살행위일지도 몰랐다.

'팔을 자르기 전에 좀 더 버텨 봐야 해. 바로 내일 누군가 우연히 여기를 지날지도 모르는 일 아니야?'

그 순간 내가 분명히 알 수 있는 것은 쐐기돌을 잘라내듯 뼈를 잘라내는 그 오래고 힘든 과정이 내게 더 절실해지려면 엄청난 용기가 필요하다는 것이었다. 그런 생각을 하면서 가만히 두 눈을 감았다. 몸이 떨리고 입이 벌어졌다. 계곡 이곳저곳에 흐르는 피, 구멍이 숭숭 뚫린 허연 뼈에 온통 찢긴 채 피투성이가 되어 매달려 있는 팔과 살과 근육. 팔의 뼈를 잘라내는 내 마지막 노력의 끝이 눈앞에 그려졌다. 그리고 숨이 끊어진 채 힘없이 매달린 내 몸통, 그 몸에 달려 축 늘어져 있는 머리. 마치 영화의 마지막 장면을 보는 듯했다. 천천히 눈을 껌뻑였다. 갑자기 구역질이 올라왔다.

왜 이렇게 된 거야?

숨을 몰아쉬었다. 한바탕 구역질을 하고 나니 진정이 되면서 마음이 다시 차분해졌다. 절단에 대한 생각이 지나가고 난 뒤 나는 상황을 다시 점검해 보았다. 할 수 있는 방법들은 다 고려해 봤지만 모두 소용이 없거나 생명에 위험한 것으로 결론이 났다.

가능해 보이는 계획 모두 검토해 봤지만 그 중 무엇도 첫 단계에서 더 이상 진전시킬 수 없었다. 번번이 좌절만 해야 했다. 도와주는 사람이 오기 전에 나는 죽을 것이라 생각했다. 손을 꺼낼 수도 없고 돌덩이를 들어 올릴 수도 없었다. 그렇다고 팔을 잘라 버릴 수도 없었다.

처음으로 세상이 무너지는 듯한 절망감이 들었다. 전날 나를 들뜨게 했던 희망은 사라졌다. 외롭고 화가 나고 무서웠다. 나는 처량한 목소리로 중얼거렸다.

"이제 나는 죽을 거야. 이틀도 못 가서 죽고 말거야. 아니, 그게 언제인지는 중요하지 않지. 여기서 죽을 거야."

'그래, 여기서 숨이 끊어질 거야. 탈수가 장난질을 멈추고 나를 죽이기로 마음먹는 순간, 나는 팔 하나가 돌에 갇힌 채 온몸이 쪼그라들어 이곳에 고꾸라져 있을 거야.'

그리고 이런 생각도 들었다.

'무엇 때문에 물 하나 마음 놓고 못 마셔야 하지? 그래봐야 고통을 연장시킬 뿐인데…. 차라리 홍수라도 밀어닥쳐 이 모든 걸 끝내 버렸으면!'

하지만 그러는 중에도 팔을 자르면 어떨까라는 생각이 여전히 마음속을 쉴 새 없이 들락거렸다. 그 망설임이 끝나고 이내 절망했다. 난 그렇게 할 수 없었다.

절망은 모든 것을 향한 분노로 변했다. 그 돌덩이를 증오했다. 아주 끔찍이도! 그 협곡도 증오했다. 내 오른쪽 팔뚝을 누르고 있는 그 음침하고 싸늘한 돌덩이가 혐오스러웠다. 다리 뒤편 남쪽으로 협곡 바닥에 얇게 깔린 진득한 이끼에서 풍기는 희미한 곰팡내도 진저리치게 싫었다. 내 얼굴로 흙먼지를 날리는 바람도 원망스러웠고 사암마저도 으스스해 보이는 그 꽉 막히고 희뿌연 구덩이도 싫었다.

"정말… 이 모든 것들이… 끔찍해!"

나는 왼쪽 손바닥으로 쐐기돌을 치면서 한 마디 한 마디 힘주어 말했다. 눈물이 두 눈에 차올랐다. 고통에 찬 내 목소리가 메아리가 되어 협곡에 울려 퍼지다가 오후의 빛 속으로 사라졌다. 다음 순간, 이번에는 내 머릿속에서 또 다른 목소리가 냉랭하게 울렸다.

'이 돌덩이는 이곳에서 해야 할 역할을 했을 뿐이야. 그저 떨어졌어. 그것은 이 돌이 지닌 본성이야. 중력의 법칙에 따랐을 뿐이야. 돌덩이는 그저 준비를 갖추고 너를 기다리고 있었어. 네가 이곳에 와서 밀지만 않았다면, 그 돌은 원래 있던 곳에 언제까지나 그대로 있었을 거야. 아론, 네가 일을 벌인 거야. 네가 그렇게 만들었어. 네가 오늘 이곳에 오기로 결정한 거야. 이 좁은 협곡에 혼자 오기로 결정한 사람은 바로 너야. 어디 가는지 아무에게도 말하지 않은 사람도 너야. 이런 어려움에 빠지지 않도록 해 줄 그 여자들과 헤어지기로 한 것도 너였어. **네가 사고를 만든 거야.** 바로 네가 일이 이렇게 되길 원한 거야. 이 장소를 찾기 위해 네가 얼마나 멀리서 왔는지 한 번 봐. 넌 원해왔던 일을 겪는 거야.'

그 상황에 책임이 있는 사람은 바로 나라는 것을 알게 되자 분노가 누그러졌다. 여전히 낙담했지만 바위를 치는 짓은 그만두었다. 유독 한 가지 생각이 머리를 떠나지 않았다.

'크리스티와 메간은 나를 구하러 온 천사였는데 내가 두 사람을 외면했어.'

어떤 일이든 그 나름의 이유가 있어서 일어나는 것이다. 하지만 우리는 그 이유를 알지 못하기 때문에 인생이 아름다운 것이다. 크리스티와 메간은 천사가 아닐지도 모른다. 하지만 그 두 사람은 어떤 목적을 이루기 위해 내 삶으로 들어왔다.

'그 두 사람은 나를 사고에서 구하려고 했던 거야. 내게 무슨 일이 일어날지 어떤 식으로든 이미 알았던 게 분명해.'

크리스티가 마지막으로 했던 질문이 자꾸만 생각났다.

"그곳에서 어떤 에너지를 찾을 거라고 생각하는 거예요?"

그리고 두 사람이 함께 가자고 자꾸 재촉하던 일도 생각났지만, 그때 나는 고집과 야심 때문에 머리가 마비된 상태였다. 나 스스로 사고 속으로 걸어 들어갔다. 어떤 식인지는 설명할 수 없어도, 아무튼 그 사건은 내가 기다리던 일이었다. 그렇지 않다면 내가 어떻게 그곳에 있게 되었겠는가?

사람들은 스스로 자신의 삶을 만들어낸다. 내가 그런 일이 일어나기를 어쨌든 원했다는 사실을 조금씩 조금씩 깨달았다. 그 이유까지 완전히 이해하지는 못했지만 말이다. 나는 모험을 기대했고,

그리고 그 모험을 찾아냈다.

문득 메간이 해준 이야기가 기억났다. 유타 주 동남부에 있는, 협곡과 고대 암굴의 폐허가 흩어져 있는 시다 메사*Cedar Mesa*에서 길을 잃었던 얘기였다. 메간과 친구는 그날 밤 내내 가지를 태운 불 앞에 웅크리고 있었다고 했다. 나 역시도 그곳에서 길을 잃었다가 어두워지고 나서야 협곡을 빠져 나왔던 적이 있었노라고 했다. 그때 나는 등반을 끝내고 친구와 함께 차가 있는 곳으로 돌아가는 중이었는데, 길을 알 수 있을 만한 발자국을 찾지 못해 1시간 동안이나 방향을 잃고 헤매야 했다. 그러다 천만다행으로 넓고 평편한 산꼭대기에 있는 내 차를 발견했다.

협곡에 갇히고 그곳에서 길을 잃은 일에 대한 모든 대화가 그 사건의 전조였던 것이다. 그곳에 갇힐 내 모습을 예언하는 불길한 전조.

'그때 내가 위험에 처할 거라는 걸 깨닫고 그들과 함께 돌아가야 했어.'

기록

그렇지만 이제와서 그런 생각을 한다는 것이 바보 같았다. 32시간 동안 잠을 자지 못한 데서 오는 피로 때문에 확실히 마음이 어두워지고 있었다. 동작은 둔해지고 정신이 멍해졌으며, 기운이 다 빠져버린 몸은 더 힘들어졌다. 버틸 수 없는 잠의 유혹에 빠져들어 팔을 다치는 상황이 되기 전에, 나는 앉은 자세를 고쳐 다리에 무게가 덜 가도록 했다. 시계 바늘은 소리 없이 오후 2시 45분을 향해 가고 있었다. 오후 3시가 넘어갈 때, 문득 이런 생각이 들었다.

'그래, 캠코더도 있잖아. 지금 내 모습을 한 번 찍어보자.'

나는 손바닥만한 그 기계를 켜고 내가 뷰파인더 안에 들어가도록 스크린을 돌린 다음 녹화 버튼을 눌렀다. 그리고는 캠코더를 쐐기돌 위에 놓았다.

'시작해 보자. 어떤 사람이 네가 죽은 다음에 이것을 발견한다고 가정하는 거야. 캠코더를 돌 위에 놓은 다음 벽에 '작동해 보세요'라는 글과 캠코더를 가리키는 화살표 같은 것을 새겨. 어쩌면 홍수가 들이닥쳐서 캠코더가 내 몸에서 멀리 떠내려 갈지도 모르긴 하지. 모든 걸 다 얘기해야 돼.'

나는 녹음을 시작했다.

"지금은 일요일 3시, 아, 5분입니다. 내가 수직절벽 위에 있는 블루 존 협곡에 갇힌 지 24시간째입니다. 내 이름은 아론 랠스톤입니다. 부모님은 콜로라도 주 엥글우드 출신이고 이름은 도나 랠스톤과 래리 랠스톤입니다. 이 캠코더를 발견하는 분은 부디 이것을 저희 부모님에게 전해주시기 바랍니다. 꼭 그렇게 해주세요. 그렇게 해주신다면 정말 감사하겠습니다."

나는 한동안 눈을 감았다. 카메라 화면을 보지 않으려 했다. 아스펜에 있는 집에서 마지막으로 면도를 하고 나흘 동안 수염이 덥수룩하게 자란 터라 내 모습은 엉망이었다. 하지만 정말로 보고 싶지 않은 것은 내 눈 속에 어려 있는 사나운 표정이었다. 두 눈은 커다랗고 휑하게 열려 있어 그 전날 내가 겪었던 비참함을 그대로 드러냈다.

아래쪽 눈꺼풀의 살덩이가 흐물흐물하게 처지고 늘어나 있었다. 분명치 않은 내 말이 힘겹게 내쉬는 숨 사이로 느리게 흘러나왔다.

"나는…어제…그러니까 토요일…2시 45분에서 3시경에 블루 존 협곡을 여행하다가 그곳 어딘가에서 블루 존 슬롯 아래로 오게 되었습니다. 암벽을 타고 내려오다가…그럭저럭 왔는데…두 번째 쐐기돌들이 있는 곳까지 오게 되었습니다. 그리고 내가 지금 있는 바로 이곳에 갇혔습니다. 내가 그 돌을 붙잡고 내려올 때 돌이 빠져 미끄러지면서 내 오른손을 내리쳤고 나를 가두어 버렸습니다."

나는 카메라를 들고는 쐐기돌과 암벽 사이 소름 끼치게 좁은 틈 사이로 사라져버린 내 팔뚝과 팔목이 있는 곳을 비추었다. 그리고 내 검푸른 손을 화면에 담기 위해 돌과 벽이 맞물린 점 위로 캠코더를 움직였다.

"여기 보이는 것이 내 팔입니다. 돌 안으로 들어갔어요…. 그리고 여기에, 갇혔습니다. 24시간 동안 피가 돌지 않았어요. 완전히 망가져 버렸습니다."

이번에는 카메라를 앵커 웨빙과 하강 링 위로 들어 올렸다.

"지금 보이는 자일은 내가 하루 종일 서 있지 않아도 되도록 앉을 자리를 마련하려고 설치한 겁니다. 사고 당시는 안전벨트를 이용한 하강을 하지 않았습니다. 사고 이후에 안전벨트를 설치했죠. 그러고 나서는 내내 앉아 있었습니다. 나는 체온을 유지하기 위해 무진장 애를 썼습니다. 물이 거의, 거의 남지 않았어요. 이곳에 왔을 때 1ℓ도 채 안 되었죠. 지금은 그 3분의 1 정도만 남았습니다. 이대로라면 나는 아침이 되기 전에 의식을 잃게 될 겁니다."

또 한 번 바람이 나를 휩쓸고 갔다. 5초쯤 내 몸은 걷잡을 수 없이 떨렸다.

"체온을 유지하기가 아주 어려운 상태입니다. 나는 단단히 갇혔어요."

나는 몸을 한 번 움츠리고 얼굴을 찡그린 다음 겨우겨우 말을 꺼냈다.

"어제 블루 존을 여행하다가 만난 여성 두 분 말고는 내가 이곳에 있다는 것을 아는 사람이 아무도 없습니다. 모아브에서 온 크리스티와 메간인데 그곳에 있는 아웃워드 바운드에서 일해요. 두 사람은 블루 존의 웨스트 포크로 가고 나는 이쪽으로 계속 왔습니다. 나는 자전거를 타고 왔는데, 그 자전거는 동남쪽으로 1.5km쯤 떨어진 곳에 있습니다. 길의 왼편 길가에서 약 150m 정도 떨어진 곳에 있는 나무에 자물쇠가 채워진 채 서 있고 열쇠는 여기 내 주머니에 있습니다. 록키 마운틴 회사에서 나온 빨간색 씬 에어입니다. 아직 그곳에 있을 겁니다."

바람이 더 강해졌다. 눈에 먼지가 들어가지 않도록 눈을 가늘게 떴다. 시끄러운 바람 소리 때문에 녹음된 목소리가 들리지 않아서 잠시 기계를 껐다. 이런저런 생각을 하다가 다시 테이프를 켜고 내가 선택한 방법을 설명하기 시작했다.

"그러니까 내가 보기에 네 가지 방법이 있었습니다. 음, 너무 춥네요. 아, 나는 장비들을 이용해 돌을 움직이려고 애써 봤어요. 앵커를 설치한 다음 발을 넣을 줄을 만들어 그 줄에 의지해 서서 돌을 움직이려고 해 봤습니다. 하지만 돌은 꿈쩍도 하지 않았어요."

나는 그때의 좌절감에 머리를 흔들었다.

"돌을 잘라내려고도 해봤습니다. 24시간 동안 엄청나게 애를 쓴 결과, 돌을 다 잘라내려면 150시간은 필요하다는 계산이 나왔습니다. 자를 수 있다면 말이죠. 문제는 내 손이 돌을 떠받치고 있다는 것입니다. 내가 돌을 잘라낼 때마다 돌은 조금씩 내 손으로 가라앉는다는 얘기죠. 실제로 돌이 그렇게 되는 것을 느끼지는 못했지만, 아주 미세하게 돌이 내려앉는 것 같긴 했어요. 여기 돌과 벽 사이의 간격이 내가 돌을 내려칠수록 실제로, 아, 적어도 내 생각에는 작아지는 것 같았거든요. 자일 아래 돌 조각들의 흔적이 보일 겁니다. 바로 여기의 돌을 많이 쪼아냈어요. 그 조각 중 일부는 내 팔이 덮고 있어서 보이지 않을 겁니다. 그 이유 역시 돌이 움직였기 때문입니다."

마른 입술을 적시느라 잠시 말을 멈추고 억지로 침도 한 번 삼켰다. 그런 다음 힘없이 한숨을 길게 내쉬었다. 다시 말하려는데 목소리에 낙담한 마음이 그대로 묻어났다. 두 가지 방법 모두 실패하면서 내 기운은 완전히 꺾여 좌절감만 가득했다.

"그래서 두 가지 방법이 실패했으므로, 남은 세 번째 방법은 내 팔을 자르는 것이었습니다."

얼굴이 일그러졌다. 카메라에 비친 내 얼굴에는 주름이 가득 잡혔다. 나는 힘없이 설명을 계속했다.

"나는 지혈대를 먼저 만들고 이런 저런 계획이나 해야 할 일들을 몇 번씩 궁리해 봤지만… 하지만 그것은 자살 행위란 생각이 들어요. 음, 여기에서 내 차가 있는 곳까지 4시간이 걸려요. 내가 탈출해서 이곳으로 왔던 길을 다시 나갈 수 있다면 말이죠. 그러려면 4급 등반11)을 해야 하거든요. 그런 식으로 하면 대략 4시간이 걸릴 것이고… 내 차가 있는 곳이 아니라, 나는 자전거가 있는데…, 그러니까 웨스트 포크까지 가려면 2시간 정도…. 그보다 더 걸리거나 아니면 덜 걸리거나 어쩌면 2시간 반 정도 걸릴 텐데…, 그런데 역시 4급 등반을 해야 하는데…그것은 아마도 한 손으로는 불가능하겠죠. 출혈과 탈수가 한꺼번에 올 수 있으므로 그 방법은 제외해야 할 것 같습니다. 팔을 자르면 나는 죽을 거라고 생각해요. 음, 다음에 생각할 수 있는 네 번째 가능성은 누군가 오는 겁니다. 하지만 이곳은 사람들이 그리 많이 찾지 않는 협곡이죠. 거의 오지 않아요. 그러니 내가 탈수와 저체온증으로 죽기 전에 누군가 올 가능성은 아주 희박할 것 같습니다. 이상하게 기온이 19℃ 정도 되는데, 적어도 어제 이 시간

---

11) 등반등급 : 요세미테 십진법체계 Yosemite Decimal System : YDS

기술등반을 보다 정확히 표현하기 위해 5급에 십진법 숫자를 더한 등급체계가 만들어졌다. 이 체계는 루트를 등반 지형의 특징에 따라 요구되는 기술과 장비의 수준별로 분류하였다.

1급 : 바위비탈을 손발을 사용하지 않고 걸어갈 수 있는 하이킹루트.

2급 : 약간 기어오르며 때로 손을 사용하는 루트. 전혀 경험이 없는 초보자를 제외하고는 자일을 사용하지 않는다.

3급 : 단순한 클라이밍 혹은 손을 빈번하게 사용하여 기어오르는 루트. 때로 자일을 사용.

4급 : 중급 클라이밍 구간이 있고, 대부분은 자일을 사용하는 루트. 추락하면 위험하거나 치명적이 될 수 있다. 모든 초보자 그리고 중급 등반자 대부분에게 지지대가 있어야 한다. 자연지지대가 쉽게 발견된다.

5급 : 자일을 사용해 등반해야 하는 루트. 앞서 등반하는 사람은 심각한 추락에 대비해 자연확보물을 이용하거나 인공확보물을 설치해야 한다.

에는 그랬어요. 지금은 1~2℃ 높아진 것도 같아요. 밤에는 기온이 12℃ 정도로 떨어졌는데, 그럭저럭 견딜 수는 있었어요. 밤새 덜덜 떨긴 했지만요. 잠에서 깨어나면 돌을 쪼아냈는데…, 아, 정말로 깨어난 건 아니었어요. 앉아서 잠을 자 보려고 했던 거니까요.”

나는 가장 있음직한 시나리오를 차분히 이야기하기 시작했다.

“어쨌든 내일 밤 파티에 내가 나타나지 않거나 아니면 모레 화요일에 직장에 나오지 않으면 내가 없어진 것을 알게 될 겁니다. 하지만 문제는 내가 유타에 갔다는 것 말고는 아무 것도 모른다는 거죠. 만약 구조가 시작되면 사람들이 내 차는 찾을 것 같습니다. 아마 수요일쯤 되겠죠. 빠르면 목요일에 누군가가 내가 있을 만한 곳과 내게 일어난 일을 알고 나에게 올 겁니다. 적어도 지금으로부터 사흘이 지난 다음이죠. 지난 24시간 동안 나빠진 내 상태로 판단하건대 내가 목요일까지 견딘다면 아마 기적일 겁니다.”

마지막이라는 느낌이 들면서 이제는 가족에게 작별인사를 해야 할 때임을 알았다. 그리고 내가 그곳에서 얼마나 큰 고통을 당했든 내 가족은 나보다 더 큰 아픔을 느낄 것임도 알았다. 한참을 가만히 있다가, 그들이 겪게 될 고통에 대해 미안하다는 말을 하려고 했다.

“미…미안해요.”

눈물이 넘쳐 흘러 얼른 테이프를 멈추고 손등으로 눈물을 닦았다. 꼭 하고 싶은 말이 아직 있었다. 다시 테이프를 작동했다.

“어머니, 아버지, 두 분을 사랑해요. 소냐, 널 사랑해. 우리 가족이 자랑스러워요. 무엇 때문에 내가 이곳까지 왔는지는 모르겠어요. 하지만 그것은 내가 지금까지 찾던 거였어요. 나는 모험과 위험에서 살아있음을 느껴요. 하지만 혼자 나가면서 어디로 가는지 아무에게도 말하지 않은 것은 바보 같은 짓이었어요. 만일 누군가 내가 간 곳을 알고 있다면, 내가 누군가와 함께였다면, 아마도 이미 구조가 이루어지고 있겠죠. 순찰 경비대원에게라도 이야기하거나 차에 메모라도 남기고 왔더라면…. 멍청하고, 멍청하고, 또 멍청했어요!"

한동안 말을 잇지 못했다. 캠코더를 끄고 가방에 넣었다. 녹음할 때 말한 대로 최선의 방법은 앞으로 올지도 모를 구조대를 기다리는 것이었다. 그래서 나는 전략을 바꾸었다. 체온을 유지해야 했고 물 섭취를 조절해야 했으며, 가장 중요한 것은 힘을 비축하는 일이었다.

빠져나가기 위해 몸을 심하게 움직이기보다는 누군가 찾아주길 기다리기로 했다.

chapter 6

겨울 랩소디

새로운 생활

직장을 그만 두고 나서 1년 동안, 나는 그 어느 때보다 행운의 나날을 보냈다.

2002년 데날리 원정을 떠나면서, 최정에 여행팀인 '스트레이 독스'에 들어갈 수 있었다. 나는 그 팀의 리더를 도와 여행 준비, 음식 주문, 비행기 예약에서부터 요리와 식사 후 정리, 막사 설치, 짐 운반, 등반 중의 행동 결정에 이르기까지 모든 일을 했다. 나는 적응력이 뛰어나며 높은 빙벽 등반에 대해 빠르게 습득하는 최고 팀의 일원이 되었을 뿐 아니라, 사람이 모인 집단의 메커니즘에 대한 귀중한 교훈도 배울 수 있었다. 그 팀과 함께한 여행으로 내가 사람들에게 야외 활동에 대해 가르치는 일을 즐긴다는 사실을 자연스레 깨닫게 되었다.

그리고 알래스카 여행을 마치고 콜로라도로 다시 돌아갔을 때, 등반 안내에 대한 내 관심은 더욱 확고해졌다. 특히 서부의 광활한 장소를 사람들에게 보여줄 때면 한없이 즐거웠다. 그래서 등반 경험이 별로 없는 시카고 친구 2명을 데리고 아스펜 근처 산에서 야영과 등반을 하기도 했다. 플로리다에서 온 친구들은 나와 함께 에스칼란테의 유타 사막을 가서 생전 처음으로 황야를 보았다. 그런가 하면 콜로라도의 유명한 풍경 사진작가 존 필더 *Jhon Fielder*와 함께 여행을 간 적도 있었다. 존 필더는 사진이라는 매개물을 통해 사람들을 황야로 인도하는 황야의 사절이었다. 그를 만나면서, 직접 사람들을 안내하고 싶다는 내 마음 속의 바람도 더 커졌다.

2002년 11월, 아스펜으로 이사를 오자마자 나는 산악용품과 스키제품을 파는 어트 마운티니어에서 판매 일을 구했다. 텔레마크 *telemark*(스키 회전 기술의 일종 : 옮긴이)나 크로스컨트리 스키를 타거나 등반을 하거나 혹은 눈 신을 신고 걷고 있지 않을 때는, 매장에서 손님과 함께 텔레마크와 크로스컨트리 스키와 등반과 눈 신에 대해 이야기를 나눴다(하지만 가장 흥미진진한 이야기는 내 동료들과 지배인을 위해 늘 남겨 두었다).

그곳은 등반훈련을 하고 그해 겨울에 4,200m 이상의 산 중 가장 힘든 코스의 산 9곳을 오를 수 있는 본거지였을 뿐 아니라 나와 마음이 맞는 친구들이 주변 어디에든 있는 도시였다. 그곳에서의 겨울 동안 나에게는 날마다 시내에 나가고, 저녁파티에 참석하고, 음악회를 보러 가고, 쉬지 않고 훈련을 하는 일 사이에서 균형을 잡는 것이 가장 큰 도전이었다. 나는 근무 시간과 근무 시간 사이에 3시간짜리 크로스컨트리 스키 강좌를 받고, 텔레마크 스키를 타고, 그러고 나서 직장에 가고, 퇴근 후에는 눈 신을 신고 산을 타는 코스에 가고, 친구 몇 명과 밤 늦게까지 클럽에서 꽤 자주 놀았다. 아스펜에서 음악회가 없는 날이면, 친구들과 함께 차를 몰고 덴버나 볼더로 갔다가 그날 밤에 돌아오기도 했다. 하루하루가 변화무쌍했고 즐거웠으며 지루할 틈이 없었다.

겨울이 시작되자마자, 4,200m 이상의 산을 겨울에 단독 등반한다는 계획에 온 관심을 쏟았다. 점차 더 어려운 단계의 코스를 연습하면서도, 겨울 시즌이 다가오면 올수록 점점 더 조바심이 났다. 내게는 직장이나 룸메이트들과 친구들, 그리고 주변 환경이라는 행운뿐 아니라, 오지를 여행할 때면 오랜 시간을 기꺼이 나와 함께 해주는 수호천사도 있었다.

나는 크리스마스 다음 날부터 등반을 시작하였다. 그 날 높이가 4,200m 이상이며 서로 가까이 있는 두 개의 산, 캐슬과 코넌드럼에 올라 스키를 탔는데 그곳은 두 곳 모두 오지 여행의 권위자이자 여행 안내책 저자인 루 도슨*Lou Dawson*이 '죽음의 계곡을 지나는 여행'이라 표현할 만큼 험한 곳이었다.

1월이 지나면 눈사태가 날 위험이 훨씬 더 커지기 때문에, 1월 9일에는 그림같이 아름다운 노스 마룬 피크를 등반하려던 계획을 바꿔 대신 피라미드 산 서쪽 코스를 등반했다. 이를 시작으로 4,200m

이상의 산들을 오르는 한 달여간의 여정이 계속되었고, 그 모든 곳에서 나는 위기일발의 상황을 경험했다.

홀리 크로스 산에 갔을 때는, 잘못된 코스 설명서 때문에 사방이 어두워진 시간에 엄청난 추위 속에서 4,000m 높이에 갇혀 버렸다. 넓이가 1m도 채 안 되는 눈덩이 위에 웅크리고 앉아 따뜻한 음료와 으깬 감자를 먹으며 몸의 에너지를 보충하려고 애썼다. 텐트를 가져가지 않았기 때문에, 처음에는 어두워지기 전에 바위로 둘러싸인 은신처를 찾을 계획이었다. 하지만 여행 안내책의 설명이 잘못된 데다 깊게 쌓인 눈 때문에 속도를 낼 수 없었고, 추위를 피할 곳을 채 찾기도 전에 물뿐 아니라 내 몸의 에너지도 다 없어져 버렸다. 길을 잘못 들었다는 것이 확실해졌을 때쯤에는 이미 기운이 다 떨어져 다시 길을 찾아 나설 수가 없었다.

그 순간은 연료병에 거의 모든 것이 달려 있었다. 연료 병의 마개를 밀봉하는 고무 고리가 뒤틀려 있는 것을 미처 발견하지 못한 탓에 밸브를 열 때 기름을 눈 위에 흘리고 말았다. 약 5분간이나 연료를 흘리고 있다는 것을 깨닫지 못한 나는 연료의 반도 넘는 양을 그대로 흘려버렸고, 스토브에 불을 켤 때에야 문제가 발생한 것을 알 수 있었다. 연료가 1/4밖에 남지 않아 스토브의 불이 약했던 것이다. 찌그러진 고무 고리를 입에 넣어 혓바닥으로 반듯하게 만들고 있는데 그 순간, 내 눈에 서쪽에서부터 몰아치는 거센 폭풍이 보였다. 어서 안전한 곳으로 가야 한다는 것을 알았지만 그러기 위해서는 먼저 몸을 움직이게 만들 에너지가 필요했다. 하지만 물이 없어서 아무 것도 먹을 수가 없었다. 나는 스토브만이라도 제대로 작동을 시켜야 했다.

그때, 사람을 죽음의 위험에서 벗어나게 해주는 것은 여러 가지 모습을 띠고 있다는 생각이 들었다. 번개를 피하게 해주는 최소한의 거리, 차를 타고 120km로 달리다 사슴을 치었을 때 내 몸을 지탱했던 안전벨트, 콜로라도 강에서 재빠른 반사 능력으로 익사 직전의 나를 구해준 친구의 행동 등 그 모습이 분명히 보일 때가 있다.

그런가하면 그 모습이 아주 미묘해서 알아채지 못할 때도 있다. 자신이 병에 걸렸다는 것조차 알지 못하는 상태에서도 병을 물리칠 수 있게 해주는 미세한 DNA 가닥, 사람들을 다른 산에 오르게 해서 그들이 가지 않은 그곳에 떨어지는 바위를 피하게 해주는 결단력 등이 그렇다. 자신이 위험에 처해 있다는 것을 모르고 매일을 살아갈 수 있도록 해주는 이러한 것들이 너무도 많기 때문에, 우리는 이 미묘한 현상들을 무시한 채 살아간다. 그러다가 위급한 상황을 만나게 되면 그제야 몇 cm의 거리 혹은 몇 분의 1초가 무엇을 의미하는지 뼈저리게 실감하게 된다. 나는 내 스토브가 그 눈 바위에서 나를 구원해 줄 물건이며 어쩌면 그 산에서 나를 이끌어내 줄 연결 고리임을 알게 되었다.

정신을 가다듬고 고무 고리를 입에서 빼내 일그러진 부분을 살펴보았다. 하지만 캄캄한 곳에서 어설프게 만지작거린 탓에 그 중요한 물건을 놓치고 말았다. 그 고리가 바위 아래로 떨어졌을지도 모른다고 생각하니 겁이 났다. 헤드램프로 바닥을 비추며 손가락으로 눈 사이를 헤집다가 그 작고 검은 고무 고리를 간신히 찾아냈다. 5분 후에야 스토브에서는 불이 활활 타올랐고 눈도 녹기 시작했다.

가능성이 있다고 생각했다.

눈을 뜰 수도 없을 정도로 사납게 휘몰아치는 눈보라 속에서 길을 찾아가는 일은 참으로 힘들었다. 복잡한 지형을 기어오르는 일에 어느 정도 익숙해지긴 했지만, 어둠 속에서 무거운 짐을 지고 수직에 가까운 경사를 올라갈 실력은 아직 아니었다. 1시간 동안이나 절벽들을 헤매고 다니며 빠져나갈 길을 찾다보니 몸은 지칠 대로 지쳤다. 그러다 바위로 둘러싸인 피신처를 간신히 찾았지만, 그곳마저 눈이 한 가득 쌓여 있었다. 하지만 너무 기진맥진한 상태라 눈을 퍼낼 수도 없었다. 그냥 그곳에 침낭을 펴고 안으로 기어들어갔다. 그리고는 정신을 잃었다.

다음 날 아침이 되니 폭풍우는 잠잠해졌지만, 홀리 크로스 산을 다시 등반할 수 있을지는 자신이 없었다. 지형이 굉장히 험한데다, 전날 밤에 스토브에 문제가 생기면서 2*l* 정도의 물을 녹일 수 있는 연료밖에 남아 있지 않았다. 그것은 내게 필요한 물의 반밖에 되지 않는 양이었다. 물이 충분하지 않으면, 오트밀과 단백질 셰이크를 아침으로 먹을 수가 없으니 유일하게 남아 있는 인스턴트 식품인 5개의 초콜릿 바를 먹어야 했다.

하지만 바람도 잔잔하고 날씨가 맑은데다, 그림같이 아름다운 주변 경치를 보니 자신감이 생겼다. 이리저리 헤매는 사이에 어느덧 5시간이 흘러가고 드디어 홀리 크로스 산의 정상에 이르렀다. 그곳에 오르니 전날 밤에는 구분조차 할 수 없었던 지형이 또렷이 보였다. 등반을 다 끝낼 때까지 나는 최대한 나의 체력, 적응력에 의지해 천천히 걸으면서 에너지 소모를 줄여야 했다. 쓸데없이 힘을 쓰지 않고 인내심을 잃지 않는다면 끝까지 해낼 수 있으리라는 확신이 들었다.

산을 내려오기 시작한 지 1시간 정도 지났을 즈음, 갑자기 내 앞쪽에 있는 눈에서 찢어지는 듯한 소리가 터져 나왔다. 나는 본능적으로 오른쪽에 있는 단단한 땅 쪽으로 몸을 피했다. 말발굽 모양으로 늘어서 있는 바위들 안쪽에 쌓여 있던 눈이 반원 모양의 자국을 남기며 바로 내가 가려고 했던 그 지점을 향해 순식간에 쏟아져 내렸다. 바위들을 지나 근처의 안전한 땅으로 가는데, 남아 있던 눈이 미끄러지며 사라졌다. 처음에는 요란한 소리가 났지만, 가장자리에 있던 눈이 무너질 때는 별다른 소리가 나지 않았다. 낭떠러지 아래를 보니 방금 전에 떨어진 눈의 잔해가 여기저기 흩어져 있는 모습이 보였다.

낭떠러지에서 물러나서는 방금 전 내가 피한 운명에 대해 생각해 보았다. 절벽에 부딪혀 여기저기 부서진 내 몸이 마구잡이로 떨어진 눈덩이들 한 가운데 널브러져 있는 모습이 머릿속을 빠르게 스쳐 지나갔다. 그러면서 이런 생각이 들었다.

'떨어지는 눈에 맞았다면 절대 살아나지 못했을 거야. 거대한 눈덩이에 머리를 맞고 저 절벽 아래로 떨어졌겠지.'

떨어지는 눈덩이를 보면서 가장 섬뜩했던 사실은, 산을 올라갈 때는 그 눈덩이를 보지 못했다는 것이다. 바위 위에 매달려 있던 그 눈덩이는 언제라도 무너져 내릴 준비를 하고 있었다. 그것이 그 눈덩이의 본성이니까. 산등성이를 따라 100m 정도 내려오다 문득 고개를 돌려 죽음의 나락 쪽으로 곧바로 향해 있는 내 발자국을 보았다.

내가 홀리 크로스 산을 등반하고 있을 그때, 룸메이트인 브라이언이 스키를 타다가 심각한 사고를 당하는 일이 생겼다. 그 사고로 브라이언은 집중 치료실에 누워 치료를 받아야 했다. 나는 아스펜에 돌아오자마자 병원으로 브라이언을 보러 갔다. 병원에 가보니 친구 롭 쿠퍼도 스노우보드를 타다가 사고를 당해 오른팔과 손목, 손을 다쳐 수술을 받고 있었다. 폐와 신장이 망가지고 갈비뼈 6개가 부러진 브라이언은 집중 치료실에서 닷새를 보낸 후 회복실에서 또 닷새를 보내야 했다. 그리고 롭은 2주간 병원에 있다가 퇴원을 했다. 그 친구들을 보러 병원에 두 번 더 가본 다음 롱스 피크 등반을 하기 위해 볼더로 차를 몰고 갔다. 두 친구의 건강이 무척 걱정되는 동시에, 마음 한편으로는 여러 곳을 등반하면서도 무사했던 내가 참 행운아라는 생각도 들었다.

얼어붙은 두 손

홀리 크로스 산이 사와치 산맥에 있는 4,200m 이상의 산 중 내가 올라가기로 한 마지막 산이었다면, 롱스 피크는 프런트 산맥 중 내가 가기로 한 마지막 산이었다. 롱스 피크를 등반할 때는 내려오는 길에 등산도구를 잘못 다루는 바람에 미끄러지는 아찔한 순간을 경험하기도 했다.

그 이후로도 나는 계속해서 까다로운 코스 2곳과 멀리 떨어져 있는 코스 3곳을 더 다녔다. 그러다보니 내가 계획한 산 중 커다란 모험을 해야 하는 등반도 가능할 것 같다는 느낌이 들었다. 바로 캐피톨 산을 등반하는 일이었다. 내 경험으로 보건대, 캐피톨은 4,200m 이상의 산 중에서 어려운 등반 구간이 가장 길며 '죽음의 벨스'라고 알려져 있는 마룬 벨스Mt. Maroon Bells 만큼이나 위험했다. 하지만 나는 방법을 알고 있었으며, 그곳의 눈 상태도 파악하고 있었고, 내 체력과 적응력은 최고의 상태였다.

2003년 2월 7일, 나는 문 레이크 근처의 바위가 많은 지형에 있는 캠프에서 눈을 떴다. 영하의 추운 날씨 속에 등반을 시작해, 깊이를 알 수 없을 만큼 쌓인 눈을 헤치며 앞으로 나갔다. 산 중간쯤 이르렀을 때 왼편으로 넓게 늘어서 있는 가파르고 위험한 능선이 나타났다. 칼날과도 같은 능선의 한 쪽에 무게의 균형을 잡고 서 있는데, 내 왼쪽 다리 아래쪽에 얼어붙어 있던 눈 더미가 섬뜩하리만치 조용하게 떨어져 나가면서 그 자리가 움푹 파였다. 순간 아찔한 느낌마저 들면서 겁이 났다.

아이젠으로 눈 바닥을 짚을 때의 느낌에 온 신경을 집중하면서 몸을 앞으로 구부린 채 앞으로 나아갔다. 그런 식으로 해서 얼마 후에는 험한 능선을 다 지날 수 있었다. 그처럼 위험한 횡단을 성공적으로 완수해냈다는 사실에 벅찬 기쁨을 느끼며 재킷에서 디지털 카메라를 꺼내 사진을 찍었다. 내 얼굴에 번진 커다란 미소가 모든 것을 말해 주었다. 사진을 찍은 후, 정상까지 남은 마지막 150m를 마저 올라갔다.

오후 12시 45분, 나는 캐피톨 정상에 올랐고 5년 동안 벼르던 목표를 마침내 이루었다. 그 동안의 내 계획 하나하나가 쌓여 캐피톨 정상을 안전하게 등반한 그날이, 43번째의 겨울철 단독 등반을 해낸 등반가가 탄생한 것이다.

하지만 캠프지에 다시 돌아왔을 때, 나는 내 손에 뭔가 심상치 않은 문제가 생겼다는 것을 알았다. 장갑이 그대로 손에 얼어붙어 버렸던 것이다. 아무리 애를 써 봐도 손이 따뜻해지질 않았다. 스토브에 불을 붙인 다음 그 위에 손을 대고 면 장갑을 녹여 보았지만 손가락에는 따뜻한 느낌이 전해지지 않았다. 녹은 천을 손에서 떼어내니, 그제야 손가락이 달걀 껍질처럼 하얗게 변해 있는 것이 보였다. 상태가 심각했다.

나는 식량을 준비할 생각도 하지 못하고 캠프를 서둘러 떠났다. 동상에 겁이 난 것이 아니었다. 이미 일어난 일은 그대로 받아들이되 단지 더 이상 조직이 손상되는 것은 줄이고 싶을 뿐이었다. 나는 산 정상에 오르면서 산에 대한 열망을 원 없이 충족했다. 8개의 손가락과 2개의 엄지손가락에 동상을 입은 것은 그 모험의 일부일 뿐이었다. 당시에는 상처의 깊이가 어느 정도인지 알지 못했기 때문에, 산을 내려오는 동안 마른 장갑을 껴서 거의 움직이지 못하는 손가락을 냉기로부터 보호했다.

아스펜에 있는 집에 도착한 나는 병원에 갔어야 했지만, 병원에 가는 대신 혼자서 동상을 치료하기로 했다.

우선, 강력한 효과를 가진 진통제 4알을 먹고 나서 치료 준비를 했다. 진통제 효과가 나타나기를 기다리는 30분 동안, 부엌 싱크대를 뜨거운 물로 채우고는, 마개를 막아놓은 싱크대 안의 물을 계속 뜨겁게 유지하려면 온수를 얼마나 많이 틀어놓아야 하는지 점검했다. 부억 싱크대에 혼자 서서 1시간 동안 두 손을 싱크대 안에 집어 넣고는 손가락 끝이 하얀색에서 검은색으로, 붉은 색으로, 주황색으로, 녹색으로 변하는 것을 지켜보았다. 욱신거리는 통증 때문에 내가 듣기에도 역겨운 비명 소리가 절로 나왔다. 이따금씩 물에서 뛰쳐 나오려는 오른쪽 손목을 왼손으로 움켜잡아야 했는데, 그 때문에 고통도 더 심해졌다.

룸메이트들은 모두 외출을 했고, 이웃들도 집에 없는 것이 분명했다. 그렇지 않았다면 아마 살인이라도 벌어지는 줄 알고 경찰에 신고를 하고도 남았을 것이다. 그 상태로 시간을 보내면서, 손가락 피부 아래에 물집이 생기기를 바라고 또 바랐다. 물집이 생긴다는 것은 피부 조직이 원래의 상태로 돌아가지는 못한다고 해도 어느 정도는 회복이 된다는 의미였기 때문이다. 반면 물집이 생기지 않는다는 것은 상처가 아주 심각해서 손가락의 일부분을 잃을 수도 있다는 얘기였다.

다행히 1시간이 지나자, 각각의 손가락 끝에 극심한 고통이 느껴지면서 물집이 부풀어 오르더니 첫째 관절까지 번졌다. 손가락이 얼얼할 정도의 통증과 함께 부풀어 오르는 그 물집이 그저 고마울 따름이었다.

엘크 산맥에 있는 마룬 벨스 산 두 곳을 마저 등반해야 했지만, 손가락 동상이 나을 때까지 5주 동안은 단독 등반에 나서지 않기로 했다. 손가락에 새 살이 돋을 때까지 기다리는 동안 즐길 거리는 얼마든지 있었다. 그 시간 동안 3년 만에 서부 투어를 한 피시 밴드의 공연을 보러 갔고, 뉴멕시코에서 온 친구 몇 명과 함께 예전부터 계획한 산장여행도 했다. 그리고 아스펜 친구들과 함께 텔레마크 스키를 탈 곳도 많이 있었다. 캐피톨을 등반하고 나서 2주 후에는 앨버커키 산악 구조회 친구들, 그리고 그들의 친척들 몇 명과 함께 1년에 한 번씩 떠나는 오지 스키 여행을 떠나기도 했다.

마룬 벨스

그 다음 3주 동안 날씨가 따뜻해지고 바람이 더 심해지면서 눈사태가 일어날 가능성도 커졌기 때문에 그 해 겨울 내 마지막 계획, 그러니까 마룬 벨스를 오르려는 계획도 실행하기가 어려워졌다. 그림엽서로 안성맞춤인 마룬 벨스는 콜라라도에 있는 산 중에서 가장 사진이 근사하게 나오기 때문에 캘린더에도 자주 등장했다. 하지만 그 두 봉우리에 있는 모든 표면과 골짜기에는 심각한 눈사태의 위험이 도사리고 있었다. 위험하지 않은 곳이 없었다. 정상까지 갈 수 있는 유일한 방법이라면 안전한 설괴 빙원 아래로 가는 것이었다. 3월 초까지, 내 겨울 시즌의 시간은 쏜살같이 지나가고 있었다.

겨울 내내 했던 등반 덕에, 3월 15일자 〈아스펜 타임스 위클리〉에는 내 등반에 대한 기사가 꽤 구체적으로 실렸다. 그 기사에 실릴 사진을 찍기 위해서 사진기자 친구인 댄 바이어와 함께 하이랜드 리지*Highland Ridge*로 갔다. 날씨가 아주 화창했기 때문에 마룬 벨스의 경관이 그대로 보였다. 인터뷰를 할 때만 해도 겨울이 끝나기 전까지는 마룬 벨스로 갈 여건이 되지 않을 것 같다는 말을 했지만,

그날 사진을 찍으면서 보니 어쩌면 등반할 수 있을지도 모른다는 생각이 들었다.

하이랜드 리지의 3,650m 높이에 있으니, 산봉우리 2개 중 동쪽에 있는 벨 코드 클루아르의 경사면에서 커다란 눈덩이들이 여러 번 쏟아져 내려와 있는 것이 보였다. 등반하기에 가장 안전한 코스 중에서도 눈이 무너져 내린 곳이 있었다. 날씨가 점점 따뜻해지고, 바람이 잔잔하고, 눈이 더 이상 오지 않는다는 것을 생각해볼 때, 산중턱의 통로는 이미 눈이 다 흘러내려 별로 위험하지 않을 거라는 판단이 들었다. 그래서 그로부터 이틀 후에 나는 하룻밤 등반을 하기로 했다.

〈아스펜 타임스 위클리〉에 내 기사가 실린 바로 그 날, 오후 1시 30분쯤 되어 나는 마룬 벨스의 등반을 위한 야영지에 도착했다. 투명한 눈덩이들이 계곡을 떠다녔기 때문에, 오래 전에 떨어진 눈덩이에서 가장 멀리 떨어진 숲을 야영지로 선택하고는 등반 계획을 짰다. 햇빛이 내 머리 꼭대기에 비치는 시간은 가장 위험한 시간이었다. 눈이 녹아 미끄러울 뿐 아니라, 눈덩이가 수시로 떨어지기 때문이다. 산의 왼쪽 면은 해가 처음 뜰 때부터 정오까지 빛을 받을 수 있는 반면, 오른쪽 면은 오후 늦게까지 햇빛을 받을 수 있었다. 오른쪽 면이 해를 더 오래 받고 더 남쪽에 있기 때문에 이미 상당한 양의 눈이 녹았고 따라서 왼쪽 보다 더 안전했다. 산을 살펴보면서, 해가 뜨기 전 그리고 산의 왼쪽 면이 그림자 속으로 들어가기 시작하는 정오 직후에 가장 위험하지 않을 거라는 사실을 알아냈다. 오후 늦게부터는 오른쪽 면이 평소의 몇 배는 미끄러워질 것이므로 새벽 일찍 등반을 시작해야 했다. 다음날의 등반을 위해 텐트에 앉아 스프로 이른 저녁을 먹었다.

다음 날 새벽 3시, 잠에서 깬 나는 방한복을 입고 물과 식량을 꾸렸다. 그리고 신발에 발을 밀어 넣고 아이젠을 착용했다. 오트밀 한 그릇과 단백질 파우더를 서둘러 먹고 3시 30분에 눈밭을 향해 나갔다.

등반을 시작한 지 1시간도 채 안 돼서 어려움은 시작되었다. 전날 오전에 그곳을 살펴보면서, 좁은 협곡으로 곧장 이어지는 가파른 지름길을 알아 두었다. 그 협곡으로 올라간다면, 눈이 무너져 내릴 수 있는 오른쪽의 넓은 횡단 코스를 피해 3,400m 높이에 있는 벨 코드 클루아르까지 올라갈 수 있을 거라 판단했다. 헤드램프의 빛 하나에만 의지한 채 앞으로 나갔다. 협곡을 절반쯤 올라갔을 때, 볼링 공만한 얼음 덩어리 하나가 어두운 하늘에서 날아오더니 내 머리 바로 옆을 휙 하고 스쳐 좁은 두 벽 사이 틈으로 떨어졌다. 그 속도가 얼마나 빠르던지 나는 헤드램프 불빛 속에서 번쩍 하는 모습만 볼 수 있었다.

공포로 피가 얼어붙는 듯했지만 계속 올라갔다. 그리고 10kg는 됨직해 보이는 그 얼음덩이에게 더 이상의 친구는 없기만을 바랐다. 하지만 몇 분 지나지 않아서, 또 하나의 얼음덩이가 역시나 엄청난 속도로 내 오른쪽 어깨 옆을 질주해 지나쳐 협곡의 오른쪽 벽에 부딪혔다. 마치 사격 연습장과도 같은 그곳을 될 수 있는 한 빨리 빠져나가야 했다. 바위벽들에 둘러싸인 그 좁은 공간을 빠져나갈 때까지 위쪽 바위 턱에 있던 얼음덩이들이 튀어 내려올 것 같았기 때문에 한시라도 빨리 위로 올라가는 것이 최선의 방법이었다.

하지만 위로 올라 갈수록 협곡은 점점 경사가 심해졌고, 거기에 더해 위쪽으로 12m 길이의 얇은 얼음 폭포까지 있었다. 하지만 그렇다고 해서 협곡을 다시 내려가는 위험을 감수하고 싶지는 않았다. 시간을 낭비할 여유가 없었다. 2시간 정도만 지나면 햇살이 산을 비출 것이므로, 그 안에 4,200m 가까운 높이까지 올라가 있어야 했다. 다시 돌아가는 것으로 시간을 허비한다면 그것은 불가능할지도 몰랐다.

그날 내로 등반을 해내려면 암벽 등반할 때 내가 즐겨 사용하는 장비가 아닌 피켈(빙벽 등산 도구의 하나. 목제자루에 T자형 금속 날이 달려 있음 : 옮긴이 주) 하나와 보통의 아이젠을 가지고 그 얼음 협곡을 올라가야만 했다. 오른쪽 아이젠으로 반들반들하게 얼어붙은 면을 찍고는 오른손에 쥔 피켈을 휘둘러 셋째 이까지 박히도록 얼음에 내리쳤다. 왼쪽의 암벽에 손가락 넓이만한 틈과, 얕은 턱과, 안으로 파인 발판이 생겼다. 그 발판을 시작으로 기본적인 기술을 사용해 가며 한발 한발 위로 올라갔다. 내 아래에 있는 섬뜩한 공간은 생각하지 않으려고 애쓰면서 열 걸음을 더 옮기고 나서야 얼음 폭포를 지날 수 있었다.

'좋아, 아론. 지금까지 올라온 것에 비하면 나머지는 수월할 거야.'

다음 2시간 동안은 최대한의 성과를 이룰 수 있겠다는 생각에 심장이 뛸 정도였다. 남은 700m를 더 올라 정상에 이르렀을 때, 동쪽으로 4km 쯤 떨어져 있는 피라미드 피크의 정상 너머로 태양이 떠올랐다. 4,200m가 넘는 산 정상에서 처음으로 맞는 겨울 일출은 어둠 속에서 해야 했던 힘겨운 등반에 대한 첫 번째 보상이 되어 주었다. 나는 긴 휴식을 취하면서 약간의 음식으로 기운을 충전했다. 그러고는 암벽과 눈밭을 지나 남쪽 마룬의 정상으로 갔고, 오전 8시 15분에 그곳에 도착했다. 1시간 뒤에는 벨 코드 위에 있는 산등성이로 가 북쪽 마룬 피크로 오를 준비를 했다.

북쪽 마룬의 남쪽 능선 서편에서 깊고 길쭉한 눈더미를 만났지만 결국에는 정상에 오를 수 있었다. 산 정상에 여러 번 올라 보았지만, 북쪽 마룬의 정상에서 느낀 그런 흥분과 환희는 거의 처음 느껴본 것이었다. 나는 피켈을 높이 들고 흔들면서, 45번째로 겨울에 4,200m 이상의 산을 단독 등반한 일에 기쁨의 환성을 질렀다. 남쪽으로 고개를 돌리니 초현실적인 눈더미 위와 그 사이로 구불구불하게 나 있는 내 발자국이 보였다. 있는 힘을 다해 "야호!"라고 소리치며, 기쁨에 들뜬 내 함성이 그 높은 산 곳곳에서 메아리치는 상상을 했다.

산을 내려오는데, 2000년 7월 2일에 마룬 벨스의 산봉우리 두 곳을 처음 올랐던 때가 생각났다. 가장 친한 친구들과 가까운 등반 동료들과 함께 북쪽 마룬을 등반한 뒤 능선을 지나 남쪽 마룬을 등반했다. 그리고 등반을 시작한 지 15시간 만에 진창길을 통해 내려왔다. 그때 뭉툭한 보라색 바위를 지나 노란색 이끼로 뒤덮인 골짜기까지 내려온 다음 서쪽의 프래버트 바신의 녹색으로 우거진 나무들을 본 것도 기억이 났다. 그 색이 너무도 선명해서 냄새를 맡을 수도 있었을 것 같았다. 그때 나는 자연의 아름다움에 대한 사랑을 그 어느 때보다도 강렬하게 느꼈다. 그리고 그때 내가 앞으로 할 두 가지 일을 분명히 알 수 있었다.

첫째는 프래버트 바신을 찾아가 바위투성이의 산에서 나를 이끈 그 자연의 모습을 가까이에서 보는 것이었고, 둘째는 언젠가는 아스펜을 내 고향으로 부를 거라는 것이었다. 아마 그 당시에 마룬 벨스를 겨울에 횡단한다고 생각했다면, 나는 조금의 망설임도 없이 불가능한 일이라고 포기해 버렸을 것이다.

하지만 이제 나는 그 일을 해냈고, 그것도 여름보다 5시간이나 빠른 시간 내에 해냈다.

2001년 노동절 달라스 피크 정상에서. 왼쪽부터 스티브 패챗, 제이슨 할러데이, 나, 밥

겨울의 마룬 벨스와 잠자는 섹스톤

2003년 2월 캐피톨 산의 내 발자국

2003년 3월 남쪽 마룬의 정상에서

chapter 7

사흘째. 구조를 기다리며

역경은 풍요로운 상황에서 숨어 있었을지도 모르는
재능을 이끌어내는 역할을 한다.

호라티우스*Horace*
로마의 서정시인

이길 수 없는 힘

'이 모기들이 다 어디서 온 거지?'

나는 놈들이 내 오른쪽 팔뚝에 앉는 순간 그 영혼을 우주로 돌려
보냈다. 이틀 동안 벌레 한 마리 보지 못했는데, 30분 전부터 갑자
기 대여섯 마리의 흡혈귀들이 내 머리 주위에서 윙윙거렸다. 그날
아침 쐐기돌 위로 설치한 앵커에 매달린 안전벨트에 앉아서, 나는
모기들을 한 마리 한 마리 처형해 마침내는 다 죽여 버렸다.

'납작한 이것들을 먹을 수 있을지도 몰라.'

엉뚱하고도 쓸데없는 생각이었다. 그 놈들을 먹어봤자 기운이 나
지도 않을 뿐더러, 나에게는 멕시코 빵 2개가 그대로 남아 있었다.
그거면 500kcal는 족히 될 것이고, 적어도 죽은 곤충보다야 맛있을 거

였다. 내 생각이 우스워 중얼거렸다.

"분명 수면 부족 때문이야. 잠을 못 자니까 바보가 되고 있어."

수직절벽 쪽으로 부는 바람이 또 한 번 나를 휩쓸고 지나가면서 내게 남아 있던 얼마 안 되는 온기마저 뺏어갔다. 늦은 오후나 이른 저녁이면 바람이 더 자주 부는 것 같았고, 서늘한 기운이 밤이 다가오고 있음을 알렸다. 돌을 쪼아 내던 그 기운은 이제 사라졌다. 순전히 신진대사를 촉진하고 차가운 바람 때문에 몸이 떨리지 않도록 그 무의미한 동작을 반복할 뿐이었다. 그렇게 했어도 깨진 돌조각의 양은 전날과 비슷했다.

'그래, 나도 알아. 이건 정말 소용없는 짓이야. 하지만 그냥 앉아 있는 건 도움이 전혀 안 되잖아. 더 열심히 하고 덜 쉬면 어떻게든 빠져나갈 수 있을지도 몰라.'

내 머릿속의 비이성은 그렇게 자신을 쪼아대고 있었다.

그리고 그 비이성을 비웃는 목소리도 들렸다.

'넌 이곳에서 빠져나가려 하고 있어. 그런데 너는 게으르고 너도 그 사실을 알아. 너는 지금 인생의 싸움을 하고 있는 거야. 생명을 걸고 싸움을 하고 있는 거지. 그런데 너는 너무도 게으른 나머지 조금만 피로해도 그걸 이겨내지 못해. 너는 게으른 쓰레기야. 너는 여기서 죽을 거야.'

나의 앞날은 엑스레이 사진처럼 온통 흑백이었다. 나는 마지막 상황까지 와 있었다. 생존을 위해 필요로 하는 것을 충족시킬 수 없다면 하루나 아마 길어야 하루 반 정도 살 수 있을 것 같았다.

'어쩌면 이틀을 견딜 수도 있겠지만 그게 뭐 대수야? 곧 죽을 거야. 밤을 견디지 못하고 추위서 얼어 죽을지 아니면 탈수 때문에 경련이 시작되면서 죽을지, 그도 아니면 심장마비로 죽을지만 다를 뿐이지.'

하지만 어떤 예상을 한다고 해도 서서히 다가오는 죽음에 대한 공포에 준비가 되지는 않았다. 이전에도 죽을 뻔한 적이 있었지만, 그때는 늘 위험이 순간적이거나 극적으로 나타났다. 그것은 눈사태나 높은 바위에서 펼치는 아찔한 공중제비처럼 다가왔다.

그리고 그럴 때 내 반응은 어떤 심오한 깨달음이 아니었다. "아, 이런"이라는 중얼거림이나 "바로 이거구나"하는 생각, 혹은 무너지는 듯한 호흡이나 섬뜩한 생각 같은 것이었다 내가 서서히 다가오는 죽음으로 사라져갈 거라는 상상은 한 번도 해보지 못했다. 하지만 그렇다고 해도, 가만히 앉아서 죽음과 만찬을 나누다가 "자, 이제 갈 때가 되었군"이라는 한 마디 말을 남기고 내 삶을 끝낼 수는 없었다.

나는 그동안 늘 운이 좋아서, 마지막 운명은 얼핏 보이다가도 이내 사라졌다. 그리고 그 순간에 느껴지는 죽음에 대한 공포와 살고 싶다는 바람이 충돌하면서 만들어내는 흥분은 내게 장난감 같은 것이었다. 그 흥분에 빠져들기보다는 내가 그것을 이겨낼 때의 기분을 즐겼다. 덜 위험하면서도 모험을 즐길 수 있는 여행을 하면서 인내심의 한계를 넓혔고, 오랜 시간의 고통을 경험하면서 카타르시스를 느꼈다. 그러면서 내면의 벽을 허물뿐 아니라 내 영혼도 씻어 더 깨끗한 감정을 느꼈다. 그리고 나 자신을 조금씩 넘어섰다. 주기적으로 나는 그처럼 기쁨에 찬 깨달음을 얻었고 두려움과 고통이 한 공간 안에 존재한다는 좁은 생각에서 벗어났다. 그러한 경험은 나 스스로를 극복하는 것이었다.

하지만 '이곳을 어떻게 벗어날 것인가' 라는 문제는 나의 정신을 넘어선 것이었다. 내 상황은 물리적으로 극복하기 불가능한 것이었다. 나는 분명 고통을 이길 수 있고 두려움을 견디는 훈련을 받았지만, 물을 원하는 내 몸의 욕구를 극복할 수는 없었다.

물.

진회색 물병을 집어 그 귀중한 것을 흔들었다. 그 전날에는 3시간에 한 번씩 $60 \mathrm{m} l$ 를 먹었다. 이제 남은 물은 절반인 $300 \mathrm{m} l$. 그날 하루만이라면 괜찮은 양이다. 하지만 나는 그보다 더 오래 견뎌야 했다. 물을 마실 시간이 지났지만 참기로 했다. 나중을 위해 남겨 두어야 했다. 몸 상태는 그런대로 괜찮았다. 혀도 웬일인지 부풀어 오르거나 끈적끈적하거나 딱딱하지 않았다. 입술도 별 문제 없었다. 물 생각이 꽤 자주 났지만, 그것은 어쩌면 단식 같은 것일 수 있었다. 처음 단식을 하면 음식에 대한 환상으로 당장이라도 먹지 않으면 죽을 것 같다. 그렇게 한나절이 더 지나면 그런 혼란스러운 환상이 사라진다.

어쨌든 갈증도 그와 같지 않을까 생각했다. 고통은 곧 사라질 거라 확신했다. 그리고 소리 내어 자신을 타일렀다.

"그러니 물에 대해 생각하지 마. 물병을 어디로든 치워 놓는 거야. 물이 얼마나 남았는지 보지 못하도록 모래 속에 물병을 찔러 넣어. 그것보다 더 좋은 방법은 뭔가를 하는 거야. 밤을 맞을 준비를 해야지."

'그래, 계획에 집중하는 게 더 좋은 방법이야.'

물병을 쐐기돌 아래에 있는 모래에 넣고 다가올 저녁에 대해 생각했다. 밤 9시면 완전히 깜깜해질 것이고 그 다음 9시간을 암흑 속에서 있어야 했다. 단지 9시간뿐이지만, 내 안에서 열을 만들어 내지 못하면 그 시간은 북극의 겨울보다 춥고 길 것이었다. 이제부터는 3시간 간격으로 물을 마시기로 했다.

'어젯밤보다 조금 마셔야 해. 내일도 물을 마시려면 말이야. 남은 멕시코 빵도 먹어야지. 아까 먹을 때 너무 말라서 접착제 같았잖아.'

그래도 그게 내가 할 일이었다.

체온을 어떻게 유지하느냐라는 문제가 남아 있었다. 공기는 전날보다 더 차갑게 느껴졌다. 그날은 여러 층의 구름이 지나가면서 기온이 더 떨어졌다. 저녁이 다가오면서 구름은 다 사라졌다. 나를 차단할 것이 아무 것도 없었다. 공학 과정에서 배운 열전달에 관한 법칙대로라면 나는 하늘로 많은 열을 방출하고 있었다. 그날 밤에는 체온을 유지하기 위해 더 효율적인 방법을 써야 했다. 일단은 다음날 아침까지 견디고 다음 일은 그때 가서 걱정하기로 했다.

두 번째 밤

옷을 만들기로 했다. 가방을 내려놓고 디지털 카메라를 넣었던 검은색 작은 천 가방을 꺼냈다. 검은 가방의 봉해진 끝을 뜯어냈다. 그 가벼운 물건은 쉽게 열렸다. 관 모양으로 된 그 천으로 왼쪽 팔뚝을 밀어 넣었다. 가방의 끝을 이로 물고 팔꿈치 위로 더 가깝게 당기니 왼팔을 덮는 임시 긴팔 소매가 되었다. 도르래 장치 고리에서 보라색 웨빙 2개를 떼어 내 오른쪽 팔에 감고, 수낭이 닿지 않는 팔뚝과 암벽 사이로 그 끈을 밀어 넣었다. 또한 앵커 장치에 있는 여분의 노란 웨빙을 이로 물어 팽팽하게 한 다음 칼로 150cm가량 잘라냈다. 그리고 먹을 것을 넣어둘 때 사용했던 비닐 봉투로 오른쪽 이두근을 감쌌다. 잘라낸 웨빙으로 봉투를 묶으니 오른팔에도 긴 팔 소매가 만들어졌다.

바지도 만들기로 했다. 이제는 남아 있던 50cm 정도 되는 등반 자일로 바짓가랑이를 어떻게든 감싸서 하체도 보호해야 했다. 양쪽 허벅지에서 양말 부근까지 약 30개의 매끈한 고리를 만들며 감싸는데, 한쪽 다리에 20분이 걸렸다. 나 자신의 모습에 웃음이 나왔다.

'녹색 뱀 두 마리에게 공격당한 것 같잖아.'

그렇게 하고 안전벨트에 앉으니 다리에 감긴 자일고리가 몰리면서 무릎을 꽉 죄었기 때문에 고리와 장치를 좀 느슨하게 조정했다. 자일로 양쪽 종아리를 감싼 덕에 정강이 앞에 있는 바위에 기댈 수 있었다. 그곳에 갇힌 이후로 가장 편한 자세가 되었다. 좀 편해지자 이런저런 생각이 들었다.

'차라리 뒤로 넘어져 어디가 부러지는 정도로 끝났으면 더 좋았을까? 내가 그때 그런 생각을 했던가? 아니면 돌이 머리에 맞을까 봐 걱정했을까?'

사고는 순간이었지만, 아주 생생히 기억났다.

'내가 제대로 판단하고 반응하는 데 실제로 어느 정도의 시간이

필요했을까?'

떨어지는 돌을 밀어 내자고 작정하던 그 1초의 시간 동안 생각해야 할 것이 많았다.

그런데 왜 나는 그때 그런 선택을 했을까? 아마도 크레스톤 니들에서 그랬던 것처럼 그날도 돌이 머리에 떨어지는 것을 피할 수 있다고 생각했던 것 같다. 크레스톤 니들에서는 선택의 여지가 없었다. 돌을 밀어내지 않았더라면 돌은 내 가슴에 와서 부딪혔을 것이고 그러면 나는 4200m 높이의 산에서 수직으로 떨어졌을 것이다.

2000년 봄에 크레스톤 피크에 있는 노스웨스트 클루아르 산을 아이젠도 착용하지 않은 채 등산 지팡이만 들고 혼자 횡단한 적이 있었다. 그때 나는 자신만만해서 정확하고 쉬운 길, 그러니까 지도에 표시되어 있는 최소 저항점을 택하지 않고 대신 내 마음대로 노선을 정해 정상에서 정상으로 이어지는 능선 북쪽의 꽤 넓은 지역으로 갔다.

일반적인 노선이라면 북쪽은 지나지 않는다. 너무 위험하기 때문이다. 그럼에도 북쪽 노선을 선택한 나는 등산화만 신은 채, 깨지고 흔들거리는 5등급 암벽을 혼자 두 번씩이나 온 사이트 등반on-sight 12) 해야 했다. 그러다 높은 검은색 첨봉을 마주하고 서서야 더 수월한 노선을 택해야 했다는 사실을 알았다. 내 위로 15m 되는 곳에, 암벽에서 떨어져 내린 돌조각들이 쌓인 짧고 가파른 골짜기가 3m 정도의 높이를 이루고 있었다.

13) 온 사이트*on-sight* 등반
사전정보나 연습과정 없이 바로 산에 오르는 것

'조금 높기는 하지만 일단 저기까지 올라가서 울퉁불퉁한 역암 절벽을 오른다면 정상으로 가는 횡단을 마칠 수 있을 거야.'

하지만 실제로는 그렇게 되지 않았다. 경사가 50도인 그 골짜기를 거의 다 올라가 꼭대기에 이르려고 하는데, 좁은 틈을 사이에 두고 서 있던 2개의 암벽에서 두툼한 석판 하나가 빠져 나왔다.

"아앗!"

나는 떨어지는 돌을 가슴으로 안으면서 마치 그 돌과 하나가 된 것처럼 넘어졌다. 내 몸은 허공에서 왼쪽으로 틀어졌다. 등이 오른쪽 벽에 부딪히는 순간 돌이 내 가슴을 짓누르면서 숨이 한꺼번에 터져 나왔다. 그 가파른 돌더미에서 미끄러지면서 돌을 상체에서 밀어내자 돌은 내 발 바로 옆 골짜기에 떨어졌다. 그 순간 바람이 불어와 나를 때렸다. 머리는 고꾸라지고 두 손은 벽에 부딪혔다. 그때 돌이 돌더미에서 두 번 튕겨 오르더니 골짜기의 가장자리를 넘어 밑으로 떨어졌다. 만일 그 돌을 피하지 못했더라면 그 돌과 함께 날아갔을 것이다. 호흡은 다시 정상으로 돌아왔지만 자신감은 없어졌다.

그 골짜기에서 벗어나 좀 더 수월한 통행로를 따라 니들의 남쪽 편으로 30분 정도 가다가 정상을 10m도 안 남기고 나는 등반을 포기했다. 그 위기일발의 사고가 머리에서 떠나질 않았다. 암벽 등반화로 갈아 신고 마지막으로 다시 한 번 해보려고도 하지 않았다.

'이 정도면 충분해.'

나는 횡단하기를 포기하고, 니들의 남쪽 면을 따라 험난한 하강을 하면서 네 군데가 들쑥날쑥한 암석층과 하강 링이 묶여 있는 중간 협곡들을 지났다. 하강 링이 묶여 있다는 것은 그 횡단을 포기한 사람이 내가 처음이 아니라는 증거였다. 그렇지만 3,930m 높이에 있는 평편한 땅에 두 발이 닿을 때까지, 나는 정상에서의 하강에 대한 바람과 아쉬움에 사로잡혀 있었다. 차로 다시 돌아온 나는 가장 좋아하는 그룹인 핑크 플로이드Pink Floyd의 '두려움 없이(Fearless)'라는 곡을 반복해서 들었다. 그러면서 내 마음에 새겨져 있던 부분을 따라 불렀다.

"사람들은 그 산이 너무 높아 올라갈 수 없다고 말하지.
하지만 난 올라가리라."

음악 덕에 그 사고에서 다시 기운을 차린 나는 다음날 아침 다시 정상에 올랐다. 전날 내가 올라갔던 지점을 내려다보니 정상에서 겨우 몇 m 떨어진 곳이었다. 나는 자신감이란 것이 얼마나 허약한 것인지, 절망적인 상황에서 내 몸과 마음을 연결하는 끈이 얼마나 약한지 깨달았다. 그리고 그때 내가 미처 알지 못한 것이 있다면, 돌이 내게로 떨어질 때 두 손으로 그 방향을 바꾸려는 것이 꼭 최선은 아니라는 사실이었다.

기도

마음속에서 미묘한 동요가 일었다.
'이제 기도할 시간인 것 같아.'

지금까지는 그렇지 못했지만 이제는 준비가 되었다. '두 손을 모아' 기도할 수는 없었다. 왼손만 오므려 쐐기돌 위에 놓고는 두 눈을 감고 미간을 손 위에 갖다 댔다.

"하나님, 당신의 인도를 받고 싶어 기도드립니다. 하나님도 아시겠지만, 저는 이곳 블루 존 협곡에 갇혔습니다. 그리고 어떻게 해야 할지 알지 못하고 있습니다. 제가 생각할 수 있는 모든 방법을 다 써 보았습니다. 저에게는 새로운 생각이 필요합니다. 만일 제가 어떤 방법을 다시 시도해 보아야 한다면, 그러니까 돌을 들어 올리든가 팔을 절단해야 한다면 저에게 그 계시를 주십시오."

잠시 기다리다가 머리를 뒤쪽으로 천천히 젖혀 어슴푸레하게 땅거미가 지는 모습을 보았다. 그 하늘을 향해 나에게 뭔가를 알려달라고 간청했다. 그때 나는, 전혀 나답지 않게, 나를 그 궁지에서 이끌어 낼 어떤 신호가 눈에 보일 것이라고 기대하고 있었다. 하지만 보이지 않았다. 암벽을 자세히 살피며 불가사의하게 새겨진 비밀문자가 있는지 찾아 보았다. 당연히 그런 것은 없었다. 형이상학적인 조언도 없었으며, 성스러운 대답도, 사암에 어떤 흔적도 없었다.

'나는 무엇을 원했던 걸까? 구름 속에 어떤 소용돌이가 일면서 구조대가 도착할 시간과 날짜를 알려 주기를 바랐던 걸까? 칼을 들고 있는 어떤 남자가 그려져 있는 암각화를 바랐던 걸까?'

밀려오는 좌절을 참으려고 고통스럽게 온 힘을 다해 애쓰면서 다시 기도를 시작했다. 하지만 그 기도 한 마디 한 마디에는 냉소가 배어 나왔다.

"아, 하나님, 그렇군요. 당신은 물론 바쁜 분이지요. 그래도 혹시

제 기도를 듣고 계시다면, 지금 제게는 도움이 필요합니다. 당신이 필요로 하신다면 제 팔, 영혼, 그밖에 당신이 원하는 무엇이라도 드리겠습니다. 여기서 나가게만 해주세요. 제가 다시는 산에 오르지 않기를 원하신다면 그것도 포기하겠습니다. 제발 제게 길을 보여주세요."

나는 기도를 멈추고 한숨을 내쉬었다. 내 농담에 정말로 재미있는 구석이라고는 없었지만 내가 그때까지도 재미를 찾아보려는 노력을 멈추지 않는다는 사실이 반가웠다.

'어쩌면 이건 시험, 그러니까 인생에 관한 교훈을 위한 것일지도 몰라. 그 교훈을 알게 되면 여기를 빠져나가게 될 거야! 그런데 내가 무엇을 알아내야 하는 걸까? 무엇을 배워야 하는 걸까?'

문득 아스펜 친구인 롭과 나눈 여러 번의 인생 공부 생각이 났다. 롭은 철학 문제에 대해서는 말을 많이 하는 친구가 아니었지만, 핵심을 정확히 지적하는 말로 자신의 깊은 면을 드러내 보일 때가 많았다. 나는 최근 내가 겪은 모험에 대한 얘기로 말을 걸곤 했다. 언젠가 롭이 대화 내용과는 관계없는 말로 대꾸를 했다.

"중요한 것은 네가 무엇을 했느냐가 아니라 네가 어떤 사람인가 하는 거야."

"뭐? 그게 무슨 말이야?"

롭은 대답 대신 그 격언만 반복했다.

"네가 무엇을 하느냐가 아니고, 네가 어떤 사람인가가 중요하다는 말이야."

10여분의 대화로도 난 결국 이해하지 못하고 그의 말을 반박하려고만 했다.

내 생각에 우리는 '무엇을 하는가'를 기준으로 '자신이 누구인가'를 규정한다. 행동에서 자신의 정체성을 발견하는 것이다. 만일 아무 것도 하지 않는다면 우리는 그 누구도 아닌 것이다. 우리의 몸은 대체로 생활의 결과를 보여주는 모습을 띠고 있다. 그렇기 때문에 나는 롭이 의미하는 바를 절대 이해하지 못했다. 또한 내가 아무리 열심히 얘기해도 그는 납득하지 않았다.

그런데 그 깊은 협곡에서, 열심히 교훈을 찾으려다 보니 롭이 한 말을 다른 각도에서 되새겨보게 되었다. 그제야 뭔가가 이해되었다. 롭은 내가 들려 주는 모험 이야기를 들으면서 내가 말로 표현하지 않는 욕구를 읽은 것이다.

나는 그가 나를 인정하기를 원하고 있었다. 그래서 롭은 비난이 아닌 격려하는 마음으로, 내가 했거나 이루어낸 것이 그에게는 중요하지 않다고 말한 것이다. 그는 등반가나 모험가, 야외 스포츠 애호가로서가 아니라 하나의 인간으로서 나를 친구로 생각했던 것이다.

'그의 단호한 대답에 내가 혼란을 느꼈다는 것은 그의 말이 전적으로 옳았다는 증거지. 나는 내가 이룬 것을 보고 롭이 나를 존경해 주길 원했어. 그래서 그 말을 받아들일 수 없었지. 나는 무엇을 이루는 과정은 간과한 채 오직 결과 그 자체에만 가치를 두는 사고방식의 희생자가 되었던 거야.'

내가 친구, 가족, 아끼고 사랑하는 사람들을 있는 그대로 받아들이는 것처럼, 롭 역시 있는 그대로의 모습으로 나를 받아들여 주었다.

위험을 즐기는 내 성향은 그저 성향일 뿐이었다. 아. 그제야 나는 그런 사실을 알 것 같았다. 내가 그 협곡에서 배워야 하는 게 그것이었나? 나는 힘주어 말했다.

"아론, 만일 이게 맞다면, 쐐기돌이 2개로 갈라진 다음 팔에 아무런 상처도 남기지 말고 모래 바닥으로 떨어져야 해. 바로 지금 말이야!"

물론 아무 일도 일어나지 않았다. 30초 정도 더 기다렸다. 여전히 아무 일도 일어나지 않았다. 나는 기다리는 일을 그만 두었다.

아마도 그 짧은 순간 깨우친 진실은 감정적인 성찰, 내 고단한 의식을 쉬게 해 줄 무엇이었나 보다.

'나는 깨달음을 얻기 위해 여기 갇힌 것이 아니야! 그저 거대한 돌덩이가 내 손 위로 내려앉았을 뿐이야!'.

세 번째 밤

협곡에서부터 순식간에 어둠이 퍼져 나와 하늘을 덮었다.

밤의 추위는 끔찍했다. 시간의 흐름을 볼 수 없었기 때문에 고통은 더욱 컸다. 가장 힘들고 고통스러울 때는, 시간이 늘어나는 것 같았다. 더디고 더디게 흘러서 30분은 2시간만큼 길었다. 그 시간과 함께 내 고통도 급격하게 커졌다. 나는 더 빨리 늙어버리는 것 같았다. 그러다 그런 끔찍함을 견디는 방법을 드디어 찾아냈다. 마음껏 상상하는 몽롱함 속에 빠지는 것이었다. 나는 두 눈을 감고 소원을 빌면서 내 가장 간절한 바람을 눈앞에 그려 보았다.

사막의 숲에서 허공을 가르는 갈까마귀처럼, 나는 협곡의 어둠에서 끊임없이 불어오는 바람을 타고 날아올랐다. 유타 중앙의 메마른 언덕과 적갈색 대지를 건너 휘어진 맨틀을 지나 춥고 황량한 그레이트 베이슨Great Basin이라는 대분지와 도시의 불빛이 하나도 없는 시에라 네바다Sierra Nevada 산맥을 지났다. 그리고는 서쪽으로 방향을 돌려 태평양 연안 너머 어디에선가 지는 해를 끌어올렸다. 나는 하루가 다시 시작되는 엄청난 마법을 부렸다.

나는 바다 위에서 속삭이는 구름 속으로 들어가 이러저리 누비고 다녔고, 더 멀리 서쪽으로 갈 때면 허공을 가르는 바람으로 아주 큰 파도를 만들었다. 허공으로 더 높이 날면, 땅이 장난감 같이 작아지다가 이내 하나의 점으로 변했다. 구름 속의 작은 얼음 알갱이 소용돌이를 가르고 나가면서 나는 내 몸을 버리고 터져 나오는 색광, 떠다니는 광자의 덩어리로 변했다.

"으 으 으"

발작같은 떨림이 내 공상, 어둠을 밝히는 춤추는 빛의 조각을 쫓아 버렸다. 나는 눈을 떴다. 환상여행은 짧은 것 같았지만 시계를 보니 밤 9시 45분이었다. 별을 볼 수 있을 만큼 캄캄해진 것은 9시가 넘어서였다. 그 전날에 보았던 그 밝은 별자리들이 그날도 암벽들 사이의 좁은 틈 사이로 다시 나타났다.

서로 얽힌 한 쌍의 편자처럼, 다른 별들에 비해 두드러지는 별 2

개가 있었다. 그 중 굽은 모양의 별은 12궁 중 내 생일인 10월 27에 해당하는 전갈자리 같기도 했다. 이름이 무엇이든, 매정한 별들은 그곳에는 자신들의 모습을 가릴 빛 하나 없다는 암울한 현실을 말하고 있었다.

"으으-으-으."

마치 딱따구리가 나무를 쪼듯 아래윗니가 정신없이 부딪치면서 내 목에서는 알아들을 수 없는 소리가 끊임없이 나왔다. 몸이 계속 떨리는 중에도 어떻게든 온기를 붙잡아 두려고 임시 옷을 다시 매만졌다. 내 몸을 감고 있는 등산 자일의 위쪽 부분이 느슨해져서 양쪽 허벅지가 추위에 그대로 드러났다. 자일을 허벅지에 더 단단히 고정하고 무릎 위에서 움직이지 않도록 자일의 끝을 위쪽 다섯 가닥 사이로 누볐다. 또 자일 가방을 소형 침낭처럼 사용하려고 실험을 해봤다. 그 침낭의 지퍼를 열어 왼쪽 손과 팔을 넣은 다음 뚜껑 부분에 머리를 넣었다. 좀 우스운 모양이 되었지만 어쨌든 쉴 수 있는 자세가 되었다.

'초등학교 때 책상에 엎드려 낮잠을 자던 그 자세야. 이 정도면 그래도 따뜻하다…. 좀 쉬자.'

하지만 휴식은 15분 뿐이었다. 15분이 지나면 몸이 떨리고 헐거워진 자일과 소매를 매만지느라 다시 30분 간 그것과 씨름해야 했다. 헤드라이트를 비추며 자일을 이리저리 살피고, 오른쪽 팔에 두른 끈을 만지작거리고, 구멍을 뚫어 왼쪽 팔에 끼운 카메라 가방을 매만져 바로잡고, 안전벨트 안에서 움직거리며 다리의 혈액순환이 되게 하다가, 마지막에는 팔과 머리를 다시 자일 가방에 집어넣어 아까 그 자세를 다시 취했다. 그렇게 해서 15분 동안 또 행복한 기분으로 가만히 쉴 수 있었지만 그 후에는 전보다 더 심하게 떨렸다. 그런 식으로 30분 동안 정신없이 열을 만들고, 15분 동안 안전벨트에서 편하게 쉬는 과정이 계속 반복되었다. 하지만 언제나 추위가 이겼다.

'이, 이가 부서질 것 같아.'

그러는 새 자정이 되었다. 물을 먹을 시간이다. 시간은 빨리 지나갔다. 그 전날 밤보다 빨리는 아니었지만, 그 전날 밤 보다는 더 많은 열량을 아낄 수 있었다. 나는 모래 위에 놓아둔 물병을 집어 들었는데 그렇게 힘껏 뚜껑을 꽉 닫은 나를 저주해야 했다. 뚜껑을 열 수가 없었다. 두 다리 사이에 물병을 끼우고 애쓴 끝에 겨우 뚜껑을 열었다. 그리고 15ml 정도만 혀 위로 떨어지게 물병을 기울였다.

"아아!"

그 약간의 물이 촉매가 되어버렸다. 갈증이 더 심해졌다. 남아 있는 물을 다 마시고 싶다는 열망에 반쯤은 정신이 나갈 것 같았다.

하지만 이성이 이겼다.

'그러면 안 돼. 물병 뚜껑 닫아. 얼른.'

다행히 나는 오래 버티기 위한 이성적인 전략으로 내 행동을 통제하며 본능과 싸워 이겼다. 하지만 앞으로 24시간 내에 물이 바닥날 가능성이 컸다. 그동안 받은 교육을 기초로 어떻게 해야 하는지 생각해 보았다.

'그냥 이대로 의식을 치르듯이 이 딱딱한 플라스틱 병에서 마지막 남은 한 방울까지 끌어내야 할까?'

160

바짝 마른 내 혀가 헛된 희망으로 이미 비어버린 병의 테두리를 핥는 모습이 그려졌다. 잠시 안절부절못하다가 곧 안정을 찾았다. 나는 앞으로 남은 6시간을 가늠해 보았다.

'아까같이 자일과 소매를 매만지고 10~15분은 쉬는 걸 여덟 번 더 하면 새벽이 올 거야.'

잠을 잘 수는 없었지만 가만히 앉아 있는것도 내 에너지를 아끼는데 도움이 되었다.

구조대가 온다거나 내 힘으로 빠져나간다거나 이런 것은 생각하지 않기로 했다. 그저 방수처리가 된 자일 가방 안쪽에 내 호흡으로 물방울이 맺히는 모습을 보며 시간을 보냈다. 이런저런 이유로, 머리를 가방에 넣을 때마다 몇 분 동안은 헤드라이트를 켜 놓는 것이 훨씬 편안했다. 그렇게 하면 폐쇄 공포증을 잊는 데 도움이 되는 것 같았다. 검은 비닐로 코팅된 그 내부에 일단 익숙해지면 헤드라이트를 끄고 내 숨소리를 들으며 가방 안에 습기가 생기는 것을 느꼈다. 그리고 그 자세에서 최대한 편하게 쉬며 날이 밝기를 기다렸다.

'더 추워졌는걸.'

시계에 있는 온도계를 보니 11℃였다. 쌀쌀했지만 나는 잘 견뎠다. 또 한 번 끔찍하게 몸이 떨릴 거라고 생각하면 미치도록 두려웠지만, 내 기본적인 반사 능력이 여전히 잘 기능하고 있다는 사실에 안심했다. 그 반사 능력은 사고의 스트레스와 상처 탓에 쉽게 멈출 수 있었는데 말이다.

'이렇게 되면서도 별로 피를 흘리지 않은 것은 정말 운이 좋은 거야. 안 그랬으면 혈액부족으로 쇼크를 일으킬 수도 있었어. 물론 그렇다고 해도 지금 당장 신진대사가 더 이상 기능하지 못할 수도 있지. 그러다가 아무런 예고도 없이 나를 죽음으로 데려갈 수도 있어.'

생각은 그만두고 열을 더 많이 내도록 바위를 쪼기로 했다. 자일로 만든 바지를 추스르는 데는 그리 많이 움직일 필요가 없었으므로 더 많은 열을 내기 위해서 돌을 쪼기로 했던 것이다. 돌을 자르다 보면 마음도 분주해지기 마련이었다. 하지만 이제 더 이상 어떤 성과를 내려고 애쓰지는 않았다. 돌조각들을 떼어 낸다고 해도 그 돌덩이는 여전히 내 손 위에 얹혀 있을 것이다.

전날 조각이 잘려나간 부분은 이미 내 오른쪽 팔에 다시 내려 앉아 밤새 이루었던 일의 진척을 무색하게 했다.

5분쯤 돌을 두드리자 다시 몸이 따스해졌다. 나는 다용도 도구를 쐐기돌 위에 올려놓은 다음 자일 가방을 머리에 쓰고 또 다시 가만히 있었다. 그 이후 다섯 번의 주기 동안 매 주기마다 칼날로 바위를 두드리고 이따금 그 돌에 칼날을 갈기도 했다.

하늘은 점차 검은 색에서 희뿌연 색으로 변했다. 몸을 일정하게 움직이고 규칙적으로 쉬는 철저한 계획 덕에 또 하룻밤을 지냈다. 그렇다고 해서 그 진저리 나는 삶이 계속되는 것이 고맙지는 않았다.

'추우면 돌을 쪼고, 미칠 것 같은 갈증을 견디고, 다리에 감긴 자일이 헐거워지면 다시 감고…. 태엽인형이라도 된 것 같군. 머리가 돌아버릴 것 같아. 집중할 수가 없어.'

무슨 일을 하면 한 번에 1시간씩은 거기에 몰두하고 있는 것 같았지만, 그러면서도 행동의 단조로움에 대한 생각은 날 떠나지 않았다.

다음 며칠 동안 탈수증과 저체온증이 나를 죽이러 오지 않는다면,

지루함 때문에 내 본능이 무뎌져 살려는 의지가 사라질 지도 모르는 일이었다. 이런 질문이 머릿속을 떠나지 않았다.

"앞으로 얼마나 더 지치면 자살만이 권태로움에서 탈출할 수 있는 유일한 자극처럼 보이게 될까?"

또 다른 아침

무채색의 태양이 떠올랐다. 창백하리만치 하얀 하늘을 보며 잠깐 어리둥절했다. 내가 희뿌옇게 된 하늘을 보고 있는 건지 아니면 구름을 바라보고 있는 건지 알 수가 없었다. 밤에 구름은 도움이 된다. 지표면에서 대기로 열이 손실되는 것을 막아주기 때문이다. 하지만 낮에는 쓸모가 없다. 구름 때문에 온도가 올라가지 못할 뿐더러, 만일 그 구름이 비라도 머금고 있으면 협곡에는 홍수가 밀어닥칠 것이다. 그러면 모든 게 끝이다. 다행히 1시간 후 하늘은 낮은 구름 한 점 없이 맑게 개였다. 협곡이 따뜻해지길 기다리기보다 돌덩이를 들어올리는 장치를 다시 설치해 보기로 했다.

우선 팔에서 웨빙을 벗겨냈다. 수색 구조 훈련 교육에 기초해, 카라비너들과 고리를 배치해서 6:1의 힘 배율을 얻을 수 있게 마음속으로 계획해 보았다. 웨빙에 옭매듭을 여러 개 만들고 가지고 있는 장비를 다 사용해서 앵커 고리를 눈에 띄게 단단하게 만들었다. 앵커가 더 높이 올라가면서 발돋움하기가 어려워지자 신발의 바닥 부분을 협곡 벽에 대고 60cm 정도 올라갔지만 그에 따라 오른쪽 손목이 당기면서 통증이 왔다. 그 장치가 6:1의 비율이 된다면, 내가 30cm씩 줄을 끌어당길 때마다 돌을 5cm 들어 올리게 된다. 하지만 내 장치는 앵커 고리와 쐐기돌 사이의 1m도 채 안 되는 공간에 갇혀있기 때문에 줄을 30cm 이상 잡아당길 수가 없었다. 손바닥의 윗부분까지 빼내려면 돌을 15cm에서 20cm 정도 들어 올려야 하므로 최소한 그 장치를 세 번은 조정해야 했다.

'손바닥은 빼냈는데 손가락이 계속 갇혀있다면, 그리고 필요하다면, 손가락을 자를 거야.'

장치를 설치한 다음 발고리를 딛고 일어서며 자일을 잡아당겨 보았다. 될 것 같았다.

약간 흥분이 되면서 곧 그곳에서 벗어날 것 같은 희망도 생겼다. 하지만 돌은 움직이지 않았다. 낙담했지만 그렇다고 자포자기하지는 않았다. 장치가 제대로 작동해 돌을 움직일 수 있으려면 공간이 더 필요했다. 나는 하강 링 위에 매듭을 2개 더 만들고 다시 시도해 보았다. 장치가 팽팽해지는 것이 보였지만 돌덩이는 긁히거나 덜거덕거리지도 않았다. 그 쐐기돌이 얼마간 움직였다면 분명 있어야 할 손목의 찌르는 듯한 통증도 없었다.

'빌어먹을, 도대체 어떻게 된 거야?'

다시 고리에서 튀어오르며 동시에 왼손으로 줄을 힘껏 당겼다. 자일이 팽팽해졌다. 하지만 젖 먹던 힘까지 짜냈는데도 그다지 달라진 것이 없었다. 순간 카라비너에 접히는 쪽 자일이 느슨해진 것이 손가락에 느껴졌다. 도대체 이유를 알 수 없었다.

몸무게를 완전히 실어 다시 세게 잡아당기다가 문제를 발견했다.

어이없게도 자일에는 내 힘이 전혀 가해지지 않고 있었다.

내가 줄을 완전히 놓아버린 것처럼 자일은 느슨해져 있었다. 자일과 카라비너 사이의 마찰 때문에 내가 가하는 힘이 모두 없어졌다. 도드래 장치를 이용해서 방법을 찾을 수 있다고 해도 그런 식으로는 아니었다.

절망뿐이었다. 그 전날 이미 혼자 힘으로 탈출하려는 시도는 포기하고 구조를 기다리기로 결심했지만, 그래도 또 한 번 희망을 가졌다가 다시 물거품이 되자 이번에는 철저하게 낙담해 버렸다. 두 어깨가 내려앉았다.

쉬고 싶었다. 온갖 방법으로 설치했던 도르래를 모두 해체했다. 그리고 안전벨트에 힘없이 앉았다. 시름에 잠겨 한숨을 쉬고 또 쉬면서 울지 않기 위해 안간힘을 썼다.

다 포기해 버리고 싶었다.

잘라보자

아침에 일어나 직장에 가고 있을 아스펜의 친구들, 그리고 룸메이트인 레오나의 송별파티를 준비하고 있을 친구들을 떠올리며 그 지독한 상황을 견뎠다.

'내일쯤이면 친구들이 내가 실종되었다는 것을 알게 될 거야. 그럼 수색이 시작되겠지.'

거의 꺼져가던 구조에 대한 희망이 다시 깜빡였다. 그 전날보다 나빠진 것은 없었다.

시계를 보다가 시계 바늘이 정시를 가리킬 때마다, 얼마나 오랫동안 갇혀 있었는지 계산하면서 다음 정시까지 계산을 해나갔다. 잠을 자지 못해 생기는 증상 중 하나는 바로 전 시간 단위를 머릿속에 기억할 수 없다는 거였는데, 그렇기 때문에 끊임없이 반복해서 계산을 해야 했다. 지금은 오전 7시이고, 나는 40시간 동안 갇혀 있었다. 40시간 동안 잠을 자지 못했고, 40시간 동안 음식과 물을 제대로 먹지 못했으며, 40시간 동안 추위에 떨었고, 40시간 동안 스트레스와 피곤과 고통에 시달렸다.

머릿속을 가득 채우는 무력감을 견딜 수 없어서 상황을 다시 점검해 보았다. 쓸 수 있는 방법은 다 써본 것 같았다. 남아 있는 방법들을 수도 없이 생각하고 생각해 봤는데, 뭔가를 빠뜨렸다는 생각이 머릿속을 떠나지 않았다.

그때까지도 나는 '정말로' 팔을 자르겠다고는 생각하지 않았다. 팔을 자를 시도도 제대로 하지 않았다. 전날은 단지 자신이 할 수 없다는 것을 확인했을 뿐이다. 내 손목에 칼을 대는 순간, 손이 멈칫하며 구토기가 올라 왔던 기억이 났다. 전날 웨빙으로 만들었던 지혈대에 대해서도 자신이 없었다. 아마도 그런 조심스러움은 좀 더 준비가 필요하다는 의미였을 것이다. 팔 하나를 완전히 절단한 다음 협곡을 걸어서 빠져나가고, 빽빽하게 얽혀있는 협곡을 기어오르고, 1,950cm 높이에서 하강하고, 그 다음에 13km 거리를 걸으려면 최고 수준의 지혈대가 필요했다. 완벽하게 압착이 되는 지혈대만 있다면 남아 있는 몸의 조직과 혈관이 상해도 별 상관이 없었다. 중요한 문제는 눈앞에 닥친 생명의 위협을 없애고 완전하게 지혈을 하는 것이었다. 그러면 어떻게 지혈대를 더 효과적으로 만들고 그래서 계획을 차질 없이 실행할 수 있을까? 수낭 호스는 이미 제외했다. 그것은 너무 뻣뻣해서 단단하게 매듭을 만들 수가 없었다. 그리고 웨빙은 탄력성이 없어 팔의 곡선에 딱 맞지 않았다. 그래서 만족할 만큼 팔을 단단하게 묶을 수 없었다.

'수낭 호스보다 더 유연하고 웨빙보다 더 탄력성이 좋은 뭔가가… 아! 고무줄!'

수낭에 있는 고무줄은 탄력이 있고 유연하면서도 튼튼했다.

"완벽해. 왜 이걸 아직까지 생각 못했지?"

그런 생각을 해낸 것에 의기양양해졌다. 왼손으로 그 가늘고 검은 고무관을 오른쪽 팔꿈치 아래 5cm 되는 지점에 두 번 감은 뒤 간단한 옭매듭으로 한 번 묶고 당겨 팽팽하게 한 다음 매듭을 2개, 3개로 만들었다. 그리고 그 전날처럼 카라비너를 고무줄에 끼워서 여섯 번 돌렸다. 고무줄은 팔뚝을 단단히 죄며 살을 파고들었다.

고무관 아래로 팔의 털을 정리했는데도 여전히 아팠다. 하지만 오히려 그 고통이 반갑기도 했는데, 아마도 지혈대가 효과가 있다는 확신 때문이었을 것이다. 팔뚝에 남아 있던 불그스름한 색이 생선 배처럼 하얗게 변했고, 팔꿈치와 지혈대 사이에 모인 살은 순식간에 선홍색으로 변했다. 가슴 뻐근한 만족감에 비하면 팔의 통증쯤은 아무 것도 아니었다.

이제 다음 단계를 준비했다. 다용도 도구를 잡고 두 개의 칼날 중 긴 쪽을 뺐다. 좀 더 날카로운 짧은 날을 사용한다는 계획을 순간 잊어버렸다. 돌을 쪼던 무딘 칼을 꺼냈다. 그리고 손목의 힘줄이 아닌 팔뚝의 윗부분에 칼날을 갖다 댔다. 지금 생각하면 소름이 돋지만 그때는 아무렇지도 않게, 그저 한번에, 나는 칼날을 누르고 팔뚝을 천천히 베었다.

아무 일도 일어나지 않았다. 아. 다시 반복해 보았다. 칼을 쥔 손에 힘을 더 주었다.

역시 아무 일도 일어나지 않았다. 칼을 팔에서 떼고는 팔뚝의 앞 뒤를 황급히 살펴보았다. 잘라지기는커녕, 피도 나지 않았다. 시도해 보는 방법마다 실패하면서 맛보아야 하는 좌절은 더 커졌다. 걷잡을 수 없는 분노를 느끼며 나는 그만 포기했다. 어떻게 그럴 수 있을까. 그 빌어먹을 칼날은 살갗도 가르지 못했다. 살갗도 가르지 못하는 칼로 도대체 어떻게 두개의 뼈를 잘라낸단 말인가! 어림도 없는 일이었다.

온몸에 힘이 쭉 빠졌다. 손에 들고 있던 그 칼을 천천히 돌 위에 올려놓았다. 카라비너를 빼고, 지혈대를 풀었다. 잠시 뒤에 팔 안으로 피가 서서히 흐르면서 내가 칼로 자르려던 살갗 위로 붉은 줄 몇개가 부풀어 올랐다. 그 벌겋게 긁힌 자국 몇 개만이 내가 팔 절단을 시도해 보았다는 유일한 증거였다.

'이걸론 부족해, 아론. 부족해.'

나는 다시 기다렸다.

이른 아침부터 천국과 지옥을 오가는 스트레스에 지친 나는 마음이 떠돌도록 그냥 두었다. 우울하고 끈적한 공간을 떠돌던 마음은 문득 한 사람에게 정착했다.

그 지난 해 11월에 나는 밴프 산악 영화제*Banff Mountain Film Festival*에서 워렌 맥도널드*Warren MacDonald*라는 인물을 만났다. 그는 호주에 사는 스포츠 애호가이며, 그 영화제의 주인공이었다. 그 영화제에서는 워렌에게서 두 무릎을 앗아간 태즈메이니아*Tasmania* 섬에서의 하이킹 사고에 대한 다큐멘터리를 상영하였다. 영화상영 후 저녁 식사 자리에서 본인의 자세한 이야기를 들을 수 있었다.

"그날 난 동료를 캠프에 남겨둔 채 혼자 근처의 강을 건너가 시간을 보냈어요. 그러다 돌아오는 길에 사고를 당했죠. 강가 근처의 돌더미를 타고 돌아오는 길이었는데 갑자기 엄청나게 큰 돌이 날 덮쳤지요. 자동차만한 크기였어요. 그게 떨어지면서 내 두 다리를 짓이겼어요. 그리고 난 얕은 강에 갇혔죠. 내 동료가 나에게 무슨 일이 생긴 걸 알게 되었을 때는 이미 폭풍우가 시작된 뒤였고요. 난 물이 불어나는 강 속에서 구조를 기다렸죠. 구조대원들이 날 구해내는 데는 이틀이 걸렸어요."

나는 그 다음날 워렌의 영화를 보았는데, 바위에 깔린 워렌의 모습을 보고 정신이 아뜩해졌다. 그리고 그가 회복을 하고 나서 다시 산으로 돌아가는 모습을 보고는 정말 놀랐다. 사고가 나고 채 2년도 안 되어서 워렌은 의족 사용법을 배운 다음 태즈메이니아에서 가장 높고 가장 외진 산, 페더레이션 피크*Federation Peak*를 등반했다. 블루 존의 협곡 바닥에서 함정에 빠져있으면서 나는 워렌이 견뎠을 고통을 그대로 느낄 수 있었다.

'워렌을 만난 지 6개월도 지나지 않아서 같은 사고를 당한 두 번째 여행자가 되다니 뭔가 재미있는 아이러니야.'

워렌과 같은 일을 겪은 이가 또 있었을지도 모르지만 어쨌든 나는 알지 못했다.

'워렌도 지금 나와 같은 심정이었을까? 어쨌든 난 그가 부러워. 도움을 줄 동료가 주위에 있었으니까. 나도 누군가와 함께였으면….'

그리고 그 협곡의 덫에서 살아남는다면 나 역시 계속 등반을 하고 야외스포츠를 즐길 거라는 생각을 워렌의 이야기로 인해 할 수 있었다.

고백

까악 까악 까악

검은 갈까마귀가 머리 위로 날아갔다.

시계를 보았다. 아침 8시 15분.

'신기한데? 어제 아침도 분명 이 시간이었어. 설마 같은 까마귀인가?'

당연히 그랬다. 그 갈까마귀는 협곡 아래 어딘가에 둥지를 가지고 있는 것 같았다.

'어제랑 정확히 같은 시간에 날아간단 말이지? 신기해.'

순간 자신의 처지는 잊고 그 문제를 궁리했다.

생명체가 그처럼 정확한 시간 감각을 가지고 있다는 사실이 이상해 보였다. 햇빛이나 공기의 온도가 어떤 신호를 보내 먹이를 찾으러 갈 시간임을 알려주는 것이 분명한 듯했다. 하지만 나도 알 수는 없었다.

한 시간쯤 지나자 하루 중 내가 가장 기다리는 시간, 아침 햇살이 비추는 시간이 되었다. 9시 35분. 그래봤자 내 몸에 직접 햇살이 닿는 것은 10분 정도 뿐이지만 어쨌든 그 고마운 시간을 조금이라도 놓치지 않기 위해 태양을 향해 온 몸을 쭉 뻗었다. 갈까마귀와 햇살의 방문을 받았으니 이제 내 아침 일상도 끝난 셈이었다.

그때 처음으로 방광이 묵직해짐을 느꼈다. 체인을 풀고 바지 지퍼를 내려 소변을 보았다. 액체가 튀며 모래에 떨어지더니 그 속으로 흡수되었다. 소변은 떨어지기 무섭게 모래에 속으로 빨려 들어가는 것 같았다. 이틀 만에 보는 소변치고는 생각만큼 고약한 냄새가 나거나 색이 짙지 않았다.

다음 순간 또 다른 생체 신호가 왔다. 나는 안전벨트를 벗은 다음 바지를 완전히 내리고 대변을 보았다. 협곡을 악취로 채우고 싶지는 않았지만 다른 방법이 없었다. 전날같이 몇 가지 행동을 번갈아 하며 그날 아침과 이른 오후를 보냈다. 일어섰다가 앉았다가, 아무런 열의 없이 돌을 쪼았다가, 홍수가 밀어닥칠 기미는 없는지 하늘을 올려다 보았다가, 벌레들을 처형했다가, 다음 물을 먹을 때까지 남은 시간을 계산했다.

'드디어 3시다!'

그때는 내가 갇힌 지 만 이틀이 지난 때였다. 두 번째 중요한 이정표가 되는 시간이었다. 배낭에서 다시 비디오카메라를 꺼내 렌즈에 묻은 먼지를 불어 날렸다. 그리고 쐐기돌 위에 각도를 맞춰 놓았다. 그것은 그 날 내가 스스로를 위해 할 수 있는 유일한 행동이었다.

기다리는 지루함을 없앨 수 있는 일이기는 했지만, 불행하게도 이야기할 만한 좋은 소식은 하나도 없었다.

나는 한숨을 내쉬고 이야기를 시작했다.

"이제 48시간째입니다. 지금은 월요일 3시입니다. 물은 150ml 정도 남아 있어요."

나는 말을 멈추었다.

'이렇게 끔찍한 말에 난 왜 이렇게 덤덤한 거지?'

협곡에 갇히고 하루가 지나기 전만 해도 물만 있다면 살아남는데 아무 문제가 없을 것 같았다. 이제 그런 생각은 사라졌다. 밤이 되면 이따금씩 나도 모르게 마지막 카운트다운을 시작하기도 했다. 물이 아주 적은 것은 사실이지만, 물이 얼마나 남았든 중요하지 않았다. 나의 생존에 물은 더 이상 아무 영향을 미칠 수 없었다. 다음 날 아침이 되면 물은 다 없어질 것이다. 나는 그 사실을 받아들였고, 그러자 그때까지 날 잡고 있던 공포는 사라지고 공허함만이 남았다.

생각을 정리하고 난 다시 카메라를 보았다. 동생 소냐가 떠올랐다.

'언젠가 거실에 앉아 이 테이프를 보겠지.'

"소냐, 네가 자랑스럽다는 말을 먼저 하고 싶다. 아쉽게도 직접 보지 못했지만, 전국 대회에서 네가 아주 잘 해서 연설과 토론에서 종합 10등을 했다는 얘기를 어머니께 들었어. 정말 굉장해. 네가 너무도 자랑스러워. 네가 10등을 해서가 아니야. 있는 그대로의 네가 자랑스럽단다. 아스펜에 사는 내 친구 롭이 내게 여러 번…, 아니 자주…, 아, 헷갈린다. 아무튼 이렇게 말했어. '중요한 것은 네가 무엇을 했느냐가 아니라 있는 그대로의 너야.' 나는 그 말이 썩 마음에 들지 않았는데, 난 나라는 사람은 내가 한 일이 보여주는 것이라고 늘 생각했거든. 행복해지기 위해선 뭔가를 해야 한다고 생각했지. 하지만 만일 네가 어떤 일들을 해서 행복해진다면, 그 일들 때문에 또 불행해질 수도 있어. 아마도 내가 나 스스로를 야심만만하고 힘이 넘치는 사람으로 생각했기 때문에….”

바람이 휘몰아쳤다. 몸이 떨렸다. 나는 작은 소리로 중얼거렸다.

“좀 춥구나.”

그러고 나서 아까 다 못한 말을 이었다.

“그동안 그런 여행들을 했던 것 같아.”

여동생에게 보내는 영상편지는 내 고백으로 변해 버렸다. 내가 살아온 방식을 후회하지는 않았지만, 동생 소냐가 알아둔다면 스스로에 대해 행복해 하며 사는데 도움이 될 만한 그런 조언을 해주고 싶었던 것 같다. 우리 둘은 단호함과 총명함, 완벽주의를 추구하는 내면의 경쟁심에서 서로 닮았다. 그래서 나는 그 아이가 내가 빠진 함정, ‘나는 인생에서 원하는 것을 만들어내는 능력이 있어. 나는 행동하기 때문에 존재하는 거야’ 라는 그런 함정으로 곤두박질치지 않길 바랐다. 그렇다. 나는 등산가이고 엔지니어였으며 음악광이었고 야외스포츠 애호가였다. 하지만 나는 그런 것만이 아니었다. 나는 또한 다른 이를 행복하게 해주는 사람, 다른 이에 의해 행복해지는 사람이었다.

“돌이켜 보면, 나는 많은 것을 배웠어. 그리고 여기서 내가 알게 된 건 함께 있던 사람들과 충분히 어울리지 못했다는 거야. 가족과 친구와 동료와 훨씬 더 즐길 수 있었을 텐데. 정말로 좋은 사람들이 내 곁에 있었는데도 나는 나만의 모험을 찾아다니느라 그들의 소중함을 무시하거나 가볍게 여겼어. 이제야 그것을 이해하게 되었어.”

혼자 여행을 떠나기 위해, 또 어떤 때는 혼자만의 시간을 갖기 위해 가족과 친구들을 내버려둔 적이 그렇게도 많았다는 사실이 자기중심적인 내 성향을 그대로 보여주는 것 같아 마음이 불편했다. 그들과 함께 했던 시간을 기억하다보니 삶이 얼마나 감사한지 절실하게 느꼈다. 그들과 함께 한다는 것이 얼마나 소중한 일인지도 깨달았다. 그리고 정작 함께 있을 때 그것을 느끼지 못할 때가 많았다는 사실 때문에 우울해졌다.

감정을 추스르고 다시 나는 탈출하기 위해 했던 노력에 대해 간단하게 녹음했다.

“이런 저런 장비를 설치하고 고치고 해봤어요. 도르래 장치도 설치했는데 마찰이 너무 커서 자일을 팽팽하게 당기지도 못했죠. 자일에 심한 굴곡이 많았거든요. 돌을 조금 더 쪼아내기도 했어요. 상황은 절망적입니다.

수면 부족과 피로로 생각이 흐려져 팔을 자르려 했다는 얘기는 하지 못했다. 다음은 누군가 오거나 구조대가 오리라는 희박한 가능성에 대해 이야기하기 시작했다.

“구조가 이루어질 가능성은 희박하다는 것을 이제 깨닫게 되었습니다. 그런 일이 조만간에 일어나지는 않을 거예요. 내 가족만큼이나 나를 걱정해 주는 내 룸메이트 레오나가 생각나요. 나는 레오나에게 유타에 갈 거라고만 말했죠. 내가 오늘밤에 돌아오지 않는 것을 보고 올 때가 지났다고 생각할 거예요. 하지만 레오나가 바로 경찰에 신고한다고 해도, 24시간이 지나야 경찰에서는 조사를 시작할 거예요. 주말이 아니라면 순찰 경비 대원이 그레이트 갤러리를 보러 가다가 내 차가 주차된 곳을 지나갈 가능성은 아주 희박하다고 생각해요."

나는 머리를 흔들며 30cm 남짓한 넓이의 협곡 바닥에서 하늘 한 조각을 바라보았다. 그리고 스크린에 비치는 내 원망하는 얼굴을 마주하고 싶지 않아 장비를 보았다.

"브래드와 레아는 토요일에 나를 만나기로 했지만, 나를 보지 못했다고 해도 그러려니 했을 거예요. 파티에서 그 두 사람을 만나기로 했거든요. 그래도 그들이 내 소식을 궁금해 하고 어떤 행동을 하지 않을까 하는 생각도 합니다. 그렇다 해도 두 사람은 내 목적지를 모르고 있어요. 나도 몰랐으니까요. 정말 나를 미치게 하는 것은 내가 주 경계선을 넘고 나서야 어디로 갈 생각인지, 금요일에 어디로 갈 것인지 알았다는 건데, 사실 그때까지도 토요일에 뭘 할 건지는 정확히 몰랐어요. 아, 세상에."

그건 이미 말했듯이 혼자 하는 여행의 금기를 깨뜨린 것이었다. 이제 나는 뒤늦게 그 대가를 치르고 있었다. 누구에게도 알리지 않은 채 여행 일정을 바꾼 것은 그때가 처음이 아니었다. 그래도 그때까지는 항상 별 탈 없이 끝났다. 하지만 이제 더 이상은 아니었다.

"메간과 크리스티에게 좀 더 자세하게 얘기를 할 수도 있었어요. 그들과 같이 갈 수도 있었죠. 그냥 두 사람을 따라 가야 했어요."

나는 다시 뒤늦은 후회로 머리를 흔들면서 한참 동안 눈을 깜빡였다.

"이제 별다른 방법이 없어요. 상황이 아주 안 좋아요. 앞으로 며칠 못 가 여기서 난 말라 버리겠죠. 이런 상황을 끝내 버릴 방법이 있다면 그렇게 하고 싶어요. 여긴 정말 추워요. 바람을 피할 수가 없어요. 칼날 같아요. 저기 뒤쪽에서 불어오고 있어요."

나는 어깨를 움직이며 고개를 돌렸다.

"할 수 있는 건 뭐든 하고 있지만 소용이 없습니다. 참 고약하죠. 최악이에요. 앞으로 어떤 일이 일어날지 알지만, 그것도 3~4일이면 끝날 겁니다."

목소리가 느려지면서 쉰소리 나는 속삭임으로 변했다. 4일 동안이나 내가 살아있는 일은 없기를 바랐다. 금요일까지 살아 있다면 내가 어떤 모습이 될 지 상상조차 할 수 없었다.

다가오는 죽음을 느끼면서 나는 현실적인 이야기를 하기로 했다. 그런다고 침울한 마음이 없어지진 않겠지만, 내 소유물에 대해 가족들에게 이야기를 하며 이 짧은 유언을 끝맺는 것이 좋을 듯했다.

"상황이 이러니만큼 이제 필요한 이야기를 하고 싶어요. 내 사랑하는 가족들, 잘 들어주세요. 어머니 아버지, 보험이 하나 있어요. 수술 할 때 수술비가 나오는 보험이에요. 은행 예금 잔고로 신용카드 빚을 해결해야 되고요. 제 집은 파세요. 소냐, 내 컴퓨터와 비디오카메라를 줄게. 여기 내 주머니에 카메라의 USB가 있어. 거기에 사진도 있고. 뉴멕시코에 사는 친구가 내 CD들을 가지고 있을 거야. 야외 활동 장비들은, 소냐, 혹시 갖고 싶거나 네게 맞는 것이 있으면 써. 얼마든지, 가져가도, 돼….”

금방이라도 눈물이 나려고 하는 바람에 말을 멈췄다. 눈물을 쓰윽 문지르며 카메라를 끄고 가방에 다시 집어넣었다. 그냥 울고 싶었지만 참았다. 코를 훌쩍이며 손바닥으로 코와 입을 닦았다. 그리고 손가락으로 눈을 닦고 코 밑 수염과 주름살 주위를 매만졌다. 거친 내 얼굴이 느껴졌다.

30분 뒤, 그러니까 월요일 오후 3시 35분에 다시 소변을 보아야 했다.

‘어떻게 이럴 수가 있지?’

참으로 의아했다. 내가 분명 심한 탈수 상태인데도 그날 두 번 소변을 보았다. 어떻게 된 걸까? 그러다 퍼뜩 머리에 떠오르는 생각이 있었다.

‘아론, 소변을 모아둬. 물통에 소변을 모아두는 거야. 필요할 때가 있을 거야.’

나는 방광에 있는 소변을 빈 물통에 옮겨 놓았다. 더 이상 물이 남지 않게 될 때, 붉은 기가 약간 도는 그 노란 배설물이 맑은 물을 대신하게 될 것이다.

처음 보았던 소변도 모아 뒀어야 했다는 사실을 뒤늦게 깨달았다. 첫 번째 것이 두 번째 것보다 훨씬 맑고 냄새도 절반 정도밖에 나지 않았다. 그 소변을 마실지 말지 고민했지만 나중으로 결정을 미루기로 했다.

디지털카메라를 찾아내 여러 장의 사진을 찍었다.바위 안으로 사라져 버린 내 팔, 안전벨트에서 나를 매달고 있는 앵커 장치, 협곡 아래쪽을 보고 있는 내 모습, 쐐기돌과 나. 그러고는 방금 찍은 사진과 함께 저장된 사진을 넘겨 보았다. 휴가가 시작되자마자 소프리스 산에서 이틀을 보낼 때 찍었던 사진과 블루 존 협곡의 윗부분에서 메간과 크리스티를 찍은 사진도 있었다.

'천사 같아….'

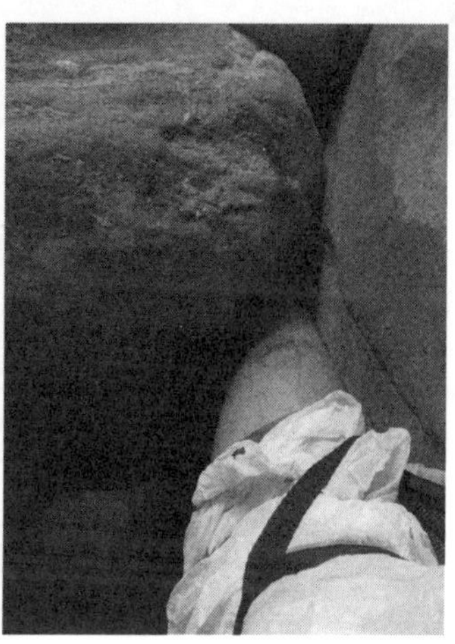

오른쪽에 있는 쐐기돌이 떨어지면서
내 오른팔이 짓눌렸다.

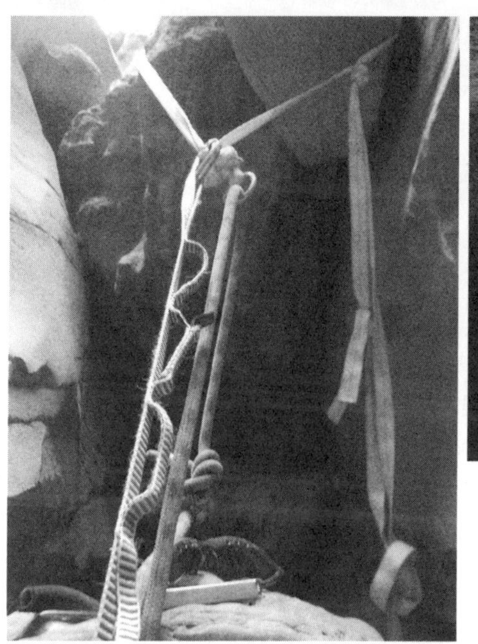

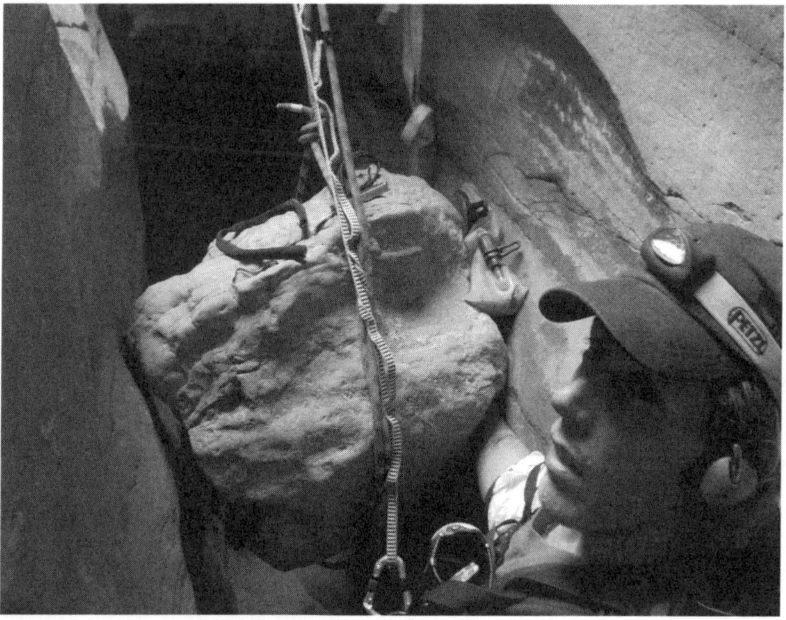

안전벨트에서 나를 매달고 있는 앵커 장치

2003년 4월 26일 토요일 오후 2시 45분에 사고를 당하고, 만 이틀이 지난 시점에서 찍은 사진
디지털 카메라를 찾아내 바위에 짓눌린 오른팔과 나를 매달고 있는 앵커 장치 등을 찍어 두었다.

chapter **8**

나는 유타로 간다

사람들은 인간이 찾고자 하는 것이 삶의 의미라고 말한다. 하지만 나는 그렇게 생각하지 않는다. 우리가 찾고 있는 것은 살아 있음의 경험이라고 나는 생각한다. 그러므로 순수하게 육체적인 차원에서의 삶의 경험은 우리의 내적인 존재와 현실 안에서 공명한다. 이럴 때 우리는 살아 있음의 황홀함을 생생하게 느끼게 된다.

조셉 캠벨 *Joseph Campbell*
《신화의 힘》

소프리스 산

2003년 1, 2월의 겨울을 보내는 동안, 내가 등반할 4,200m 이상의 산에 생각을 집중하면서 다음에 오를 산의 새로운 코스에 도전하기 위해 한 주 한 주 체력을 조절했다. 등반은 그 자체로 내게 목적이 되고 보상이 되어 주었을 뿐 아니라 체계적인 훈련을 하도록 해주었기 때문에, 데날리로 대모험을 떠나기 위한 체력을 키우는 데도 도움이 되었다. 일단 공식적으로 겨울이 끝나자 나는 4,200m 이상의 산을 등반한 멋진 한 철을 또 한 번 마감하고 이제는 오지 스키 여행에 관심을 돌렸다.

3월 하순에는 친구 가레스 로버츠와 함께 크레스티드 뷰트에서 아스펜까지 약 70km 코스를 달리는 엘크 산 그랜드 트래버스(산을 횡단하는 것 : 옮긴이 주) 오지 스키 대회에 참가했다. 그 대회는 실로 굉장했다. 대회 초반에는 매섭게 추운 날씨 때문에, 그리고 후반에는 사납게 불어 대는 바람 때문에 참가 팀의 40%가 중간에 탈락했다. 추위와 바람으로 심각한 동상에 걸린 사람들이 있는가 하면, 장비가 망가지거나, 내 파트너인 가레스처럼 물통이 꽝꽝 언 사람들도 있었다. 등에 멘 가방이 얼어서 무거워지기도 하고 어떤 참가자들은 위험할 정도의 탈수 현상을 보이기도 했다.

가레스와 나는 제일 꼴찌로 반환점을 돌아 제한 시간 내에 간신히 후반부 코스로 들어섰다. 영하 20℃에 가까운 날씨 속에서 8시간 동안 30km 정도를 달려 제한 시간 2분을 남겨 두고 반환점을 통과한 것이다. 그리고 9시간 30분 후에 우리는 16등으로 결승선을 통과했다. 참가팀 중 끝에서 세 번째였다. 아스펜 산을 스키를 타고 내려올 때, 가레스의 아내와 몇몇 열광적인 자원 봉사들이 우리를 열렬하게 응원해 주었고, 가레스와 나는 텔레마크 스키 기술을 선보이며 우리가 여전히 경기를 즐기고 있음을 보여 주었다.

우리는 카메라 세례를 받으며 결승선을 통과했고 완주 메달을 목에 걸었다. 그리고 마치 우승이라도 한 양 환하게 웃으며 차가운 맥주잔을 높이 들어 올렸다. 사실, 우승팀은 우리보다 9시간이나 빨리 결승선을 통과했다. 우리가 반환점을 비틀거리며 통과해 결승선까지 오는 동안, 집에 가서 샤워를 하고 푹 쉬고 있을지도 모르는 그런 시간이었다. 그래서 인지 사람들은 우리가 도착하기 훨씬 전에 시상식장으로 가 버렸고, 어쩔 수 없이 우리는 햄버거와 맥주를 놓고 우리끼리 자축을 했다.

4월 하순 쯤, 나는 내 등반 스승인 개리 스코트의 친구 두 명과 만나기로 되어 있었다. 그 친구 두 명은 홀리 크로스 산에 있는 크로스 절벽을 오르고 싶어 했다. 그곳은 4,300m 정도 되는 정상까지 이어지는 가파른 절벽이 장관을 이루는 곳이었다. 우리는 20km 길이의 근사한 스키 코스를 포함하는 이틀하고 반나절 일정의 등반 계획을 세웠다. 그리고 상황이 허락하면 레이니어 산에 있는 리버티 리지로 간다는 더 원대한 계획도 세웠다.

우리 셋이 함께 하는 첫 번째 여행이라 기대가 컸지만, 출발 하루 전에 때늦은 폭풍우가 몰아치고 20cm 가량의 눈이 산 한가운데 쌓이는 바람에 계획을 취소해야만 했다. 눈사태가 일어날 가능성이 클 때 좁은 협곡에 있는 것은 굉장히 위험한 일이다. 그것은 그야말로 산에게 운명을 온전히 맡기는 것이다. 여행을 고집할 여지가 없었다. 그리고 두 사람도 나와 같은 생각이었다. 그래서 우리는 6월에 다시 한 번 계획을 잡기로 했다. 두 사람은 내가 그 여행을 가기 위해 특별히 직장에서 휴가를 냈다는 것을 알고는 미안해 했다. 하지만 난 조금도 개의치 않았다.

"사실, 어제 지배인이 화요일까지 휴가를 주겠다고 했어요. 그러니까 앞으로 닷새 동안 휴가인 셈이죠. 내일 친구와 소프리스 산을 오를 거예요. 요즘 그곳에 가고 싶다는 생각을 많이 했거든요. 그리고 시간을 쪼개서 모아브에도 갈 것 같아요."

두 사람은 안전하게 여행하고 오라고 말해 주었고, 나는 고맙다고 대답했다. 집에 돌아온 나는 유타에서 사용할 산악자전거, 등반 장비, 그리고 여행안내 책자를 비롯해 여러 가지 물건을 챙겼다. 아스펜 친구 브래드 율과 새벽 3시에 만나 소프리스 등반을 떠나기로 했으므로 그 전에 몇 시간이라도 잠을 좀 자두어야 했다.

저녁에 짐을 꾸리고 있는데, 레오나가 시내에서 돌아왔다.

"이번에는 어디로 갈 거야?"

친구들과 몇 시간 동안 어울려 술을 마신 레오나는 기분 좋게 취해 있었다.

"아침에 소프리스 산에서 스키를 탈 거야."

"그런데 이것들이 다 필요하단 말이야?"

등반 장비와 산악자전거 장비를 넣은 가방, 침낭, 그리고 배낭들이 거실 한 가운데 쌓여 있는 것을 보고 레오나가 물었다.

"유타에 갈 거야. 뭘 할지는 아직 모르겠어. 홀리 크로스 산 등반이 취소됐거든."

"아, 실망했겠다."

"별로 그렇지도 않아. 사막에 가서 몸을 좀 풀고 싶었거든. 산악자전거도 타고 슬롯 협곡도 갈 거야. 토요일에 스쿠비두 파티가 있다고 브래드에게 들었어. 거기도 가게 될 거야. 아마 도시에서 온 사람들이 주말 내내 떼를 지어서 정신없이 몰려다닐 것 같아."

아스펜에 사는 사람들은 바쁜 시즌에는 일을 하거나 스키를 타느라 아스펜을 좀처럼 벗어나지 않는다. 그럴 때는 차를 타고 30km 정도 거리만 가도 굉장한 여행을 하는 기분을 느끼게 된다. 하지만 4월 하순에서 5월 말까지는 사람들이 한꺼번에 멕시코나 태국, 바하마, 유타 등과 같이 좀 더 따뜻한 곳으로 떠난다. 나도 스키 여행을 한 번 더 하고 나서 곧 그 사람들의 무리에 합류할 참이었다.

다음날 새벽 4시, 브래드는 50cm 깊이의 눈이 쌓인 길을 덜컹거리며 달리는 내 차 조수석에 앉아 있었다. 몸이 의자에서 연신 튕겨져 올랐지만 우리 두 사람 다 입이 귀에 걸릴 정도로 웃어댔다. 그렇게 이른 봄날 새벽에 산 입구까지 차를 몰고 갈 수 있다는 것이 놀라우면서도 기분이 좋았다. 입구에 도착하자 우리는 어둠 속에서 오지 등반 장비를 차에서 내리고 근처 호수까지 5km 정도를 걸어갔다. 5시 30분이 되니 꽁꽁 언 호수 위로 동이 터 오면서 그날의 날씨가 어떤지 알 수 있었다. 날씨가 맑지 않은데다 전날 눈이 내려 길도 많이 미끄러워졌지만 그날 오지 여행을 하는 것이 크게 걱정되지는 않았다. 만약 등반을 계속 할 수 없을 정도로 눈사태의 위험이 있다면 돌아갈 준비가 되어 있었고, 내가 알기로 브래드 역시 그랬다.

소프리스 산만의 특징이라면, 모양뿐 아니라 3,960m로 높이까지 똑같은 두 개의 산봉우리가 1km도 채 안 되는 거리를 두고 떨어져 있다는 것이다. 우리는 동쪽 봉우리의 안전한 코스를 오르기로 하고 등반을 시작했다. 구름이 잔뜩 끼고 안개가 자욱해 시야 확보가 3m 남짓밖에 되지 않는 상태에서 등반을 하니 우리 둘 다 거리 감각을 상실했다. 하늘과 땅이 사라지고 코끝에 희뿌연 벽이 쳐져 있는 듯했다. 우리는 오른편에 있는 가파른 절벽에서 멀찌감치 떨어져 산을 올랐다. 오전 8시 30분에 드디어 우리는 동쪽 정상에 도착했다. 그곳에서 브래드의 기다란 턱수염에 달라붙어 있는 서리를 보니 절로 웃음이 나왔다. 우리는 웃음을 터뜨리는 우리 두 사람의 모습을 사진에 담았다.

시간이 지나면서 구름도 물러갔다. 우리는 호수가 있는 곳까지 다시 내려와 브래드가 가져온 젤리를 나누어 먹었다. 그 젤리는 그날을 함께 할 수 있었던 우리 두 사람의 감사하고 행복한 시간에 대해 이야기하고 낄낄거리면서 아이같이 기쁨을 즐기기에 딱 어울리는 음식이었다. 오후가 되면서 해가 비추고 기온이 올라가자 쌓여 있던 눈이 녹으면서 도로와 주차장이 진창으로 변했다. 새벽에 그곳을 지날 때 만들어졌던 바퀴자국을 따라 다시 그곳을 지날 때는 마치 차가 좁은 길에서 튕겨져 나갈 듯이 심하게 덜컹거렸다. 하지만 그것마저도 우리에게는 흥미진진했다.

눈이 질척거리는 마지막 구덩이를 막 지나는데, 핸들을 잘못 조작하는 바람에 차가 웅덩이에서 튕겨져 나가더니 미처 서지 못하고 길 옆의 진창으로 미끄러져 들어갔다. 두꺼운 얼음 위에 질퍽질퍽한 진흙과 눈이 한데 섞인 곳에 빠진 차는 꼼짝도 하지 않았다. 1시간 30분 가까이 빠져나오려고 애써 봤지만 바퀴는 계속 헛돌기만 했다. 다행히도 휴대폰이 있어서 브래드는 자신의 여자 친구 레아에게 견인용 밧줄을 가져와 달라고 전화를 했고, 우리는 간신히 빠져나올 수 있었다. 내가 토요일에 브래드에게 전화를 해서 스쿠비두 파티로 가는 길을 물어보기로 하고, 우리 세 사람은 헤어졌다.

운명적인 여행의 시작

　나는 서쪽으로 방향을 잡고 차를 몰았다. 고속도로를 따라 달리는 3시간 동안, 모아브와 그린 강 근처의 슬롯 협곡들이 실려 있는 여행 안내서를 보고 지금 가능한 여행에 대해 생각해 보았다. 다음날, 금요일 오전에는 모아브 근처에서 산악자전거를 타고 토요일에는 협곡을 등반한 다음 스쿠비두 파티에 가리라 계획을 세웠다.

　다음날 아침 모아브가 있는 남쪽으로 50km 가까이 달려 하루가 꼬박 걸리는 산악자전거 코스인 슬릭 락 트레일로 갔다. 슬릭 락은 유타에서 가장 인기 있는 산악자전거 코스에 속하는데, 20km 길이의 까다로운 사암 코스와 모래 함정 몇 군데가 있을 뿐 아니라 콜로라도 강 주변 협곡들의 광활한 경치가 주변으로 펼쳐져 있고, 무엇보다 모아브 중앙과 지리적으로 가까웠기 때문이다. 사방 어디를 봐도 눈송이 하나 없는데 지붕에 스키를 매달고 그곳 주차장에 서 있는 내 차를 보니 웃음이 났다.

　자전거 코스에 들어선 지 얼마 지나지 않아 거의 수직에 가까운 3m 높이의 바위가 나타났다. 최대한 속력을 높여 돌진하듯 올라가는데 순간 자전거가 휘청하면서 몸이 옆쪽으로 쏠렸다. 하지만 재빨리 자전거 페달에서 발을 뗀 덕에 망신스러운 모습으로 넘어지는 것은 간신히 피할 수 있었다.

　13km 지점에 이르렀다. 페달에서 발을 떼지 않고 9km, 11km, 13km 지점까지 아무 문제 없이 갈 수 있었다. 당연한 결과였겠지만, 내 실력에 자신감이 생기기 시작하던 바로 그 순간, 몸의 무게가

심하게 앞으로 쏠리면서 모래 함정으로 떨어지고 말았다. 나도 모르게 눈을 감았다가 다시 떴다. 나는 코를 모래에 깊숙이 박은 채 배를 땅에 대고 완전히 뻗어 있었고 자전거는 내 다리와 등과 목 위로 넘어져 핸들이 내 머리를 누르고 있었다.

몸을 움직여 봤지만, 내 몸을 덮친 자전거의 페달에 오른쪽 다리가 고정된 상태에서 두 다리가 엉덩이 뒤에서 서로 엉켜 있었다. 현란한 기술을 사용하는 두 바퀴 달린 레슬링 선수에게 꼼짝없이 갇혀 있는 꼴이었다.

그 모습에 갑자기 웃음을 터뜨리는 바람에 얼굴로 모래가 날리면서 땀에 젖은 두 뺨에 달라붙었다. 자전거에 깔린 내 모습을 본 사람이 아무도 없다는 사실에 안도해야 하는 건지 아니면 내 흉한 모습에 나와 함께 웃어줄 사람이 없다는 것에 실망해야 하는지 알 수가 없었다. 그렇게 하루를 보낸 뒤, 나는 흥분과 피곤이 뒤섞인 채 차 안에 앉아 협곡 안내 책을 들여다보았다.

이전에 유타에 갔을 때는, 하루 동안 산악자전거로 170km 거리를 달리고 60km에 이르는 협곡 횡단 코스를 걸어서 다녔다. 분명 육체적인 한계에 도전하는 그런 여행은 그 자체만으로도 매력이 있었지만, 나는 언제나 카메라 장비를 가지고 다니며 오묘한 경치와 초현실적인 지형, 매혹적인 자연의 색, 그리고 오래 전에 사라진 문화에서 남은 암각화나 지하 예배장과 같은 숨겨진 보물들의 모습도 놓치지 않았다.

토요일에 모험을 할 협곡에 대해서는, 그날 밤 파티 장소에 갈 수 있을 정도의 거리에 있는 협곡을 가야겠다고만 생각했을 뿐 특별히

한 곳을 정하지는 않았다. 이틀 동안은 식료품점이나 편의점 근처에 갈 수 없기 때문에 물과 식량을 충분히 마련하고 자동차 연료통도 가득 채우고서 드디어 광활한 사막으로 떠날 준비를 마쳤다. 저녁 늦게 모아브를 떠나 북쪽으로 차를 몰았다. 그리고 여행 안내책자를 보며 서로 근접해 있는 협곡 2개를 목적지로 정하고는 그 날의 코스를 계획해 보았다.

일단 캐니언랜드 국립공원 입구에 차를 세워두고 거기에서부터 자전거를 타고 블루 존 협곡으로 간 다음, 2개의 깊은 슬롯 협곡과 수직 절벽을 내려온 뒤에 말발굽 협곡과 이어지는 합류점으로 가고, 마지막으로 그레이트 갤러리의 암각화를 지나 차가 있는 곳까지 다시 온다는 일정이었다. 아침 9시에 출발하면 오후 5시쯤에는 끝날 것 같았다.

그린 강에 있는 편의점에 들렀다가 브래드와 레아에게 전화를 걸어 스쿠비두 파티에 대해 최종 확인을 할까 하는 생각을 잠깐 했지만 시간이 너무 늦어 그만두었다. 브래드가 다음날 일찍 일어나 스키를 타러 간다는 것을 알았기 때문에 그를 깨우고 싶지 않았다.

편의점을 나와 불빛 하나 없는 길을 계속 달렸다. 밤 10시가 막 넘었을 즈음, 말발굽 협곡 입구까지 가려면 그 암흑 속을 앞으로 75km 더 달려야 한다고 알리는 토지 관리국의 표지판이 나타났다. 존재하지 않는 미지의 어떤 곳을 향해 달리는 느낌이었다. 심심치 않게 나타나는 커브길과 아찔한 내리막길, 모래 웅덩이 때문에 몇 번이나 차가 길에서 튕겨나갈 뻔 했지만, 그때마다 방향을 바로 잡아 위험을 모면할 수 있었다. 커브길에서 미끄러지고, 먼지 구름을 일으키고, 커브길을 벗어나면 속력을 높이고, 그렇게 울퉁불퉁한 길을 넘어가다 보니 마치 비포장도로 자동차 경주라도 하는 것 같은 느낌이었다.

　얼마쯤 가다 보니 가축이 도망가는 것을 막기 위해 쳐 놓은 울타리가 보였다. 길에 세워 놓은 담장에 샛노란 페인트를 칠한 지 얼마 되지 않은 걸로 봐서 누군가 그 곳 땅을 아직 사용하고 있는 듯했다. 하지만, 밤이 그 황량한 땅에 드리운 음침한 마법을 없애 버릴 만한 불빛은 전혀 없었다. 그렇게 차를 몰고 가는데 헤드라이트 불빛이 비추는 지점에 맥주병 하나가 보였다. 미처 차의 방향을 틀어 그것을 피해 갈 수가 없었다. 차 앞바퀴가 병의 목 부분을 밟고 지나자, 병이 튀어 오르며 차 바닥에 부딪혔다.

　한참 어둠 속을 달리는데, 생각지도 않은 곳에서 누런색 작은 표지판이 휙 하고 지나갔다. 말발굽 협곡으로 향하는 길을 알리는 표시였다. 나는 차를 세우고 후진을 한 다음 왼쪽으로 방향을 틀어 심하게 울퉁불퉁한 길을 지나 주차장 진입로로 갔다. 주차장 내에서는 야영을 금지한다는 표지판이 있는데도 불구하고, 주차장 입구에는 3대의 차와 야영자 두 사람이 있었다. 나는 말발굽 협곡에 오는 방문객들을 환영하는 표지판 근처 평편한 지점으로 차를 끌고 갔다. 그리고 차 뒷자리에 흩어져 있던 장비들을 정리한 다음 침낭과 담요를 펴고 하룻밤을 보낼 준비를 했다. 차 안에 누워 다음날 아침 시작하게 될 블루 존 협곡과 말발굽 협곡 여행을 생각하면서 곧 잠에 빠져 들었다. 바람이 협곡 마을만의 자장가라도 되는 양 내 차를 기분 좋게 흔들어 주었다.

chapter 9

나흘째. 식량과 물이 다 떨어지다

나는 빛나는 존재 그대로의 신념을 믿었다. 내 신념에 반하는 모든 일과 완전한 절망에 직면해서도 믿음을 갖고 분명한 비극을 외면하는 것, 이것 말고 또 다른 어떤 선택이 있을까?… 우리는 상상하는 것보다 훨씬 강한 존재며, 신념은 가장 고귀하고 생명력이 긴 인간의 특징 중 하나다. 그 무엇도 덧없는 삶을 구원할 수 없고 기본적인 도덕성을 회복할 수 없다는 사실을 우리 모두 알고 있을 때, 믿음을 갖는다는 것은 하나의 용기다. 언제나 자신을 믿고…무엇을 믿기로 하든 그것을 믿는 것, 그것이 가장 중요한 일이다.

랜스 암스트롱*Lance Armstrong*
《이것은 자전거 이야기가 아닙니다》

오스틴 파워

사방으로 흩어지는 햇빛이 유타 사막 위로 높이 떠 있는 얇은 구름 뒤로 사라지기 시작했다.

구름이 머물러 있어서 그날 밤 열이 빼앗기지 않기를 바랐다. 월요일 초저녁이었다. 나는 57시간째 깨어 있었다. 50시간 동안 갇혀 있었으며 43시간 동안 같은 노래가 머릿속에서 맴돌았다. 한 곡의 10초 분량만이 반복되었다.

"BBC1, BBC2, BBC3, BBC4, BBC5,
BBC6, BBC7, BBC 하늘!"

그것은 뭐 노래라고 할 수도 없었다. 악당인 닥터 이블이 내 뒤에서 음흉한 미소를 띠고 있는 것 같았다. 나는 나오지도 않는 목소리로 소리치며 허공에 주먹질을 했다.

"왜 나를 혼자 내버려두지 않는 거야, 오스틴 파워? 왜 나를 괴롭히는 거야?"

마치 약에 취한 것처럼 머리가 빙빙돌고 심한 피로가 느껴졌다. 그대로 쓰러져 자고 싶었다. 하지만 신기하게도 잘 수가 없었다. 그리고 그 상황이 말 그대로 믿기지 않았다.

예전에 나는 이상한 데서 잠든 적이 몇 번 있었다. 파리 미술관의 그림 앞에서 선 채로 잠든 적도 있고, 건스 앤 로지스 콘서트*Guns N'Roses Concert*에서 110㏈의 소음을 들으며 잠든 적도 있었다.

그 협곡에서 처럼 잠을 자지 못한 적은 한번도 없었다. 어떤 알 수 없는 병이 내 뇌를 갉아먹은 것 같았다.

하지만 저체온증으로 죽지 않으려면 잠을 자지 않는 것이 최선일지도 몰랐다. 그런데 내가 잠을 자지 못하긴 했지만 그렇다고 완전히 깨어있는 것도 아니었다. 그런 정신적인 악조건이 나를 정신이상의 상태로 몰아가고 있었다.

2002년 이래로 나는 매년 4,200m 등반을 해왔다. 그 첫 등반은 지구력 훈련 지도자인 테레사 다우스 웨버와 함께였는데, 그때도 협곡에서와 유사한 경험을 했다. 어스름에 프린스턴 산을 내려갔는데, 당시 우리는 48시간 동안 7개의 높은 산봉우리를 쉬지 않고 넘었다. 이틀째 밤이 되어 100km 정도 걷고 7,500m 높이를 올랐을 때는 잠을 자지 못한 탓에 현실 감각을 잃었다.

나는 테레사보다 앞서서 갔는데 곳곳의 바위 때문에 뒤에 오는 테레사를 시야에서 자주 놓쳤다. 그때는 걸음을 멈추고 자리에 앉아 잠깐씩 잠을 잤다. 20~30초 뒤에 테레사의 지팡이 소리에 잠에서 깼다. 그가 다가오면서 그 헤드라이트 불빛이 내 얼굴을 비추면 나는 말없이 일어나 다시 출발했다. 몇 십 개의 바윗돌을 기어오르고 그러다가 그가 보이지 않으면 다시 걸음을 멈추고 잠을 잤다. 그렇게 얼마나 산을 탔을까? 1시간 30분 정도 이동했는데도 우리가 처음 들어섰던 곳에서 전혀 앞으로 가지 못한 것 같았다.

'뭔가 잘못된 것 같아.'

기어오르고, 졸고, 깨어나고, 움직이고, 빠르게 걷고, 기어오르고를 열 번, 열두 번, 열다섯 번 반복하니, 정신 착란에 가까운 초현실적인 느낌이 들었다. 잠깐 잠깐 잠들 때마다 처음으로 계속 되돌아가 버리는 것 같았다. 영화 '사랑의 블랙홀Groundhog Day'에 나오는 빌 머래이Bill Murray처럼 나도 시간의 덫에 갇혀버렸다. 누군가 내게 그런 짓을 하고 있었다.

'테레사야. 그가 나에게 마법을 건 거야.'

그걸 알았어도 그를 상대로 나는 아무 힘도 쓸 수 없었다. 마법을 풀려면 계속 깨어 있어야 했지만, 테레사를 기다리려고 걸음을 멈추면 금세 잠에 빠져들었다. 시계를 확인해 보거나 테레사와 이야기하거나 속도를 늦춰 테레사와 보조를 맞추어 걸으면서 잠에 빠지지 않으면 되었을 텐데, 그런 생각은 전혀 하지 못했다. 생각해 낸 방법이라고는 내가 밟은 바윗돌을 기억하는 것이 고작이었다.

내가 같은 돌을 밟지 않았다는 사실을 스스로에게 증명할 수 있다면, 모든 일이 그저 내 머릿속에서만 일어난 것이라는 확실한 증거가 될 터였다. 그런데 문제는 그렇게 간단하지 않았다. 바윗돌을 기억할 수가 없었다. 심지어 내가 누웠거나 쉬었던 돌조차도 기억나지 않았다. 내 마음은 끝도 없이 반복되는 숲의 미로에 갇힌 채 나는 테레사와 계속 산을 탔다. 2시간이 지났을 즈음 우리는 그 산을 빠져나왔다. 그제야 나는 테레사에게 내가 겪은 현상에 대해 말했다. 테레사는 잠을 자지 못한 채 과도하게 여행을 하다보면 나타날 수 있는 현상이라고 설명했다.

그 상태로 24시간 동안 등산을 더 하고, 45km 떨어져 있는 내 차에까지 걸어갔다. 그날 밤 푹 자고 나서야 망상을 끝낼 수 있었다.

다시 협곡 얘기를 하자면, 끝도 없는 그 잔인한 BBC 고문에서 탈출하는 한 가지 방법은 '소변을 마시느냐 마느냐'라는 문제에 집중해보는 것이었다. 그 문제는 다른 생각들을 마음 저 뒤편으로 보내버리기에 충분했다. 맛은 정말이지 내 관심사가 아니었다. 어쨌든 소변 맛이겠지. 내가 고민하는 문제는 소변이 내 목숨을 연장시켜줄지 아니면 끝낼지에 대한 것이었다.

소변에 상당한 양의 염분이 있을 거라는 추측은 할 수 있었지만, 그 염도가 내 혈액 염도보다 더 높을지 어떨지는 알 수가 없었다. 만일 소변 속의 염분이 혈액 염분보다 적다면 아무 문제가 없었다. 하지만 소변의 소금 농도가 더 높다면, 소변을 마시는 것은 소금물을 마시는 것과 같았다.

그렇게 되면 탈수가 빠른 속도로 진행될 게 뻔했다. 나는 또 소변 안에 독소를 비롯해 다른 유해 성분들이 위험할 정도로 있을까 봐 그것도 걱정이 되었다. 그렇다면 내 몸에서 없애 버려야 하는 성분들을 다시 받아들이게 된다는 얘기였다.

소변은 물통에 담겨 내 눈앞에 있었다. 희미한 저녁 빛을 받아 갈색 빛깔을 띠는 그 액체는 물통에 들어간 지 4시간이 지나니 여러 층으로 분리되어 있었다. 바닥에는 끈적끈적해 보이는 갈색의 거품이 약간, 중간은 탁한 오렌지 색 액체, 그리고 맨 위에는 맑은 황금색 액체가 있었다. 또 갈색의 거품 밑에는 두께가 1cm 조금 넘는 연노랑색의 응고된 침전물이 모여 있었다. 소변이 차가워질수록 더 많은 앙금이 생겼다.

나는 손가락으로 물통을 건드려 응고된 덩어리들이 흩어지게 했다. 그 모습을 보니 집에서 만든 맥주 병 바닥에 있던 효모가 기억났다. 물론 소변은 그것보다 훨씬 덜 먹음직스러웠지만…….

그러는 사이 다시 밤이 찾아왔다. 협곡 위에서 불어오는 바람과 모기가 밤이 오는 것을 알렸다. 모기란 녀석들은 어째서 어두워지기 직전에 그렇게도 활동적인지 알 수 없었다.

"너희들은 대체 어디서 오는 거야?"

협곡 어딘가에 고인 물이 있는 게 분명했다. 여행 안내서에서 뭔가를 본 기억이 나는 것도 같았다. 지도를 확인했다. 지도의 접힌 부분이 닳아 있었지만, 절벽 아래에 '작은 못' 표시가 있었다. 사실, 지도에서 보면 협곡 위쪽 부분에 웅덩이가 하나, 그리고 내가 있는 위치에도 하나 있어야 했다. 하지만 그것들은 증발해 버렸을 것이다.

'여기는 아니라도, 지도에 그려진 저 그 절벽 아래 웅덩이가 아직 있으면 좋겠는데.'

그런 웅덩이는 여름과 겨울에 다 말라 버렸을 가능성이 크지만 모기, 암벽에 남아 있는 모래로 보아 아직도 물이 있을 수 있었다. 만일 협곡에서 빠져나가게 된다면 그건 아주 중요한 문제가 되었다. 6km 이내에서는 그 웅덩이만이 물을 얻을 수 있는 곳일 테니까. 이렇게 앞으로의 가능성을 재보는 나에게 작은 악마가 속삭였다.

'아론, 넌 여기서 빠져나갈 수 없을 거야. 다시 물 같은 것은 보지 못해.'

소변

어둠.

추위.

별.

허공.

떨림.

밤을 지내기 위해 안절부절못했다가 쉬었다가 하는 과정을 또 다시 시작했다. 각 주기를 반복할 때마다 편안하게 있는 시간은 10분

밖에 되지 않았다. 밤에는 더 추운 것 같았는데, 아마도 허기와 탈수 때문에 내 몸의 신진대사 기능이 떨어지는 것을 더 크게 느끼기 때문이었을 것이다.

그곳에 처음 갇힌 이후로 몸의 기능이 떨어지고 그 때문에 몸이 충분한 열을 만들어내지 못하는 것 같았다. 추위가 심해질수록 가능한 조금의 열이라도 놓치지 말아야 한다는 강박증도 커졌다.

'몸을 차가운 공기와 차단하는 것 말고 또 뭘 할 수 있을까?'

CD 플레이어에서 뽑힌 채 내 목에 걸려 있는 헤드폰을 절반 크기의 귀가리개처럼 귀에 썼다. 그런 다음 머리를 자일 가방에 밀어놓고 가방이 내 목 살갗에 닿을 때까지 지퍼를 닫았다. 그 안에서 나는 내 호흡에서 나오는 온기로 머리를 따뜻하게 할 수 있었다.

방수 처리된 안감에 대고 한동안 숨을 내쉬면 가방 안에 작은 물방울이 맺혔다. 그렇게 내 몸의 수분이 조금이라도 차가운 밤공기 속으로 흩어지지 않도록 했다. 자일 가방을 호흡실처럼 이용하는 것이 논리적인 것 같긴 했지만 도움이 되는지 어떤지는 알 수 없었다. 하지만 피할 수 없는 운명을 연장하고 있다는 익숙한 느낌은 있었다.

자일 가방 안에서 호흡을 한 지 5~6분 정도 지나니 한기가 팔다리에서 몸의 중심으로 스며들었다. 나는 몸을 떨면서도 그 자세를 유지하려고 무진 애를 쓰면서, 왼손으로는 오른쪽 팔목을 잡고 머리는 오른쪽 팔뚝 쪽에 붙이고 무릎은 바위 쪽으로 구부린 채 3~4분간을 더 안전벨트에 앉아 있었다. 하지만 추위는 사냥개처럼 나를 이리저리 할퀴었다.

별 수 없이 자일 가방에서 머리를 빼고 자일을 다리에 감고 덮개를 팔에 덮어야 했다. 하지만 몸을 덥히는 일은 더 어려워졌다. 그렇다고 더 이상 칼을 들어 바위를 쪼려고 하지도 않았다. 그저 고통을 감당했고 밤을 버텨내길 기도할 뿐이었다.

자정이 되었다. 이제 4월 29일 화요일이었다.

소변 문제로 몇 시간 동안이나 나 자신과 싸운 끝에 한 모금 먹어보기로 했다. 아직 신선한 물이 반 컵 정도 남아 있었지만, 소변 맛이 어떤지 그리고 그것을 삼킬 수 있는지 알아보고 싶었다. 지혈대를 만들려고 호스를 잘라냈던 자리에 있는 관에 바이트 밸브(이로 물면 밸브가 열리면서 물을 마실 수 있다)를 다시 연결한 다음, 큰 스푼 두 개 분량의 소변을 입안으로 빨아 넣고 얼른 삼켰다.

차가운 밤공기 때문에 원래 36.5℃였던 소변의 온도가 15℃ 정도로 내려간 듯했다. 톡 쏘는 짠 맛이 역겨울 만큼 자극적이고 썼다. 얼굴이 저절로 일그러졌다. 하지만 의외로 생각한 것만큼 끔찍하진 않았다.

적어도 메슥거리거나 토하지는 않았으니까. 그 때문에 오히려 내 갈등은 더 커졌다. 소변의 맛이 참을 수 없을 만큼 고약했다면 마시지 않는 것으로 결론을 낼 수 있었다. 하지만 그 갈색 오물은 남겨두고 나머지 반 정도는 마실 수 있었기 때문에 여전히 결론을 낼 수가 없었다.

갈증 때문에 당장이라도 두 컵 정도는 마셔야 했지만 그건 좋은 생각이 아닌 것 같았다. 소변을 마시는 정화 식이요법 프로그램이라는 걸 하는 사람들에 대해 들은 것도 같았다. 하지만 그렇다고 해도 적절하게 수분을 보충해야 한다고 생각할 수밖에 없었다. 어쩌면 내가 잘못 기억하는 걸지도 몰랐다. 그 즈음 나는 어떤 일에 대해서도 내 머리를 믿을 수가 없었다. 하지만 맑은 소변은 내가 이용할 수 있는 그 어떤 것보다 효과적인 대안임이 분명했다.

결국 나는 소변을 더 마셔야 하는지 아닌지 알 수가 없었고, 그 문제를 정확히 알 수 있는 방법이 없었다. 도박을 할 수도 있었지만 아직은 아니었다. 그로부터 12시간 동안은 맑은 물로 버틸 생각이었다. 물이 다 떨어지면 그때 생각해 보기로 했다.

또 몇 번의 주기가 반복되었다. 화요일 새벽 3시. 60시간째였다. 더 짧아진 주기 시간에 맞춰 물 마시는 간격을 조정했다. 돌 위에서 물병을 조심스럽게 가져와 남아 있는 양을 확인했다. 100m l 도 채 안 되었다. 두 무릎 사이에 물병을 끼우고 왼손으로 뚜껑을 열었다. 뚜껑을 손에 쥔 채 병을 들어올렸다. 그리고 밤을 지내면서 1시간에 한 번씩 그랬던 것처럼 입안이 충분히 젖기 전에 물병을 입에서 억지로 떼어 냈다.

마지막 남은 분량의 물은 내게 성수와도 같았다. 물은 시간 그 자체가 되었고, 시간 안에서 생명이 되었다. 물이 오래 남아 있을수록, 나 역시 오래 살아남을 것이다.

이제는 알 수가 있었다. 탈수는 이미 시작되었다는 몇 가지 신호가 나타났다. 마지막 남은 물을 마신다고 해도 나는 곧 죽을 상황이었다. 내 몸에는 신진대사에 필요한 수분이 더 이상 남아 있지 않았다. 두 눈은 메마르고 움푹 꺼졌다. 여윈 볼 때문에 비디오카메라로 촬영

한 내 모습을 차마 볼 수가 없었다. 사막의 공기 탓에 콘택트렌즈가 따끔거렸지만, 내 두 눈은 그 먼지를 눈물로 내보낼 수가 없었다.

심장 박동도 약하고 불규칙해졌다. 안정된 상태에서 심장 박동을 세어보았더니 1분당 120번으로 보통 때에 비해 60%가 빨랐다. 심장 박동이 빨라졌는데도 불구하고 혈액이 흐려지면서 혈액 순환은 느려졌고, 그로 인해 몸의 각 기관으로 영양분이 제대로 전달되지 못하고 노폐물도 제거되지 못했다. 음경은 노폐물이 배출되지 못하고 몸 안쪽 관에서 굳어진 탓에 점점 뜨거워졌다. 혈압이 계속 떨어지다 보니 체온도 비정상적으로 내려가 조금만 바람이 불어도 나는 발작하듯 떨어야 했다.

급격하게 수분이 없어지면서 몸의 기관들이 탈수의 공격을 받았다. 전체적으로 내 몸무게는 하루에 1.5kg에서 2.5kg 정도 빠지고 있었다. 손등의 살은 파충류의 주름처럼 쪼그라들었다. 탄력성이 없어져서 이로 피부를 잡아당기면 쭈욱 늘어나 작은 텐트가 만들어질 정도였다. 하지만 끔찍하리만치 수분을 필요로 하고 있음을 나타내는 그 모든 신체적 징후를 제외하면, 그 어떤 것도, 그 어떤 것도, 내가 느끼는 갈증의 고통과 비교될 수는 없었다.

충족될 수 없고… 억누를 수 없으며… 멈출 수 없는 갈증.

어느 사이엔가 나는 그저 갈증을 해결하기 위해 그 모든 상황이 끝나길 바라고 있었다. 죽음이 다가온다면, 어쩌면 갈증으로 먼저 죽게 되지 않을까 하는 생각도 들었다.

어느덧 2시간이 지났다. 새벽 5시. 물을 마실 시간이었다. 가랑이에 물병을 넣고 다시 한 손으로 뚜껑을 돌려 느슨하게 했다. 물병을

들어 입으로 가져갔다. 그 순간, 뚜껑이 안전벨트에 걸리면서 병이
손에서 미끄러져나가 무릎에 떨어졌다. 굼뜬 내 머리로 너무 늦게
상황 파악을 하는 바람에 손이 병을 미처 잡기도 전에 병이 완전히
기울었고, 얼마 안 남은 생명수는 곧 내 갈색 바지를 검게 물들이면
서 붉은 먼지를 반짝거리는 진흙처럼 만들어놓았다.

"이런 멍청한 녀석 무슨 짓을 한 거야? 정신 똑바로 차려야지!"

물은 곧 시간이었다. 그렇게 쏟아 버렸으니 도대체 몇 시간을 잃
어버린 걸까? 어쩌면 6시간, 아니면 10시간, 그도 아니면 하루의 반?
그 실수로 사기가 급격하게 떨어졌다. 내가 절망에 빠지지 않도록
지켜 주었던 신중함과 훈련이라는 보호벽도 무너졌다. 남아 있는
물의 반을 잃고 나서야 내가 그 물에 심리적으로 얼마나 집착했는
지 깨달았다. 내 남은 인생의 반을 없애버린 듯했다.

견딜 수 있을까?

자일로 다리를 감고 머리는 자일 가방에 넣은 채 떨면서 그 지긋
지긋한 추위와 싸우고 있었다. 그때 잠을 자지 못한 내 머리 속에서
외침 소리가 들렸다. 화요일 아침 6시 15분이었다.

"여보!"

어머니가 아버지를 큰 소리로 불렀다. 실내복 차림의 어머니가
침실에서 아래층으로 뛰어내려오고 있었다. 거실에 계신 아버지에

게 방금 들은 소식을 전하려는 것이었다. 어머니가 아버지에게 채 가기 전에 두 분의 모습은 흐릿해졌다.

그것은 이미 일어난 일이었을까 아니면 앞으로 다가올 일의 전조였을까? 어느 쪽이든 어머니가 아버지에게 달려간 이유는 나였을 거라고 나는 확신했다. 그런데 어머니는 무슨 말을 하려고 했을까? 내가 다쳤다는 얘기였을까 아니면 내가 발견되었다는 얘기였을까? 그도 아니면 내가 죽었다는 얘기였을까? 그 중 어떤 것일 수도 있었다.

빛이 번지면서 차츰 협곡이 되살아났고, 또 하룻밤을 살아냈다는 사실에 나는 희망이 생겼다. 주위가 충분히 밝아졌으므로 다시 비디오카메라에 내 상황을 기록하기로 했다.

손으로 얼굴을 여기저기 문지른 다음 화면을 조정했다. 내 모습이 부분만이라도 화면에 나오도록 조정하고 녹음할 때는 비디오를 보지 않았다.

"화요일 아침 6시 45분."

나는 혼자 중얼거리듯 말했다.

"내가 어젯밤 파티에 나타나지 않았기 때문에 지금쯤 레오나가 나에게 무슨 일이 생긴 것을 알았을 거라 생각해요. 그랬으면 좋겠어요. 그리고 1시간 30분쯤 지나면, 내가 출근하지 않은 것을 보고 다른 사람들도 알게 되겠죠. 나는 계속 그 생각을 하고 있어요. 가장 좋은 시나리오는 사람들이 경찰에 신고하고, 경찰이 24시간이 지난 이후에 정식으로 실종자 신고 접수를 하는 거예요. 그러면 아마 내일 정오쯤에는 내 실종 신고가 접수되겠죠."

좌절이 깊어지면서 온 몸이 갈기갈기 찢기는 것 같았다.

"빌어먹을. 모든 게 엉망이에요. 모든 것이 그래요. 꽤나 오랜 시간이 지나야 누군가 내게 오겠죠. 나는 그 생각을 하고 또 했어요. 그리고 나를 여기에서 빼내려면 공기 드릴로 바위를 쪼개거나 내 팔을 잘라야 할 거예요. 그러려면 적당한 장비를 가져와야겠죠. 헬리콥터 착륙지점까지 가려면 높은 절벽을 두 개나 올라가야 해요. 그 다음에는 그랜드 정크션까지 비행기로 1시간을 가야 하고요. 그보다 더 걸릴 수도 있고 어쩌면 30분쯤 걸릴지도 몰라요. 어쨌든 그래요."

바위를 깨고 날 구하기 위해 내가 있는 그 협곡까지 공기 드릴을 가져오는 구조팀을 상상하다 보니 구조라는 것이 이전보다 더 현실감 없이 느껴졌다. 나를 바위에서 빼내는 것만도 엄청난 일이 될 텐데 나를 들것에 싣고 그 좁은 틈에서 구해내야 한다니…. 공간은 너무 좁았다. 이용할 수 있는 통로가 있을 것 같지 않았다.

그 현실적인 악몽이 내 희망을 짓눌렀다. 전부 내 추측일 뿐이었지만, 이론적으로 생각해 봐도 내가 발견되고 나서 구출될 때까지 여러 날의 고된 작업이 필요할 듯했다. 그러니 만일 구조대가 나를 찾아낼 때까지 내가 살아있다고 해도 치료를 받기 전에 죽을 지도 모를 일이었다. 하지만 그게 문제가 아니라는 것을, 구조대가 오기 전에 나는 이미 죽을 거라는 사실을 깨닫고는 나도 모르게 두 눈을 꽉 감았다. 그러고 나서 비디오 녹화를 계속 했다. 감정이 자꾸만 격해졌다.

"나는… 팔을 자르려고 해봤어요. 하지만 이 칼로는 피부를 가를 수조차 없었어요.그냥 팔에 자국만 남을 뿐이었죠. 피가 날 정도도 가르지 못했어요. 이 부분의 피부가 너무 두꺼운 것 같아요. 물은 이제 거의 없어요. 그래서, 실은, 다른 방법을 썼는데… 소변을 물통에 모아서 두 모금 정도 마셨어요. 침전물은 어느 정도 걸러 냈어요. 좀 더 맑아 보이는 액체만 마셨죠."

나는 한 단어 한 단어에 힘을 주면서 천천히 말했다.

"아주 끔찍한 맛이었어요."

그리고는 잠시 쉬었다가 입맛을 다시고는 억지로 침을 한 번 삼켰다.

"멕시코 빵도 한 입 정도 남아 있는데 도저히 먹을 수가 없어요. 말발굽 협곡 입구에 자전거를 두고 떠난 지 70시간 조금 안 되었는데, 그 시간 동안 나는 $3l$의 물과 두세 모금의 소변을 먹었어요. 그래도 식량에 대해서는 그다지 걱정하지 않고 있어요. 어떤 것도 할 수 없을 만큼 지쳐 있긴 하지만요. 돌을 더 이상은 쪼아낼 수가 없어요. 그렇게 하려고 해보았지만, 이제는 의욕도 힘도 남아 있지 않아서…참 바보 같죠."

내 무력함이 혐오스러워서 나는 진저리를 치며 신음소리를 냈다.

"으아—!"

머리를 부여잡고 숨을 거칠게 내쉬었다. 쉽사리 마음이 가라앉지 않았지만 감정을 추스르고 다시 이야기를 시작했다.

"어머니, 아버지, 두 분을 정말 사랑해요. 우리가 함께 보낸 시간이 얼마나 아름다웠는지 꼭 얘기하고 싶었어요. 그래야 한다는 것을 알면서도 단 한 번도 두 분께 진심으로 감사드리지 못했어요. 어머니, 사랑해요. 아스펜에 있는 절 만나러 와 주셔서 정말 감사했어요. 아버지, 작년에 함께 여행해 주셨던 것 감사드려요. 아버지와 함께 했던 그 시간은 아주 오랫동안 제게 소중한 기억이 되었어요. 저를 이해해 주고, 지지해 주고, 격려해 주셔서 감사해요. 두 분 덕분에 지난 세월은 정말 더 바랄 것이 없었어요. 지금 알게 된 것을 좀 더 빨리 그리고 좀 더 분명하게 깨달았더라면 좋았을 걸 그랬어요. 두 분을 사랑해요. 언제나 두 분과 함께 있을 거예요."

입술을 깨물었다. 두 눈에 눈물이 차올랐다. 한참 동안 머리를 숙이고 있다가 다시 카메라를 보며 작별 인사를 하듯 고개를 끄덕였다. 그리고 손을 뻗어 테이프를 멈췄다. 쓸쓸한 바람이 협곡을 비집고 들어왔다. 밤의 고요함은 끝났다. 비디오카메라를 다시 작동하고 나니 여동생이 떠오르면서 그해 여름에 있을 그 아이의 졸업식과 결혼식에 그림자를 드리울 슬픔의 구름이 보이는 듯했다.

"소냐와 잭에게 앞으로의 너희들 삶에서 모든 일이 다 잘 되길 진심으로 바란다는 얘기를 해주고 싶었어. 너희들은 정말 잘 어울려. 소냐, 너의 앞날은 탄탄할 거야. 두 사람이 함께 아주 행복할 거라는 것을 난 알아. 너희들이 새 출발하는 모습을 곁에서 지켜볼 수 있다면 좋을 텐데. 앞으로 한 달 후면 졸업을 하겠구나. 멋진 일들을 하면서 살아가려무나. 그렇게 한다면 나에게도 최고의 기쁨이 될 거야. 고맙다."

동생에 대해 생각하다보니 행복해졌다. 내가 학창 시절에 좋은 성적을 받긴 했지만, 동생은 모든 분야를 잘 했으며 오히려 나보다 한 수 위였다. 그 아이의 그런 면이 나는 좋았다. 소냐는 공부에 관심이 많았고 자원봉사로 일하는 교사가 되겠다는 계획을 가지고 있었다. 그 아이를 위해 잘된 일이라 생각했고 또 나를 위해서도 기쁜 일이라 생각했다. 내가 체제 안에서 받기만 하고 돌려주지는 않음으로 해서 불려놓은 교육의 빚을 소녀가 갚아주는 것 같았다. 비록 내가 없다 해도, 소녀로 인해 우리 가정에 굉장한 일이 일어날 것이라고 생각했다. 그 아이는 그 정도의 포부를 지니고 있다는 것을 알기에 나는 안심이 되었다.

뒤편 협곡의 보이지 않는 구석에서부터 또 한 차례의 바람이 나를 스쳐 지나가자 날씨가 어떻게 변할지 걱정이 되었다. 구름층이 그 어느 때보다 두꺼워졌기 때문이었다. 소나기구름이 보이는 것은 아니었지만, 홍수가 시작되기 전에 꼭 소나기구름이 나타나는 것은 아니었다. 나는 홍수가 시작될 위험에 대해서는 잊고 있었다. 비가 올 때를 대비해 녹화를 좀 더 하기로 했다. 다시 비디오를 켰다.

"홍수가 언제 밀어닥칠지 모른다는 생각이 들었어요. 비가 오면 그 비가 저 위 4개의 아주 큰 협곡에서 1m도 안 되는 이곳의 틈으로 모두 모여요. 내가 이곳에서 죽게 된다면, 그것은 아마…정말 빌어먹을 일이 될 거에요. 이곳은 눈에 띄지 않을 것이고 내 몸은 완전히 망가지겠죠. 하지만 나는 차라리 홍수가 나길 바라고 있어요. 말도 안 되지만 어쨌든 물은 얻을 수 있잖아요? 이런 말이 바보처럼 들릴지도 모르겠지만, 지난 밤에는 그런 생각이 들었어요. 이곳에 있는 3일 중 하루하고 반을 물 없이 지냈어요. 아마 또 하루하고 반을 물 없이 살아내야 하겠죠. 나는 강하게 견뎌낼 거예요. 그래도 수요일 정오까지 내가 살아있다면 그야말로 놀랄 일이겠죠."

테이프를 정지했다. 지독한 말이었다. 앞으로 30시간을 더 견디
겠다는 생각을 입 밖으로 꺼내니 마지막에 대한 느낌이 내 영혼을
고통스럽게 스쳤다. 비디오를 쐐기돌에 올려놓으며 아무 생각 없이
안전벨트로 털썩 주저앉았다.

'내가 수요일 정오까지 살아있다면….'

이 말이 머릿속을 메아리치고 맴돌다가 내 남은 의욕을 꺼버렸다.

생물체 해부

또 한 번 돌을 들어 올리는 장치를 만들어 보았다. 한 손으로 장
치를 만들고, 매듭을 만들고, 끙끙거리고, 자세를 잡고, 몸을 튕기면
서 줄을 잡아 당겼다. 하지만 역시 아무 일도 일어나지 않았다. 나
는 그 거대한 돌덩이와 벽들의 마찰 앞에서 철저하게 무력했다.

서서히, 가방 안에서 나를 바라보는 칼의 차가운 시선을 느꼈다.
모든 것에는 이유가 있는 법이었다. 내가 그곳에 그 칼을 가져간 데
도 그럴 만한 이유가 있었다. 그순간 내가 무슨 짓을 하려는지 알았
다. 용기를 다 끌어 모은 다음, 보라색 웨빙을 장비에서 벗겨내 이두
근에 묶었다. 그리고 전날 만들어 보았던 대로 지혈대를 준비했다.
수낭의 고무관으로 팔뚝을 두 번 감고 두개의 매듭을 만든 다음 카
라비너를 끼우고 여섯 번 비틀었다. 그리고 보라색 웨빙에 단단하
게 연결했다.

배낭끈에 달린 시계를 보면서 시간을 확인했다. 오전 7시 58분.

206

칼날 2개 중에서 짧은 쪽을 펴고 손잡이를 잡은 다음 주먹을 꽉 쥐었다. 내 불그스름한 손가락 아래로 칼날이 불쑥 튀어나와 있었다. 그 칼을 오른쪽 팔 위로 들어 올리고는 전날 아침에 남긴 실패의 자국을 겨냥했다. 칼을 쥔 왼손이 팔 30cm 위에서 흠칫 멈췄다. 다시 칼을 들어 올렸다. 또 다시 멈칫거리기 전에 내 주먹은 4cm 길이의 칼날을 힘차게 내리꽂아 팔뚝의 살점 안으로 완전히 밀어 넣었다.

"아 맙소사, 아론, 무슨 짓을 한 거야?"

놀라움으로 앞이 제대로 보이지 않았다. 눈앞이 흐려지며 주위의 상황이 갈색 옛날 영화같이 보였다. 팔 쪽으로 고개를 숙였다. 그 칼이 내 팔에서 빗나가기를 얼마쯤은 바라고 있었다. 하지만 칼을 쥔 손을 폈을 때, 그 칼의 손잡이는 수직으로 내 팔에 꽂혀 있었다. 전날만 해도 상처조차 낼 수 없을 것 같더니 그날은 그렇게 되었다. 칼을 더 단단히 쥐고 가만히 흔들어 보았다. 칼날은 뭔가 단단한 것, 팔뚝의 뼈에 연결되어 있었다. 칼을 두드려 보니 칼날이 요골에 부딪히는 느낌이 들었다.

"정말 이상한 일이야."

갑자기 호기심이 생겼다. 피부 아래에서는 칼날이 거의 느껴지지 않았다. 신경이 팔의 바깥층에 모두 모여 있는 듯했다. 이를 확인하기 위해 칼을 뽑아 살갗 아래쪽을 갈라 보았다.

'아, 갈라졌다.'

살이 칼날과 함께 벌어졌다. 그 자리에 2.5cm 넓이의 구멍을 내자 그 안에 있는 것들이 드러났다. 고통이 사라지는 것을 느끼면서, 나는 피부 안에 찢긴 세포들에서 피가 거의 나오지 않는다는 것을 알았다. 모세관들이 잠시 동안 닫혀 있던 것이 분명했다. 그 일에 온통 마음을 빼앗긴 채 나는 칼로 갈라진 틈을 찔러 보았다.

피가 나는 구멍으로 칼을 다시 넣어 팔의 내부 조직을 살펴 보았다. 피부는 내가 생각했던 것보다 두 배 정도 두꺼웠으며 가죽처럼 질겼다. 피부 아래에는 근육 둘레로 노란 지방 조직이 막처럼 있었다. 이리저리 살펴보는데, 포도주색 피가 상처에서 새어나와 더 이상은 안을 볼 수가 없었다.

뼈를 다시 두드려 보니 두드릴 때마다 왼쪽 엄지손가락과 집게손가락에 진동이 느껴졌다. 주위 조직에 싸여있긴 했지만, 위쪽 팔뚝 뼈를 칼날 끝으로 치니 팔꿈치 쪽으로 울림이 왔다. 그 부드러운 톡톡 소리를 들으니 내 실험은 거기까지라는 것을 알 수 있었다. 나는 팔뚝 뼈를 잘라낼 수가 없었다.

그 암담한 결론은 잠시 미뤄둔 채, 나는 그 상황에서 재미있는 사실을 하나 발견했다. 내가 생물체를 해부해 본 것은 13년 만에 처음이었는데, 그 대상이 내 팔인데도 그때보다 훨씬 잘 해냈던 것이다. 중학교 3학년 자연과학 수업 시간에 커다란 그릇 안에서 나를 빤히 보던 양의 눈이 생각났다. 축촉이 젖은 그 눈을 도려내는 일이 얼마나 무섭던지 그 후로 난 해부가 필요 없는 화학과 물리 수업만 들었다.

흥분 때문에 땀을 흘리면서 칼을 내려놓고 물병을 집어 들었다. 물먹을 시간이 아직 아니었지만 나는 먹을 자격이 있었다. 물 몇 방울이 입술에 떨어지자 나는 눈을 크게 뜨고 물병의 검푸른 바닥을 덤덤하게 바라보았다. 물병을 계속 위로 기울이는데, 당연한 보상을 받는다는 생각과 이러면 안 된다는 생각이 뒤섞였다. 뭔가 못된 짓을 하면서도 개의치 않는 그런 느낌이었다. 내가 해서는 안 되는 일을 한다는 사실이 오히려 나를 더 짜릿하게 했다.

'그냥 마셔. 해치워 버려. 상관없어.'

입에 있는 물을 한 순간에 꿀꺽 삼켰다. 두 눈을 감았다…. 아, 너무도 잠깐 사이에, 나는 맑은 물의 마지막 한 방울까지 다 마셔 버렸다. 이제 물은 남지 않았다. 내 몸은 계속 물이 들어오라고 울부짖고 있었지만, 이제 물은 없었다. 콧마루 너머에 있는 그 물병을 멍하니 바라보다가 병을 흔들어 물병 벽에 붙은 마지막 몇 방울까지 털어 넣었다.

자, 이제, 물은 단 한 방울도 남지 않았다.

하지만 나는 그 문제를 오래 생각하지 않았다. 다 끝났다. 이제 걱정해야 할 일은 아무 것도 없었다. 물의 양을 재면서 초조하게 시간을 가늠할 일도 없었다. 지혈대를 벗기로 했다. 지혈대 때문에 팔이 아프기도 했지만, 절단은 불가능했기 때문에 그렇게 있을 이유가 없었다. 고무관을 쥐고 있던 카라비너의 고리를 열고 천천히 푸니 팔이 원래의 모양으로 다시 돌아왔다. 서서히 팔에 다시 피가 돌았다. 나는 상처 난 부분을 뚫어져라 쳐다보았다. 상처에서 이전보다 피가 더 많이 흐르지는 않았다. 출혈은 생각만큼 심하지 않았다. 지혈대가 별다른 역할을 하지 못한 것 같았다. 쐐기돌이 내 손의 동맥과 정맥을 누르고 있었기 때문에 팔에서 피가 별로 나지 않은 거라 짐작했다. 아마도 그래서 팔뚝도 돌처럼 차가워졌을 것이다.

비디오카메라를 꺼냈다. 이번에는 카메라를 손에 쥐고 절단의 결과를 녹화하기 시작했다. 쐐기돌 위에 놓인 모자와 끈, 그리고 지혈대 장비들이 화면에 나타났다.

"지금부터 녹화하는 부분은 집에서 모두들 보기에 적합하지 않을 수도 있어요. 지금은 8시가 조금 넘었어요. 깨끗한 물을 나머지 한 모금까지 전부 다 마신 것이 정확히 8시였고…그리고…어머니, 눈을 가려주세요…."

돌 위를 쭉 훑어가던 카메라 화면이 선홍색 피가 군데군데 흩어져있는 내 팔과 벌어진 상처를 비췄다. 팔에 있는 그 구멍을 보니 숨쉬기가 힘들어졌다.

"잠깐 팔 절단을 시도해 보았어요. 어떻게 되었냐면, 이런 칼로는 어림도 없었어요. 팔에 깊이가 1cm 정도 되고 넓이가 2.5cm 정도 되는 상처만 났죠. 피부와 지방 조직과 근육 일부를 베었어요. 힘줄도 베었다고 생각하는데 확실히는 모르겠어요. 어쨌든 그렇게 해봤어요. 그런데 정말이지 잘 안 되었어요. 이제 지혈대는 풀었어요. 피가 그렇게 많이 나지 않기 때문에 사실 지혈대가 조금 성가셨거든요. 정말 피가 거의 나지 않았어요. 참 이상한 일이죠. 맥박이 더 심하게 뛰고 피가 흐를 거라고 다들 생각했을 테지만, 참 이런 일도 있군요. 지금 나는 지칠 대로 지쳤어요. 물도 다 떨어졌어요."

테이프를 멈췄다. 어느 때보다 더 낙담이 되었다. 이제 나는 제일 먼저 나를 죽음으로 데려가기 위해 탈수와 저체온증과 홍수가 벌이는 시합에 짓이겨진 손에서 퍼지는 독소와 양쪽으로 벌어진 상처라는 또 다른 경쟁자를 끌어들인 셈이었다.

"더러운 칼로 네 몸을 찌르다니, 정말 기가 막힌 일이었어, 아론."

상처 부위에 출혈이 더 심해지지는 않을 거라 짐작하고는 먼지나 모래, 벌레들이 들어가지 않도록 상처를 덮기로 했다. 연어 빛깔의 티셔츠 아랫자락을 왼쪽 새끼손가락과 약지 손가락, 손바닥을 이용해 조심스럽게 잡고는 엄지손가락과 집게손가락으로 칼을 쥐고 셔츠에 구멍을 뚫었다. 그 구멍을 이용해 면 티셔츠를 내 허리 앞쪽에서부터 바깥으로 죽 찢어 팔뚝에 세 번 둘러 감았다.

구멍이 난 상처에 그제야 붕대를 감을 수 있었다. 갈까마귀가 한 바탕 소리를 내며 내 머리위에서 날갯짓을 했다. 한 번, 두 번, 날갯짓을 하면서 높이 날아오른 갈까마귀는 먹이를 찾아 그 날의 여행을 떠났다. 시계를 보니 오전 8시 31분이었다. 그 날 아침 갈까마귀는 15분이 늦었다.

행복한 기억들

또 아침이 되었다. 위쪽 암벽 깊은 곳에서 태양이 솟아오르면서 내 뒤쪽 협곡이 파스텔 빛 붉은색으로 빛나기 시작했다. 갈까마귀보다 태양이 더 정확하다는 것을 알게 된 나는, 아침 태양의 인사를 기대하며 그 날 아침 세 번째로 배낭에서 비디오카메라를 꺼냈다. 그리고 점점 더 가까이 다가오는 햇빛을 향해 두 무릎을 뻗는 내 모습을 녹화했다.

햇빛이 앞쪽 벽 위로 방향을 바꾸기 전에, 비디오카메라를 천천히 움직이면서 밝은 핑크색과 짙은 주황색이 협곡 아래로 넘실거리는 모습에서 시작해 내 장딴지가 그 귀중한 온기를 받아들이는 모습까지를 촬영했다.

"정말 아름답죠. 약…20분 동안은, 정말 열심히 애를 쓰면 태양을 조금은 무릎에 받을 수 있어요."

감옥 유리창의 창살 너머로 아름다운 풍경을 바라보고 있는 죄수처럼, 아침 빛 속에 잠긴 협곡의 아름다움을 바라보며 나는 그저 자유를 갈망했다.

테이프를 멈췄다. 그러자 내 생각은 협곡을 벗어나 이곳저곳에서 또 하루를 시작하고 있을 친구들에게로 이르렀다.

'지금쯤 누군가 나를 생각하고 있을까? 내가 돌아올 때가 지났다는 것을 확실하게 알고 있는 사람이 있을까?'

직장 지배인 브리언은 본격적으로 나서서 나를 찾지는 않더라도 이상하다고 생각하기는 할 것 같았다. 친구들, 그리고 그 친구들과 함께 했던 즐거운 여행, 함께 가보았던 장소들을 추억해 보았다. 겨우 27년을 살았지만, 내 나이의 두 배쯤 되는 사람과 맞먹는 모험을 한 듯한 느낌이었다. 콘서트에 함께 가고 야외 스포츠를 함께 즐긴 그 다정한 사람들이 내 곁에 있어준 것이 행운이라 생각했다. 친구들을 생각하다보니 절로 미소가 떠올랐다. 추억에 잠기다보니 손이 돌에 짓눌려있다는 고통도 잊을 수 있었다.

구조가 될 거라는 실낱같은 기대를 잠깐 잊고서 내 인생의 가장 빛나던 순간들을 기억하다보니 기분이 좋아졌다. 그 좋은 기분을 꼭 비디오에 기록하고 싶었다. 친구들이 그 비디오를 내 장례식장에서 보게 되지 않을까 하는 생각이 들었다. 그렇게 우울한 생각을 하는데도 이상하게 행복해졌다. 검은 옷을 입고 교회를 가득 메운 친구들이 성찬대 옆에 있는 커다란 TV화면으로 이제부터 내가 말하려는 내용을 듣는 모습을 그려보았다. 나는 모자를 고쳐 쓰고 목청을 가다듬었다. 그리고 억지로 침을 한 번 삼키는데 입이 말라있어 입술을 앙다물어야 했다.

"전에 내가 했던 말에 대해 생각해 봤어. 사람들에게 관심을 많이 쏟지 않은 것이 후회된다는 얘기 말이야. 잘 모르겠어. 어쩌면 그 말이 완전하게 진실은 아닐지도 모른다는 생각이 들었어.

그리고 좋아하는 사람들과 함께 다녔던 여행이 생각났어. 에릭과 존, 너희들과 함께 윈터 파크에 갔던 일, 음료수 깡통을 냉장고 위에 쌓던 일, 국수 가락을 천장에 붙이던 일, 그 모든 일들이 기억난다. 존, 우리는 롱스 피크를 올라가며 처음으로 4,200m 산을 정복했잖아. 그리고 작년에는 동부 해안을 비롯해 정말로 많은 곳을 분주하게 돌아다녔지. 너, 크리스티, 나 이렇게 셋이 다닌 여행은 정말 재밌었어. 너희 둘이 인생을 만들고 가꾸어 나가는 모습을 보는 일이 참으로 행복했어. 에릭, 너랑 매트, 브렌트 넷이서 마우이에 갔던 일이 자주 생각났어. 그 한 주 동안 정말 신났었지. 스트링 치즈 공연 *String Cheese Shows*을 보러 여러 곳을 찾아다녔던 일과 겨울 축제 기간 내내 여행했던 일, 라디오 방송국과 함께 하는 재즈 축제에 갔던 일도 생각난다. 아, 맞다. 그때 우리는 하루 두 세 시간 동안 뜨거운 욕조에 들어가 앉아 있다가 나가기를 닷새나 반복했잖아. 정말 말도 안 되는 일이었지."

나는 눈을 가늘게 뜨고 미소를 지었다. 뉴올리언스에서 광란의

한 주를 보내던 때가 떠올랐다. 그때 우리는 아침 9시부터 자정까지, 하루 평균 3시간을 자면서 닷새 동안 스무 개의 콘서트를 미친 듯이 즐겼다. 그리고 축제가 끝날 즈음에는 모두 너무 지쳐 술집 바닥 한가운데서 곯아떨어졌다. 맥주를 들이키는 사람들로 우글거리고 밴드 하나가 한창 두 번째 연주를 하고 있는 그 곳에서 말이다. 갈 수 있는 데까지 가보기 전에는 자신의 한계를 절대 알 수 없는 법이다.

"소냐, 함께 워싱턴 DC의 이곳저곳을 여행한 것 생각나? 하바수파이*Havasupai*에 갔을 때는 내가 절벽에서 선인장으로 떨어지기도 했고 강에 빠져 죽을 뻔도 했잖아. 제이미, 우리 둘이 여행을 갔던 때도 기억난다. 야영지에서 자고 새해 아침에 함께 잠에서 깨어나던 일은 정말이지 근사했어. 아."

힘이 다 빠질 정도로 웃고 나자, 마치 운명의 장난처럼 구사일생으로 살아났던 일들이 떠올랐다. 내 소중한 기억들 중에는 하마터면 죽을 뻔 했던 일도 여러 번 있었다. 긴장된 경험을 하면서 기쁨을 느낀 그런 때였다. 마음이 복잡하면서도, 내가 그 협곡에서 살아난다면 그와 똑같은 느낌을 갖게 될 거라고 생각하니 왠지 어떤 안도감이 들었다.

"아, 가족들과 함께 했던 환상적인 여행들도 생각나요. 아버지, 아버지와 함께 게티즈버그를 둘러보고 버지니아와 펜실베이니아의 역사를 공부해보는 특별한 여행을 하기도 했죠. 아버지와 함께 처음으로 캐니언랜드와 자이언, 브라이스, 캐피톨 리프, 아치스를 가보았는데, 그때의 경험 때문에 나는 그 후로도 사막을 찾게 되었어요.

그런 여행을 함께 해 주셔서 고마워요. 정말 행복한 시간이었어요."

내가 누린 행운에 새삼 놀라며 나는 고개를 흔들었다. 내 능력으로는 그 기억들을 순서대로 정리할 수가 없었다. 기억들이 어지럽게 이리저리 나뒹굴기 시작했다.

"개리 스코트, 당신과 함께 데날리로 갔던 우리 여행은 내가 직장을 그만두는 계기가 되었어요, 고마워요. 지금 에베레스트에 있다는 것 알아요. 행운을 빌어요. 지금쯤 아마 제 3캠프에 있겠지요? 안전하게 등반하고 오길 바랍니다. 아, 저드슨이 레이니어산에 같이 가려고 내가 있는 곳으로 갑자기 왔던 때도 생각난다. 우리는 오후에 정상에 오르고 난 뒤 3,750m 지점에서 낮잠을 잤지. 그날 우리는 새벽 2시에 등반을 시작했어. '5분만 더 가면 뮤어*Muir*캠프야!' 그러면서. 하지만 그렇지 않았지."

저절로 미소가 퍼졌다. 그때 저드슨은 얼마나 더 가야 캠프에 도착하는지 계속 물었다. 나는 캠프 위치를 알고 있었는데도 달빛만 있는 밤이 되니 방향 감각이 없어져 버렸다. 그래서 "진짜로 5분만 더 가면 캠프에 도착할 거야"라고 진지하게 얘기했다가 또 "5분만 더"라고 소리치고, 그러다가 결국 줄잡아 열 번도 넘게 "5분만 더"를 외쳤다. 정작 캠프에 도착한 것은 동틀 무렵이었다.

"저드슨이 제대로 알지도 못하면서 큰소리 친 나를 절벽 아래로 떨어뜨리지 않아서 정말 다행이었어. 칩, 언젠가 우리 둘이 계획 없이 갑작스러운 여행을 한 적이 있었지. 아, 정말 근사한 날들이었어. 친구 에릭 켐니쯔와 여러 곳을 돌아다녔던 때도 기억난다."

피로가 밀려오면서 말을 조리 있게 하기가 힘들어졌다. 잠을 자지 않으니 생각하는 능력이 둔해졌다. 휴식이 필요했지만 잠을 잘 수가 없었다. 왼쪽 팔꿈치를 뒤쪽 벽에 기대고 손으로 머리를 떠받친 채 계속 이야기했다.

"모두들 정말 고마워. 행복한 시간을 갖게 해줘서 고마웠어. 놈과 샌디, 집을 멀리 떠나 있는 내게 너희들은 가족과도 같았어. 이렇게 멋진 친구들을 키워 주신 친구들의 부모님께도 감사해요. 지난 6개월 동안 함께 해 준 아스펜의 친구들, 진짜 멋진 녀석들, 너희 모두에게 감사를 전한다. 브라이언, 젠 벨커, 브라이언 곤잘레스, 마이크 체크, 고마워. 레이철, 너는 멋진 여자야. 고마워 레이철. 나와 함께 해준 수많은 사람들에게도 똑같은 말을 하고 싶어요. 고맙게도, 그 얘기를 할 수 있게 됐어요. 모두 사랑해요. 영원히."

그 모든 말들을 하고 나니 행복해졌다. 삶이 내 눈 앞에서 느린 시간표에 따라 스쳐지나가는 것 같았다. 죽음을 마주하고 있을 때 사람이 온갖 추억을 떠올리게 되는 것은 무슨 이유일까. 사람들이 작별 인사를 하는 과정으로 가족들의 모습을 떠올린다고 짐작했지만 그게 다가 아니라는 생각도 들었다. 가족에 대한 기억들이 내게 해준 일, 그러니까 내 안에서 긍정적인 에너지가 넘치게 하고 미소 짓게 해주고 행복하게 해준 일을 기억하면서 그 진짜 이유를 알아내보려 했다. 아마도 행복했던 옛 추억들을 떠올려보는 것은 우리의 잠재의식 속에 내재되어 있는 생존본능이며, 우리의 삶을 지키고자 뇌가 마지막으로 시도해보는 확실한 전략일 지도 몰랐다. 단지 흥분만으로는 공격이나 도피 반응을 제대로 이끌어내지 못해 조금의 전의도 남아 있지 않게 될 때, 옛 추억이 활동을 시작하면서 우리에게 계속 싸우도록 힘을 주는 것 같았다. 그리고 금방이라도 닥칠 것만 같은 죽음 앞에서 뇌는 자동적으로 작동하면서 우리에게 이렇게 얘기해 주는 것이다.

"이제 다 끝났다고 생각하는 거야? 너를 걱정하는 사람들은 다 어떡하라고? 네가 사랑하는 사람들은 도대체 어떻게 할 거야!"

그러면 머리에서 쿵하는 소리가 들리면서 조금이나마 용기가 생긴다. 아마도 그래서 우리에게 사랑한다고 말해 주는 사람이 없을 때 혹은 사람들이 우리를 사랑하든 아니든 관심이 없을 때 자살의 유혹을 강하게 느끼는지도 모른다. 그럴 때에는 떠올릴 수 있는 삶의 추억이 없기 때문에 우리를 지탱해주는 힘도 사라지게 된다. 그래서 우리의 뇌는 애초에 기억들을 저장해 놓았다가 종반전이 되면 굳어진 몸을 자극하는 것일 게다. 뭐, 어떻든 상관없었다. 어쨌든 나는 행복과 용기를 되찾을 테니까. 그런 의미에서 이런 심리학 가르침을 하나 남기려 한다.

"내 마음이 행복한 것, 그것이 가장 중요한 일이다."

마지막 밤

정오가 되었다. 나는 여전히 협곡 벽에 앉아 죽음을 기다리고 있었다. 이상하게도 다시 요의가 느껴졌다. 바지 지퍼를 열기 전에 보관중인 소변을 다른 곳에 옮기기로 했다. 그러나 수낭 물통에 있는 소변에서 좀 더 깨끗한 윗부분을 쏟아내는 것은 가히 도전이라 할 만했다. 빈 물병을 허벅지 사이에 끼워 고정하고 한편으로는 푸른 색 수낭의 물통 위쪽 끝을 이로 물었다. 그 상태로 물통을 기울이자 침전물이 입구의 한쪽으로 몰렸다.

손가락으로 바이트 밸브를 쥐고는 액체를 천천히 물병으로 흘려 보내니 소금 침전물이 그대로 남았다. 수낭의 물통에는 그 침전물 만 남긴 채, 물병의 뚜껑을 닫고 쐐기돌 위에 놓은 다음 푸른 색 물 통에 남은 것들을 발 뒤쪽 모래에 버렸다.

으. 냄새가 고약했다. 그러고 나서 수낭의 물통에 소변을 보고 뚜 껑을 닫은 다음 물병 옆에 놓았다. 소변은 색이 굉장히 짙었지만 톡 쏘는 냄새가 나고 따뜻했다. 소변이 식으면서 침전물이 가라앉을 때까지 두었다가 다시 물병에 옮겨 닮을 생각이었다. 식으면 맛이 그렇게 고약하지 않았다.

화요일 오후 1시 30분. 한 번 더 기도해 보기로 했다. 이번에는 내가 어떻게 해야 할 지에 대한 답을 이미 알고 있었다. 남은 것은 단 하나, 죽음 아니면 구조를 기다리는 일 뿐이었다. 그 중 전자가 더 가능성 있어 보였다. 그래서 인도나 지시를 구하는 대신 인내를 달라고 청했다.

"하나님, 또 접니다. 저에게는 여전히 당신의 도움이 필요합니 다. 이제 물도 음식도 남지 않았습니다. 이제 곧 죽을 거라는 것을 저도 알고 있습니다. 다만 자연스럽게 그 길로 가고 싶습니다. 앞으 로 어떤 일을 겪든, 삶을 연장하려고 애쓰지 않겠노라고 결심했습니 다. 그렇게 할 수도 있겠지만, 그런 식으로 죽고 싶지 않다는 생각이 들었어요. 내가 하루를 더 살 거라고는 생각하지 않습니다. 이미 사흘이 지났어요. 수요일 아침을 넘길 것 같지는 않습니다. 하지만 하나님, 제 존재를 거스르는 행동을 하지 않을 수 있는 의지를 허락해 주세요."

내가 갇히고 나서 세 번째 24시간이 지나갔다. 오후 3시. 남은 물도 없었고, 그곳에서 빠져나가기 위해 더 이상 해볼 수 있는 일도 없었다. 더 이상 뭔가를 결정해야 할 일도 없었다. 밤이 올 때까지는 몸을 움직여 해야 할 일도 없었다. 오후의 그 시간은 가장 따뜻할 때였으므로 내가 할 일이라고는 혈액순환을 원활하게 하기 위해 자세를 조정하는 것이 전부였다.

몸을 위해 해야 할 일이 없자 내 신경은 마음을 다잡는데 온통 집중되었다. 잠을 자지 않으니 외부의 자극이 존재하지 않는 듯했고, 어떤 때는 존재하지 않는 자극을 존재하는 것으로 착각하기도 했다. 캥거루 쥐의 굴에 대한 수수께끼를 풀고 난 뒤에도 사람의 목소리를 두 번 더 들었지만, 그것은 내 머리가 만들어낸 가짜 소리일 뿐이었다.

내 의식적인 생각과 이성은 아주 가는 실 하나로만 연결되어 있었다. 내가 자칫 어떤 것을 놓쳐서 경솔하고 위험한 결정을 내리게 될까봐 조심스러웠다. 추억을 더듬는 동안 시간은 아주 빠르게 지나갔다. 나는 반복하고 반복해서 그 추억들 속으로 들어갔다. 한참을 그러고 있다가, 앞으로 가족들이 정리해야 할 내 소유 재산 약간을 생각해 내고는 또 다시 녹화를 시작했다. 힘겹고 바튼 숨소리가 협곡에 울렸다. 녹화를 시작하기 전에 호흡을 가다듬으려 했지만,

몇 마디를 하고 나면 어김없이 멈추고 숨을 몰아쉬어야 했다.

"다시 실제적인 얘기를 할게요. 제게 주식이 조금 있어요. 일부는 처분했고 일부는 아직 가지고 있어요. 가족 중 누구라도 필요한 사람이 써주세요. 내 시신을 수습한 수색 구조대에게도 사례를 해야 할 것 같아요."

얼마 안 되는 재산이지만 그래도 부모님이 처리하기 쉽도록 기본 사항들을 다 얘기하고 나니 마음이 가벼워졌다. 하지만 정말로 내 머릿 속을 온통 차지하고 있던 것은 바로 음식과 물이었다. 차갑고 즙이 많은 넥타, 시원한 디저트, 촉촉하고 맛있는 모든 것들….

"포도 주스, 마르가리타*Margarita*, 오렌지 주스, 아이스캔디, 내가 즐겨먹던 모든 것들이 끊임없이 생각나요. 오렌지와 탄제린*tangerine*도요. 아, 그 음식들이 너무 생각나요.

지금쯤 누군가가 부모님에게 연락을 했고 그래서 두 분이 내가 없어진 것을 알고 계실 가능성이 크다고 생각하는데, 음, 모르겠어요."

내가 없어진 것을 부모님이 아셨을 때, 그때까지 내가 살아있기를 바랐다.

약 40분쯤 지나서, 그러니까 4시가 되기 전에, 마지막으로 남은 멕시코 빵의 포장을 벗겨냈다. 허연 밀가루가 바짝 말라붙어 있는 것이 수분이라고는 전혀 없었다. 정오에 한 입 먹었던 멕시코 빵은 마치 스펀지처럼 내 몸의 수분을 다 빨아들이는 것 같았다. 그래서 그 빵을 또 먹는 것이 도움이 될 지 다시 한 번 생각해 보아야 했다.

그 마지막 조각이 나를 지탱해주기는커녕 오히려 내 몸의 수분을 다 말려버리지는 않을까? 알 수가 없었다. 내가 알 수 있는 건 배가

고프다는 사실뿐이었다. 포장지에 있는 영양소 성분을 보니 지난 72시간 동안 내가 두 개의 빵에서 500㎉를 섭취했으며 그 마지막 남은 빵조각에서 50㎉ 정도를 섭취할 수 있을 것 같았다.

나는 평소에 일일 평균 열량 섭취 권장량의 두 배, 다시 말해 4,000~5,000㎉를 먹었다. 토요일부터 제대로 된 음식을 먹지 못했으므로 내 몸은 남은 열량은 이미 다 소모되었다. 몸에 남아 있는 것이 거의 없었으므로 내가 그 빵조각을 먹든 아니든 별로 중요하지 않았지만, 뱃속에 뭔가 들어가긴 해야 할 것 같았다.

바짝 마른 빵을 입안으로 집어넣고 20초 동안 씹은 다음, 물병에 있는 소변을 한 모금 마셔 그 짓이겨진 덩어리를 부드럽게 했다. 아, 그 맛은 고약했다. 나는 얼굴을 찡그리며 10초를 소변과 함께 더 씹은 다음, 그 역겨운 음식을 삼키고 또 한 번 쓴 소변을 삼켰다.

애초에 멕시코빵 조각을 소변에 적신 다음 입안에 남아 있는 침을 이용해 삼킬 걸 그랬다는 생각이 들었다. 그랬다면 나중에 소변을 또 한 번 삼키지 않아도 되었을 테니까. 하지만 상관없었다. 이제 남은 식량이 없었으므로 그런 일을 또 해야 할 필요도 없었다. 나는 초코릿 바 포장지를 핥고 또 핥았으며, 머핀 가방에서 빵 부스러기까지 다 찾아 먹었고, 멕시코 빵도 남김없이 해치웠다. 그게 다였다. 이제 소변을 먹으며 살아야 했다.

이제 서서히 죽음을 향한 마지막 카운트다운이 시작되었음을 알 수 있었다. 그날은 힘든 밤이 될 것 같았다.

친구

토요일 저녁, 일요일 아침

토요일 저녁에 크리스티와 메간은 나와의 약속장소에 제시간에 도착했지만 나를 만나지 못했다. 등반이 아직 끝나지 않은 것인지 아니면 먼저 파티에 간 것인지 알 수가 없었다.

"그냥 곧바로 아론이 말한 스쿠비두 파티장소로 갈까?"

"그런데…, 사실 너무 피곤해. 파티에 가면 밤새 술을 마시게 되잖아. 그러고 나면 우리 야영장이 만원이 될 테니 다른 곳을 찾으러 사막을 헤매고 다녀야 할 거야."

"하긴 그러네."

둘은 잠깐 생각하다가 결론을 내렸다.

"그럼, 오늘은 그냥 야영지로 돌아가 쉬고 내일 아침에 약속 장소로 가보자. 내일 아론이랑 등반하기로 했잖아. 그때 만날 수 있을 거야."

다음날 오전 11시가 좀 넘어 두 사람은 나와 등반하기로 했던 곳에 도착해 도요다 다코마 옆에 주차했다. 크리스티가 그 차를 먼저 발견하고 말했다.

"아론의 차가 어떤 종류였는지 기억해?"

"음, 아론에게 못들은 것 같은데."

메간이 전날의 피로가 아직 풀리지 않은 표정으로 말했다.

크리스티가 말했다.

"저 도요타가 아론 차인 것 같아. 차에 스키와 자전거가 있어. 그리고 콜로라도 번호판이잖아. 아론 차가 틀림없는 것 같아."

"아론이 벌써 이 협곡에 와 있나봐. 이 협곡은 편도 코스니까 만일 아론이 협곡에 와 있다면 나오는 길에 우리와 만나게 될 거야."

하지만 두 사람은 그날 끝내 나를 만나지 못했다.

"아론이 우리보다 먼저 다녀갔거나 아니면 술에 너무 취해서 오늘 등반을 포기한 것 같아."

"왜 우리가 아론의 전화번호를 받지 않았을까?"

"다시 만나기로 했으니까."

"그래, 하지만 난 항상 전화번호나 이메일 주소를 교환했는데 이상하게도 아론에게는 그렇게 하지 않았어. 아론은 정말 괜찮은 사람이었는데 말이야."

두 사람은 그 날의 여행을 마치고 나서 다시 주차장으로 갔다. 그리고 주말여행에서 남은 물건들을 자신들의 차에 싣고는 다음 날 출근하기 위해 집으로 돌아갔다. 메간은 내게 무슨 일이 생겼는지 궁금했지만, 별일이 있으리라고는 전혀 생각하지 않았다.

월요일

우리 집은 온통 정신이 없었다. 내 룸메이트들은 시즌이 바뀌면서로 나가고 들어오는 것을 축하하는 성대한 파티를 했다. 평일 밤에 열리는 파티였지만 참석하는 인원 수에는 별 상관이 없었다. 참석자 중 다음 날 꼭 해야 할 일이 있는 사람은 거의 없었으니까. 시즌이 끝났으므로 중요한 업무에서 해방될 수 있었다. 작은 나무통 하나를 가져다 놓고 고기를 구울 재료를 쌓아두고, 집 둘레에 장식

전구를 매달고 50명 정도 초대했다. 공간을 넓히기 위해 집의 거실 벽인 차고 문을 말아 올려 30여 평 크기보다 좀 더 넓게 만들었다. 그 지역에 있는 집들 대부분이 그렇듯 내가 사는 집도 115년의 세월 동안 몇 차례 수리를 했다. 그래서 집에는 눈에 띄는 특징 하나가 생겼는데, 그 중 하나가 거실의 서쪽 벽에 설치된 말아 올리는 차고 문이었다.

월요일 오후에 브래드와 레아, 레이철 폴버를 비롯한 친구들이 모습을 나타내기 시작했고, 태양이 소프리스 산을 넘어가기도 전에 각자 가져온 음식은 바닥이 났다. 레이철은 왕성한 식욕을 가진 내가 그 파티에 나타나지 않은 것이 이상했지만, 레오나는 내가 정식 파티 때에 맞춰 유타에서 돌아올 거라고 하면서 레이철을 안심시켰다. 친구들과 지인들이 점점 더 모여들고 파티가 떠들썩해졌다. 탁 트인 벽 밖으로 음악이 울리면서, 룸메이트들은 내가 보이지 않는 것에 대해 음악소리보다 더 크게 이야기했다.

엘리엇은 맥주 잔을 손에 들고 물었다.

"브라이언, 아론 못 봤어? 내가 알기로는 아론이 내일 출근을 해야 하는데 말이야."

"아마 아직도 여행 중일 거야. 수요일 이후로 못 봤어. 이봐, 아론이 파티에 대해 알고 있어?"

브라이언이 레오나에게 물었다.

레오나는 레이철에게 했던 말을 되풀이했다.

"그래, 아론이 떠날 때 파티에 맞춰 돌아오겠다고 말했어. 내가 화요일에 떠나니까 그때까지밖에 기다릴 수 없다고 했더니 이곳으로 오겠다고 말했거든. 내 송별 파티니까 아마 빠지지 않을 거야. 만약 그러면 내가 가만두지 않을 테니까."

"몇 시지? 아론이 밤늦게 온다면 오자마자 곯아떨어질 텐데."

엘리엇은 혹시 내가 도착하자마자 가서 자려고 하면 시끌벅적한 소리를 낮춰야 할까봐 걱정했다.

"파티 소리가 요란하면 아론이 제대로 잠을 자지 못할 거야. 어쩌면 아론이 미리 그 생각을 하고 다른 곳에 들러서 자고 있을지도 모르겠다."

"사람들을 몽땅 쫓아내는 것보다는 그쪽이 낫겠군. 파티가 꽤 오래갈 것 같으니 말이야."

브라이언 말이 맞았다. 파티는 한참동안 계속 되었다. 브라이언은 자정이 되기 직전에 잠자리에 들었지만, 조와 레오나는 마지막 손님들을 안내해 버스를 잡아주고 집으로 돌아왔다. 그때는 새벽 2시가 훨씬 넘은 시간이었다.

화요일

내가 아침 8시 15분이 되어도 직장에 출근하지 않자, 지배인 브라이언이 내 집에 전화를 했다. 그 소리에 깬 레오나는 숙취로 잘 떠지지도 않는 눈으로 방안을 비틀거리며 전화를 받았다.

"레오나, 브라이언이에요. 아론 있어요?"

브라이언의 목소리는 약간의 걱정과, 답을 들을 수 있을 거라는 기대가 함께 묻어 있었다.

"뭐라고요? 아론이 안 왔다고요?"

레오나는 정신이 번쩍 들었다.

"그래요, 출근도 안 하고 전화도 없어요. 난 아론이 휴가가 지난 줄도 모르고 잠을 자는 줄 알았죠. 아론의 차는 거기 있나요?"

레오나는 부엌 창문 쪽으로 가서 나무를 엮어 만든 담 앞의 주차장에 내 차가 있는지 확인했다.

'아론은 늘 출근 직전까지 휴가를 즐겨. 아마 밤새 여행하다가 오늘 아침 바로 출근했을지도 모르지.'

그래서 내가 집에 들어왔다가 나간 흔적이 있는지 내 방을 살펴보았지만 방에는 아무 것도 없었다. 뭔가 이상했다.

"아론이 내 흉내를 내는 거 아니에요? 근무가 바뀐 걸 잊었나 봐요."

레오나가 자신의 실수로 농담을 하며 웃자 브리언도 따라서 킥킥대며 웃었다. 예전에 레오나는 자신의 근무 시간을 잊어버린 것도 모자라 일주일이나 지나서 출근 했는데 그마저도 지각한 적이 있었다. 그 일로 레오나는 늘 사람들의 입에 오르내렸다.

"그럴지도 모르지만, 아론은 회사를 나서면서 화요일에 만나자고 했어요. 오늘이 자신의 근무일인 건 알고 있었어요."

"그렇다면 아직 유타에서 오는 중인가 봐요. 1시간쯤 있으면 그곳에 도착할 것 같은데요."

"그렇겠죠? 좀 더 기다려 보죠. 레오나는 언제 떠나요?"

"1시간 쯤 뒤에요. 이제 차에다 짐을 실으려고요."

"그렇군요. 만약 아론을 보게 되면 전화해 주세요."

"그럴게요. 안녕히 계세요."

레오나는 전화를 끊었지만 마음이 무거워 방을 이리저리 서성였다.

한참을 그러고 있다가 아주머니의 자동차에 소지품을 실으며 떠날 채비를 했다. 하지만 차에 짐을 싣는 동안 걱정되는 마음도 더 커져갔다.

'설마….'

브리언도 내가 이전에 15분 이상 늦어본 적이 한 번도 없다는 사실에 걱정이 되기 시작했다. 그는 10분 후 매장으로 내려가 등반가인 다른 직원 샘 업튼에게 내 이야기를 했다.

"아론 봤어?"

샘은 전시장의 운동화를 정리하다가 브리언을 올려다보며 대답했다.

"아뇨. 참, 오늘 아침에 캠핑 매장 벽을 다시 고치기로 하지 않았나요?"

브리언은 샘의 질문을 무시하고 다시 물었다.

"전화나 뭐 그런 것 없었어?"

그제야 샘은 브리언의 목소리에서 긴장감을 느꼈다.

"아뇨. 뭐 잘못 되었어요?"

"모르겠어. 레오나하고 방금 통화했는데 집에도 없대. 레오나 말이 집에 다녀간 흔적도 없다는 거야. 지금 8시 30분이지? 몇 분 이상 늦어본 적이 없는 사람인데."

브리언은 내가 심각한 문제에 빠지지 않은 이상 출근하지 않을 리가 없다고 확신했다. 분위기를 알아챈 샘이 물었다.

"아론이 사고를 당했다고 생각하는 거예요?"

"아, 모르겠어. 분명한 건 아론이 괜히 일을 빠지지는 않는다는 거야. 뭔가 나쁜 일이 일어난 걸지도 몰라."

"길을 잃거나 다쳤을 수도 있죠. 아, 길을 잃지는 않겠지만. 아론은 항상 나침반과 고도계를 가지고 다니는데다 길 찾는 데 익숙하잖아요."

샘이 말했다.

"그래, 나도 알아. 80km 떨어진 곳에서도 하루면 찾아올 거야. 그런 것쯤은 문제가 아니지. 맞아. 아론은 강하니까 무슨 일이 일어났다고 해도 빠져 나올 거야. 다리가 부러졌다면 기어서라도. 시간이 걸리긴 하겠지만 빠져 나올 거야. 그래. 24시간만 더 기다려 보자."

브리언은 이렇게 결론 내렸고 샘도 그 말에 동의했다.

레오나는 아무래도 걱정을 떨칠 수 없었다. 그래서 매장에 전화를 해 브리언과 총지배인인 폴과 통화했다. 그러면서 일주일 쯤 전인 수요일 밤에 나를 마지막으로 보았을 때를 자세히 설명했다.

"아론은 등반 장비와 자전거를 가지고 나갔어요. 등반을 좀 하고 협곡도 탈 거라고 했어요. 아론은 '아, 자전거를 탈 땐 이게 필요해. 등반을 할 거니까 저것도 좀 가져가야지' 하면서 짐을 꾸렸죠. 보통 때는 목적지를 알려주는데 이번에는 어디로 갈 건지 자기도 잘 모르는 것 같았어요. 유타의 캐니언랜드에 갈 거라고만 했어요. 하지만 정말 그곳에 갔는지는 알 수가 없어요."

해가 저물어갈 무렵, 브리언은 폴과 이야기하면서 다시 결정을 굳혔다.

"내일 아침 9시까지 기다려봐요. 등반가라면 누구나 구조 헬리콥터가 뜨기 전에 자기 스스로 탈출하고 싶어 할 거예요. 만일 아론이 내일까지도 나타나지 않으면, 아론의 부모님에게 전화를 하고 행동을 시작하죠."

화요일 저녁

룸메이트인 브라이언과 조는 근무가 끝나자마자 집 거실에 앉아 차고 문을 올려놓고 쉬면서 통에 남은 맥주를 마시고 있었다.

"그런데, 아론은 어떻게 된 거야?"

조가 물었다.

"아직 안 왔어. 레오나가 직장에 오늘 아침에 전화했나봐. 아론이 출근을 안 했대."

브라이언이 대답했다.

"우리가 뭘 해야 하지? 경찰에 전화라도 해야 하는 것 아니야?"

조도 뭐가 옳은 행동인지 확신하지 못한 채 한 말이었지만, 그 말을 듣고 브라이언은 한참을 생각하더니 대답했다.

"그래야 할 것 같아."

그리고 발치에 있는 탁자에서 전화번호부를 꺼내 아스펜 경찰서 번호를 찾았다. 전화번호를 누르니 벨이 울리기 무섭게 담당자가 전화를 받았다.

"친구가 어젯밤에 여행에서 돌아오기로 되어 있었는데 하루가 지나도록 오질 않았어요. 실종된 것 같아서요. 확실하진 않지만 겪정이 되요. 어떻게 해야 될까요?"

"실종자 신고를 하세요. 24시간이 지났다고 하셨죠?"

"예, 유타에서 어제 돌아오기로 했는데 오늘도 출근하지 않았어요."

"실종자의 이름이 뭐죠?"

브라이언은 내 이름과 나이, 대략적인 키, 몸무게, 인상착의를 이야기했고, 담당자는 경찰 컴퓨터에 그 내용을 입력했다.

"자동차 번호는 알고 계세요?"

"아, 예, 잠깐만요. 어딘가에 적혀 있을 거예요."

브라이언은 내 방으로 가서 내가 두 달 전에 단독 여행 갔을 때 썼던 등반 일정 기록을 찾아냈다. 거기에는 내 자동차의 번호 NM846-MMY와 연식 그리고 모델명이 적혀 있었다.

"그 사람이 어딜 간 것 같아요? 유타라고 했나요?"

"목요일에 소프리스 산에 스키를 타러 간 것으로 알고 있어요. 그 친구는 여행장비를 모두 가져갔거든요. 유타에 있는 모아브 지방으로 간다고 들은 것 같아요."

"더 자세한 내용은요? 그냥 모아브라고 했습니까?"

"그래요. 보통 때는 여행 일정을 남기는데 이번에는 전혀 남기질 않았어요."

"알겠습니다. 우선은 이 정도로 됐습니다."

그들은 전화를 끊었다.

하지만 담당자는 내가 실종된 기간이 아직 경찰이 행동을 시작할 정도는 아니라는 말을 브라이언에게 하지 않았다.

chapter 10

닷새째. 환상여행

어떤 선택을 시험하는 진정한 방법은 '내가 또다시 같은 선택을 할 것인가?라고 묻는 것이다. 어느 누구도 자신이 이해하지 못하는 선택 너머를 볼 수는 없다.

오라클*Oracle*

'매트릭스 레볼루션*Matrix revolution*'

친구들, 유령들, 마실 것

행복해 보이는 상아빛 얼굴들이 나를 보며 웃고 있었다. 협곡의 붉은 자궁 같은 벽에서 반쯤 튀어나와 있는 그 얼굴들은, 초현실적으로 창백한 대머리였다. 알 수 없는 친밀감 때문에 나는 그 얼굴들을 더 자세히 들여다 보았다. 그것들은 서서히 움직여 나를 비켜 지나갔다. 나이는 나와 비슷하거나 조금 더 많아 보였다. 나는 그 얼굴들이 내 친구인 양, 아니 그 얼굴들이 내 친구들의 얼굴인 양 편안함을 느꼈다. 하지만 누구의 얼굴인지 알 수가 없었다. 그것들은 내가 미처 알아내기 전에 나를 스쳐 지나가 버렸다. 그 잔잔한 움직임을 내가 즐기고 있다는 생각이 들면서 한편으로는 걱정도 되었다.

'무슨 일이 일어나고 있는 걸까?'

'내 주위에 있는 이것들은 다 뭘까?'

'여기는 어디지?'

'이건 꿈인가?'

갑자기 롤러코스터를 타듯 나는 위로 상승하기 시작했다. 이제는 얼굴들을 볼 수 없었다.

'얼마나 높이 왔을까? 100m는 왔을 거야.'

내 몸의 피부가 요동치는 느낌이 강해지더니, 롤러코스터를 탄 느낌에 진동이 더해지며 다리와 허리와 몸통과 등이 당겼다. 진동이 점점 더 강해지면서 나를 심하게 흔들며 괴롭혔다. 이제 그 꼭대기에 무엇이 있는지 알고 싶어졌다.

'어떤 출입구가 있을 거야.'

진동 때문에 심한 경련이 일었다. 꼭대기 다음에 무엇이 있는지 알아낼 수 없었다. 내 몸은 금방이라도 폭발할 것처럼 격렬하게 떨렸다.

꿈과 같은 그 떨림은 진짜 떨림으로 변했다. 내 몸은 협곡의 음침한 손아귀에서 벗어나려고 애를 썼다. 화요일 밤, 해가 진 직후였다. 잠을 자지 못한 내 마음이 그 함정에서 벗어나는 상상의 비행을 했던 것이다. 비록 몸은 그렇게 하지 못했지만 적어도 영혼은 그곳을 벗어났다.

비교적 따뜻한 날씨와 피로 때문에 마음이 흐트러져 스판덱스 자전거 바지를 미처 다시 입지 못했다. 하지만 저녁이 되자 다가오는 한기는 어김없이 또 9시간의 지루한 싸움을 예고했다. 그날 아침에 팔 절단을 하기에 앞서 그 바지를 벗어 버렸다. 절단에 성공할 거라고 생각하고는 바지의 폭신한 안감을 흡수 붕대용으로 팔에 감을 계획이었지만 당연히 그 바지를 사용할 일은 없었다. 그 물건의 효과를 시험해 볼 기회를 갖지 못해 실망이 되기도 했지만, 더 이상은 팔을 절단해 보려는 시도를 하지 않기로 했다. 몸의 기능이 점점 더 떨어지고 있었기 때문에 더 이상 팔을 자르려고 시도하는 것은 분명 자살행위였다. 탈수가 몰고 오는 죽음은 내가 토요일에 생각했던 것보다 훨씬 가혹했다. 거기다 어쩔 수 없는 불면증 탓에 육체의 고통은 더해졌고 머릿속에는 4차원의 환상이 펼쳐졌다. 나는 더 이상 정상적인 시공에 존재하지 않았다. 시간이 갈수록 뇌의 기능이 점점 파괴되었다. 나빠질 대로 나빠진 내 상황을 생각할 때 수요일 아침까지 살아남는 것은 또 하나의 성취가 될 듯했다.

'처음에는 화요일 저녁까지도 못 버틸 것 같았지만, 난 살아남았어. 아마 이번에도 견뎌낼 수 있을 거야. 그냥 버티는 거야. 그것만이 내가 할 수 있는 일이야.'

버티기 위해서는 무엇보다도 체온을 유지하는 것이 중요했다. 자전거 바지를 얇은 황갈색 바지 안에 입기로 했다. 그렇게 하는 데에도 10분 가까이 걸렸다. 지지 자일 장치에서 안전벨트를 떼어낸 다음 허리 벨트를 풀고 안전벨트를 떨어뜨렸다. 그러고 나서 바지를 벗었는데, 헤드라이트 불빛에 보이는 창백하고 앙상한 다리를 잠시 놀라서 바라보았다. 원래도 그리 통통하지 않았던 몸이 10kg 가까이 빠진 것 같았다.

'내 몸뚱이가 다 없어지려면 아직 한참이나 남았지만, 슬프게도 이 몸뚱이는 다 사막의 동물이나 벌레의 먹이가 될 거야….'

나는 자전거 바지를 끌어 올렸다. 어둠이 협곡을 또다시 점령했다.

'이제 그 무시무시한 추위가 날 또 때리러 오겠지. 오늘밤도 살아남을 수 있을까.'

계획에 따라 다리에 자일을 감는 일을 수도 없이 반복하는 동안에는 안정이 되지 않고 불안했지만, 발작적인 떨림이 일어나는 사이사이 10분간의 평안함을 얻을 때는 이상한 환상 여행을 떠나게 되는 일이 많아졌다.

내 영혼은 자유를 갈망했고, 내 몸을 몇 번씩이나 떠났다. 혈관 속을 지나는 여행처럼 황홀한 꿈을 꿀 때도 있었고, 어느 일요일 오후에 비행기를 타고 태평양을 건너다가 허공에서 쏟아지는 빛 속으로 들어갔던 날처럼 내가 몸을 빠져나와 위에서 나를 내려다 보는 때도 있었다. 그럴 때에 내 영혼은 협곡에서 벗어났다. 그리고 반쯤 투명한 몸을 가진 친구들, 협곡을 떠도는 유령과도 어울리기 시작했다. 유령들은 절대 소리를 내지 않고 오직 몸짓으로만 이야기했는데, 공기의 흐름으로 그들의 감정이 어떤 식으로든 전달이 되었다. 만일 그 유령들이 '안전해, 괜찮아'라고 얘기하고 싶어 하면 나는 내가 안전하다고 느꼈다. 그리고 '이봐, 조심하는 게 좋을 걸?' 같은 불안한 생각조차도 나는 그다지 무섭지 않았다. 그 환영 속에서 나는 완전하게 편안했으니까. 그리고 그러한 환상 속에 있을 때면 상대나 장소에 상관없이 언제나 소리 없는 음성이 있어서 나 자신을 돌아보아야 할 때를 알려 주었다. 나는 내 몸이 저체온증으로 경련을 일으키기 전까지는 꼭 몸속으로 돌아와야 했다. 그리고 언제가 그때인지 알고 있었다.

실제 공간에서 나는 쐐기돌과 협곡 벽 사이에 갇혀 이따금씩 소변의 맨 윗부분을 수낭의 물통에서 물병에 쏟아 부은 다음 냄새가 고약한 침전물을 발 뒤쪽 모래 더미에 버렸다. 그저 지루함을 잊기 위해 그런 행동을 필요 이상으로 자주 반복했다.

'마르가리타, 밀크셰이크, 포도 주스 한 잔, 차가운 버드와이저 한 병을 먹을 수만 있다면 무엇인들 아까울까!'

무슨 생각을 하려고 하든 우선은 그런 음료수들이 먼저 생각났다. 눈을 감으면 생생한 음료수의 모습이 내 눈앞 바로 위에서 떠다녔다. 종류에 관계없이 그 음료수는 항상 내가 과거에 보았던 모습 그대로 나타나며 같은 높이, 그러니까 손이 닿을 수 있는 거리지만 실제로는 그곳에 없는 공간에 나타난다는 사실이 참 이상했다.

그렇게 마음껏 상상하는 것이 견뎌낼 수 있는 힘이 되는 것인지 아니면 음료수에 대한 갈망을 더 키우는 것인지는 알 수 없었다. 마지막 남은 식량과 마지막 남은 물 한 모금을 두고, 그리고 소변을 마시는 문제를 두고 나 혼자 생각하던 문제도 역시 그런 것이었고, 협곡에 갇혀 내가 할 수 있는 가장 중요한 선택도 바로 그런 것이었다.

"이것이 내게 좋은 것인가 아니면 상황을 더 악화시키는 것인가?"

나는 모든 선택에 대해 신중하게 생각했다. 그리고 나는 여전히 그곳에 살아남아 있었다.

일요일 밤에 처음 보았던 것과 똑같은 편자 모양의 성운이 블루 존 협곡 위로 모여 있었고, 내 앞뒤를 가리고 있는 암벽 사이로 보이는 하늘을 따라 움직였다. 그 넓은 사막 어딘가에 또 다른 누군가가 있어서 내가 보고 있는 하늘을 보고 있을까, 그리고 그 사람도 별들의 움직임을 보고 있을까라는 생각이 들었다. 하지만 난 생각을 오랫동안 하지 못했다. 사실 내 생각은 끝을 맺지 못했다. 내 마음은 기름이 다 떨어진 자동차처럼 털털거리면서, 어떤 질문이나 결정을 하던지 두세 마디 이상을 계속하지 못하고 침묵하거나 또 다른 절박한 생각을 떠올렸다. 어떤 한 가지에 계속 집중할 수 없었다.

내 머리는 벌판을 떠돌았다. 의식적으로 시계를 보면서든 아니면 본능에 의해서든 시간을 정확하게 알아낼 의욕도 없었다. 보통 때 나는 시간을 아주 정확하게 알아내는 능력이 있었다. 예를 들면 협곡에 처음 갇혔을 때, 시계를 본 다음에 여동생의 결혼식에 대해 생각하고 헤드라이트를 만지작거리고 끈으로 오른쪽 이두근을 감싸고 난 뒤 그 모든 것을 하는데 2분쯤 걸렸다는 직감이 들었다. 무엇을 하든 어느 정도 시간이 지났는지에 대한 느낌이 있었고, 그 느낌은 정확했다.

하지만 이제 그런 직감은 없어져 버렸다. 피로로 생각이 계속 끊어져서 어떤 일이 실제보다 더 오래 걸리는 것처럼 느껴졌다. 10분은 지난 것 같은데 시계를 보면 2분도 지나지 않아 이상했다. 또 한 차례 망상증이 시작되었다. 쐐기돌이 떨어질 때 시계가 망가져서 더 이상 시간이 정확하지 않은 거라는 생각이 머릿속을 떠나지 않았다. 내 생각보다 새벽이 더 가까워져 있는지도 몰랐다. 아니, 어쩌면 동이 트려면 아직 멀었는지도 몰랐다.

나는 완전히 혼란 상태에 있었다. 얼마간의 시간이 지나서야 시계는 아주 정확하다는 것을 이해했다. 그렇지 않다면 매일 모습을

드러내는 갈까마귀와 날카로운 햇빛, 그리고 새벽과 밤의 다가옴을
시계가 어떻게 정확하게 알려줄 수 있을까? 아, 좋다. 그러니 지금
은 정확히 새벽 1시 30분이다.

소변을 다시 한 모금 먹을 때까지 30분이 남았다. 소변이 이제 차
가워졌다는 것이 그나마 다행이었다. 그 점은 마음에 들었다. 하지
만 그보다는 때때로 생생한 모습으로 나타나 나를 매혹시키는 음료
수를 떠올려보는 일이 더 행복했다.

두 눈을 감았다.

나는 여덟 살 난 아이가 되어 오하이오 중부의 시골
에 있는 조부모님 댁에서 두 분과 함께 카드놀이를 하고 있었다. 우
리는 냉장고에서 시원해진 2 l 짜리 세븐업 병을 꺼내 투명한 컵에
붓고 얼음을 넣어 마시면서 더위를 잊었다. 내가 한 모금 더 마시려
고 하는데 코에 탁 쏘는 느낌이 왔다. 이내 그 컵이 마치 성배라도
되듯 빛나는 후광을 받더니 거품이 한꺼번에 부풀어 올라 컵 위로
넘쳤다.

나는 몸을 떨면서 눈을 떴다. 머리를 넣고 있는 가방 안이 완전히
깜깜했는데도 그 환영이 눈에서 깜빡거렸다. 다시 눈을 감았다.

때는 1987년 늦여름 오후였다. 나는 동부 오하이오
에 있는 낮은 초록빛 언덕 중턱에서 옆집 가족들과 함께 건초더미
를 묶다가 잠깐 휴식을 취하고 있었다. 북쪽으로는 초원이 끝없이

펼쳐져 있었다. 남쪽은 울창한 숲이 시야를 가려 200m 정도 밖에 보이지 않았다. 우리는 건초를 묶는 트레일러 바닥 뒤편에 앉아 설탕을 듬뿍 넣은 시원한 차를 나눠 마셨다.

컵을 입에 대고 높이 들어 올리니 그 진하고 차가운 음료수가 내 목으로 넘어왔다. 눈을 꼭 감고 몸을 한 번 떨고 나서야 그 달콤한 차를 꿀꺽 삼켰다. 어느새 장면이 바뀌었다.

1985년 나는 아버지랑 삼촌과 함께 앉아 처음으로 캔맥주를 마셔 보았다. 2000년 6월에는 친구들과 함께 일본 나고야 시내에 있는 호텔에서 따뜻한 사케를 마셨다.

다시 눈을 떴다. 유독 한 가지 음료가 마음속에서 계속 맴돌았다. 마르가리타. 컵 가장자리에 있는 짠맛이 테킬라와 트리플 섹과 라임이 섞여 내는 달콤한 맛과 절묘하게 어우러졌다. 마르가리타에 대한 갈망으로 침을 흘리며 입에 거품을 일으키는 내 모습이 떠올랐지만, 실제로 내 혀는 말라서 까끌까끌한 입천장에 딱 달라붙어 있었다. 호흡은 바짝 마른 목구멍을 통해 나오며 거친 소리를 냈고, 나는 성대가 막혀 씨근덕거렸다. 문득 정신이 들었다. 환상은 순식간에 사라져 버렸다. 나는 죽어가고 있었다.

탈출

새벽 3시였다. 입술에 조금이라도 남아 있는 수분이 날아가지 않도록 입술에 입술 크림을 더 많이 발랐다. 그러면서 그렇게 하면 혀도 보호할 수 있겠다는 생각이 들었다. 크림을 혀에 바르니 침이 나왔다. 그 입술 크림을 빨면서 거기에 포함된 칼로리 성분이 궁금해졌다. 만일 그렇게 해서 내 몸이 음식에 반응을 하게 된다면 크림을 조금 먹는 것이 자극제의 역할을 하리라 생각했다.

나는 전체 연고의 10분의 1 정도 되는 덩어리를 깨물고 입속에서 부쉈다. 연고가 이와 혀를 감싸면서 적은 양의 침이 그 아무 맛도 없는 젤리 층 사이로 나왔다. 찐득거리는 어떤 것이 어금니 주위로 올라왔는데 그것은 삼키지 않기로 했다. 그래도 침이 만들어진다는 사실에 힘이 났다. 아직은 탈수 상태가 심각한 단계까지 가지 않은 것이다. 입술 크림을 먹긴 했지만 정작 얻은 것은 별로 없었다. 여전히 배고프고 여전히 목말랐다. 나는 계속 이어지는 환상에 빠져들며 그 추운 시간을 견뎠다.

누군지 알 수 없는 남자가 멋진 흰 옷을 입고 내 앞에 나타났다. 아무 말도 하지 않은 채 내게 따라오라는 손짓을 했다. 우리는 내 자일 앵커가 설치되어 있는 바위로 향했다. 내가 사암을 미니 비밀의 문처럼 그 안에 다른 통로가 보였다. 친구가 앞장서고 나는 뒤를 따라 갔다. 우리는 정체 모를 문을 몇 개 더 지났다. 얼마 안 있어 협곡 모래 바닥을 떠나 양탄자가 깔린 집의 복도로 들어섰다. 친구는 나를 그 집 거실로 데리고 갔는데, 그곳에 친구들이 한데 모여 소파와 의자에 편하게 앉아 있었다.

그 순간 오랜 여행을 마치고 집에 돌아온 것처럼 기쁜 감정이 밀려들었다. 하지만 친구들을 구별해낼 수는 없었다. 친구들은 저녁 식사에 온 것처럼 서로 이야기를 나누었는데, 웅웅거리는 소리와 쉭 소리만이 귓가에 울릴 뿐 그들이 말하는 내용은 알아들을 수가 없었다. 나는 출입구에 서서 편안한 기분을 느꼈지만 누구와도 아는 척을 할 수 없었다. 어쩐 일인지 그들은 나와 같은 세상에 있지 않았다. 그때 마치 나의 그런 생각을 아는 것처럼 친구들이 이야기를 나누다 말고 나를 쳐다보았다. 그들은 이렇게 말하는 것 같았다.

"네가 우리를 필요로 할 때 우리는 이곳에 있을 거야. 네가 준비가 되면, 우리는 너와 같은 곳에 있게 될 거야."

나는 모욕을 당한 기분이었다.

'어떻게 된 거야? 지금 여기서 내게 무슨 일이 일어나고 있는 거야? 내가 내 머리 속에 있는 거야? 내가 꿈을 꾸고 있는 거야? 자고 있는 게 아니라면 어떻게 이런 일이 있을 수 있지? 꿈이 아닌데 어떻게 이런 일이 있을 수 있는 거야?'

내가 자고 있는 것인지 아닌지 열심히 생각해 보았다. 그러다 그 모든 일이 일어나는 동안 내가 의식을 잃거나 잠든 것이 아니라는 사실을 확신했다. 내 근육은 손상되지 않은 것 같았는데, 만일 그렇지 않다면 극심한 통증으로 몸이 움츠려 들 것이기 때문이었다. 그래, 정신적인 도피 장소는 꿈의 세계가 아니라 내 의식을 벗어난 추상적인 어떤 곳이었다. 어떻게 해서 나는 협곡에 몸을 여전히 둔 채 동시에 그곳을 떠났다.

나는 무엇이 실재하는 것인지 확인하고 싶어 안달했지만 내 마음은 그 질문을 끝까지 이어가지 못했다. 하지만 분명 내 감각은 그 황홀한 세상이 실제로 존재한다는 경험을 생생하게 할 수 있었다. 방을 가득 메운 친구들 속에서 벽과 가구를 만질 수 있었고, 작은 탁자 위에서 타고 있는 초의 향내도 맡을 수 있었다. 누군가 안뜰로 향하는 미닫이 유리문을 열고 밖으로 나갈 때는 미풍을 느낄 수 있었다.

모든 것이 너무도 진짜 같아서 나는 마치 일방 거울의 어두운 면에 서서 그곳을 보고 있는 것 같았다. 사람들은 즐겁게 말하고 움직이고 있었지만 나는 함께 할 수가 없었다. 나는 이제 머리와 두 팔밖에는 움직이지 못한다는 것을 알았다. 다리는 움직이지 않았다. 그렇다면 협곡에서의 일은 아직 끝나지 않은 것인가? 어떻게 그럴 수가 있는가?

결국 나는 내 몸으로 다시 돌아왔고 휘몰아치는 추위에 온 몸을 떨었다. 몸을 감싼 옷들과 자일 가방을 만지작거리며 또 1시간을 보낸 뒤에 난 다시 협곡을 떠났다.

이번에는 첫 눈에 누군지 알아볼 수 있었다. 그는 고등학교 때부터 가장 친한 친구였던 존 하인리히였다. 가방 안에 들어있던 내 등과 머리에서 영혼이 나와 떠오르는 것이 보였다. 이미 두 번이나 그랬던 것처럼 우리는 협곡의 문을 빠져나가 작고 어두운 방으로 들어갔다. 그 방은 뭔가로 꽉 차 있어서 우리 두 사람이

서 있기에도 비좁아 서로 부딪히곤 했다. 방은 광택이 없는 콘크리트 바닥에 비치는 한줄기 빛 말고는 아주 캄캄했다. 얼핏 보기에 존은 문을 여는 열쇠를 잃어버린 것 같았다. 그가 방의 스위치를 켜니 우리 앞쪽과 양 옆에 청소 용품으로 가득한 얇은 금속 선반들이 나타났다. 방 왼쪽 구석에는 건물용 대걸레가 있었다. 우리는 청소원 방에 와 있었다. 어떻게 된 일인지 나는 그곳이 회사나 학교가 아닌 병원 안이라는 것을 알고 있었고, 다시금 강한 희망이 솟아났다. 나는 속으로 이렇게 외쳤다.

'아론, 문을 두드려! 도움을 받아야지! 너는 치료를 받아야 해! 사람들이 너를 치료해 줄 거야.'

하지만 존은 소란을 피워봤자 좋을 게 없다고 말하듯 내가 커다란 그 문을 두드리게 하지 않았다. 병원과 협곡은 다른 세상이었다. 시간이 흘렀다. 나는 그곳에서 나를 도와주는 사람은 나를 치료해 줄 문 저쪽의 의사와 간호사가 아니라 내게 용기를 주고 격려해 준 친구 존이라는 사실을 차츰 이해했다. 그리고 그 친구를 알게 된 것이 얼마나 큰 행운이었는지 깨달으면서 내 마음은 그의 존재만을 생각하게 되었다. 하지만 소리 없는 목소리가 그 환상의 마법을 깨뜨렸다.

"이제 작별인사를 할 시간이야."

가고 싶지 않았다. 하지만 현실이 다시 한 번, 이번에는 더 다그치듯 나를 재촉했다.

"작별 인사를 할 시간이라니까."

나는 엄지손가락을 움직여 존에게 가야겠다는 신호를 보내고는

그처럼 행복한 방문을 해주어서 감사하다는 표시로 고개를 끄덕였
다. 그를 떠나려니 금방이라도 눈물이 나올 것 같았지만 그래도 떠
나야 했다. 그곳을 떠나는 일은 이상한 모습으로 나타났다. 단단한
에너지 덩어리였던 내 의식이 갑자기 여름날 아이스크림처럼 녹으
며 방바닥에 고이더니 환상의 세계에서부터 협곡 벽들 사이의 공간
으로 방울방울 떨어져 내렸다.

나는 추위로 뻣뻣해진 몸으로 다시 돌아왔다. 떨림이 시작되면서
격렬하게 복수라도 하듯 내 뼛속까지 고문했다. 소리 없는 목소리
는 항상 있었다. 나는 이번에는 그 목소리가 나를 아주 오랫동안 떠
날 수 있게 해주길 바랐다. 그 목소리는 실제 내 몸속에 머물면서 내
가 경계를 넘어 저체온 상태의 잠으로 빠져들기 전에 나를 불러들
이는 파수꾼 역할을 했다. 환영 속에서 나는 추위와 배고픔과 피로
와 갈증을 느끼지 않았다. 어디서든 나는 편안했고 그래서 그 광경
이 끝나지 않기를 바랐다. 존이 찾아와준 덕분에 용기와 희망이 솟
구쳤다. 나는 전율을 하며 큰 소리로 외쳤다. 내 목소리가 어두운
협곡에 울려 퍼졌다.

"난 아직 며칠을 더 살 수 있어!"

만일 계속 그 환상의 세계로 가서 부모님과 동생, 친구들의 존재
를 느낄 수 있다면, 수요일 정오보다 더 오래 살아남을 방법을 찾을
수 있을지도 몰랐다.

환상의 세계는 내게 희망을 줬지만 매번 갑작스러운 절망으로 끝
났다. 나는 다시 협곡으로 돌아와 추위와 목마름과 좌절감을 느껴

야 했다. 환상의 세계에서 만나는 이들은 내게 용기를 주었다. 하지만 환상은 내가 자유롭지 않다는 것을 확인시켜줄 뿐이었다. 몸을 빠져 나가는 경험으로 냉혹한 밤을 10분 넘게 보낼 수도 있겠지만, 예정되어 있는 운명으로 나를 몰아넣는 것도 그 10분이었다. 설령 내가 며칠을 더 견딜 수 있다고 해도, 그때까지 구조원들이 나를 찾아내 구조할 가능성은 없었다.

지옥을 벗어날 새로운 방법

살을 도려내는 듯한 밤의 무자비함 속에서 나는 계속 환상의 세계로 도망쳤다. 하지만 협곡으로 돌아온 순간 그 환상들은 내 기억으로부터 사라졌다. 그 환상의 세계가 천국이라면 협곡으로 돌아오는 일은 지옥에 떨어지는 것과도 같았다. 흔히들 지옥은 끔찍하게 뜨거운 불길이 뿜어져 나오는 곳에 사람들이 우글거리고, 죄를 지은 영혼들이 고문당하는 모습을 뿔이 달린 악마들이 내려다보는 곳이라고 생각한다. 하지만 이제 나는 알 수 있었다.

지옥은 실제로 땅 속 깊은 곳에 있는 구멍이었다. 그리고 지옥은 뜨거운 곳도 아니다. 지옥은 온통 깜깜하며 견딜 수 없이 춥고 고독한 곳이었다. 간수도 없이 버려진 단 한 사람의 죄수만이 있는 혹독한 감옥이었다. 죄수는 그 암흑세계의 왕에게서조차 버림받았다. 선하든 악하든, 사랑이나 증오를 보낼 영적인 존재가 아무도 없었다. 지옥에는 단 한 가지 감정만이 있을 뿐이다. 그것은 비참한 외로움 속에 갇힌 완전한 절망이다.

수십 마리의 모기와 협곡 아래에서 불어오는 부드럽지만 모래가 섞인 바람이 아침을 인도해 왔다. 성가신 벌레들을 무시하기도 하고 손바닥으로 찰싹 치기도 하면서 2시간쯤 보내니 햇빛이 나를 위로해 주었다. 나는 그렇게 외롭지는 않았다. 태양은 또 한 번의 여행을 하기 위해 내게로 왔다. 화려하게 쏟아지는 황금색 빛이 내 뒤쪽 벽에 퍼졌다.

나는 이틀 만에 처음으로 디지털 카메라를 꺼내서 빛의 물결을 사진에 담았다. 왼쪽 어깨 너머로 멋지게 펼쳐진 협곡을 보니, 여러 가지 색이 사암 표면에서 반사되는 것이 아니라 사암 자체에서 빛이 퍼져 나오는 것 같았다. 그처럼 화려한 모습을 보며 기쁨이 아닌 다른 감정을 느낄 수도 있다는 생각은 미처 하지 못했다. 두 눈에 눈물이 차오르기 시작했다.

카메라를 집어넣으려다가 다시 들어 올려 후광처럼 내 머리 뒤를 떠도는 타는 듯한 빛과 함께 내 모습을 찍었다.

내가 아침마다 하는 의식 중 또 한 가지는 비디오카메라에 매일 새 내용을 녹화하는 일이었다. 9시 직전에 그 작은 카메라를 꺼냈다. 목을 한 번 가다듬고는 녹화 버튼을 누르고 말을 하기 시작했다. 탈수로 인해 성대가 빡빡해진 탓에 목소리가 전날보다 더 높아졌다.

"지금은 수요일 아침 9시입니다. 지금쯤 어떤 식으로 수색 작업이 진행되는지 궁금해요. 누군가 내 신용카드 기록을 알아내서 내 위치를 파악할 수 있다면 좋겠어요.

컵에 담긴 세븐업 생각이 나요. 할머니 집에서 마시던 차도 생각나고요. 내가 좋아했던 음료수들이 쭉 떠오르는군요. 나는 그것들 하나하나를 다 생각하고 있어요."

중간중간 숨을 몰아쉬면서 이렇게 말을 하고 나니 이제 또 당분 간은 견딜 힘을 얻은 듯했다. 비디오 캠코더를 끄고 쐐기돌 위에 올 려놓았다. 그리고 머릿속으로 다시 시간 계산을 했다. 잠을 안 잔 지 96시간이 되었고 갇힌 지는 90시간이 되었다. 소변을 먹은 지는 29시간이 지났고, 깨끗한 물을 먹은 것이 25시간 전이었다.

시간 계산을 하는 동안 갈까마귀 한 마리가 머리 위를 날아갔다. 새의 그 자유로움이 부러워 내 마음 속이 들끓었다.

조금은 가벼운 마음으로 이번에는 양치질을 한 지 나흘이 지났다 는 계산을 했다. 마지막으로 면도를 한 지 일주일이 지났기 때문에 수염이 0.5cm가 자랐다. 손바닥으로 턱과 목을 쓰다듬으면서 내가 발견될 때쯤이면 수염이 얼마나 더 자라 있을지 생각했다. 내가 죽 고 난 다음에도 하루나 이틀은 수염이 계속 자랄 테니까 아마도 1cm가 훌쩍 넘지 않을까?'

시간은 의미가 없어졌다. 시간과 날짜를 세는 것은 그저 기록을 하는 일일 뿐이었다. 시간을 재보아도 어떤 감정적인 반응이 일어 나지 않았고 그저 덤덤하게 이렇게 인정할 뿐이었다.

'음, 그렇구나. 여기 이곳에 있는지가 이렇게 오래 되었구나.'

오전이 좀 지나 정오에 가까워 오면 더 이상 시계도 보지 않았다. 밤이 되면 어떤 일이 벌어지는지 아는 터라 밤이 오는 것이 달갑지 않았기 때문에 하루가 얼마나 빨리 가는지 확인하고 싶지 않았다. 시간을 무시하는 것이 최선인 듯했다. 나는 시간의 속도를 높이거나 늦출 수 없었다. 머릿속에서 소용돌이치는 초현실적인 느낌, 암벽에 펼쳐진 흔적들, 오랫동안 잠을 자지 않아 생긴 공포를 명확하게 보여주는 그 흔적들을 받아들이고 생각의 범위를 축소하고 이성적인 추론 과정을 하나씩 차례로 없애버릴 수 있을 뿐이었다.

갑자기 새로운 아이디어가 하나 떠올랐다. 돌을 건물해체용 철구처럼 사용해 쐐기돌을 부수고 내 손 위에서 사암을 치워버리면 어떨까? 어쩌면 이전부터 해왔던 생각일지 모르지만 기억이 나지 않았다. 그렇게 하면 다용도 칼을 가지고 정확하게 계산을 해서 돌을 쪼는 것에 비해 엄청난 힘을 낼 수 있으니 효과를 거둘 수도 있을 듯했다. 하지만 쉽지는 않은 일이었다.

발치에 있는 돌더미에서 멜론만한 돌을 하나 빼냈다. 협곡 벽에 몸을 지탱하면서 다리를 이용해 그 돌을 무릎 부근에 있는 바위턱 위로 굴렸다. 돌의 만만치 않은 무게를 느끼고 나니 주저하는 마음이 생겼다. 만일 돌을 놓치기라도 하면 그 돌은 그대로 무릎이나 발로 떨어질 게 뻔했다. 돌은 내가 생각한 작업을 하기에 지나치게 컸지만 그래도 시도해 보기로 했다.

먼저 돌을 왼쪽 어깨까지 들어 올린 다음 쐐기돌로 던지니 자갈과 사암가루가 온 사방으로 튀었다. 아니나 다를까, 돌은 쐐기돌에서 튕겨 나오며 중력에 이끌려 내 발치로 향했다. 나는 얼른 다리를 치웠고, 돌은 원래 있던 돌더미 위로 떨어졌다. 돌을 그곳에 두는 것이 현명한 일이었나 보다.

그 돌은 쐐기돌을 깨지 못했다. 충돌로 생긴 먼지 대부분이 쐐기돌이 아닌 내가 던진 돌에서 나온 것이었다. 쐐기돌보다 더 단단한 돌이 필요했다. 주위를 둘러보면서 신발 근처에 남아 있는 돌들을 한개씩 한개씩 후보에서 제외했다. 어느새 나는 이전의 습관을 반복하고 있었다. 등반을 할 때 나는 똑같은 동작을 똑같은 방식으로 계속 하려고 했다. 그러다 보니 당연히 계속 실패해서 어려운 구역에 갇히는 경우가 있었다. 그런 지경이 되어서야 내가 모든 선택을 다 고려하지 않았다는 걸 깨달을 때가 많았다. 모든 범위의 가능성을 고려하지 않고 한 가지 확실한 선택에만 매달리는 것이다. 나중에야 주위를 둘러보다 내 몸의 위치를 좀 더 높게 할 수 있는 발판이나 이전에는 내 시야 밖에 있었던 손잡이를 발견하기도 했다. 그래서 다시 생각해 보았다.

'내가 여기서 놓치고 있는 것이 무엇일까? 분명하지 않은 방법이라 해도 내가 그냥 넘겨버린 게 뭘까?'

몸이 거꾸로 될 정도로 고개를 뒤로 젖혔더니 내 머리 위로 손바닥만한 돌 몇 개가 박혀 있는 것이 눈에 띄었다. 그중에 약간 붉은 기운이 도는 검은색의 계란 같은 돌 하나가 다른 돌보다 튀어나와 있었다. 그 돌은 사암 같지는 않았고 광물로 된 단층인 것 같았다.

'그래. 저렇게 튀어나와 있는 건 침식에 강하다는 거야. 쐐기돌보다 더 단단하지 않을지는 몰라도 비슷하긴 하겠다.'

머리 위로 손을 뻗어 돌을 꺼냈다. 또 다른 돌이 떨어지는 바람에 하마터면 머리에 맞을 뻔했다. 돌은 어깨를 스치며 떨어졌다.

"돌이 시도 때도 없이 떨어지는군. 조심해야겠어."

내가 꺼낸 그 검은 돌은 포환의 무게 정도였다. 딱 좋았다. 무리하지 않고 돌을 들 수 있었고 손에서 놓칠 위험 없이 쐐기돌을 내려칠 수 있었다. 몸을 돌려 그 돌을 찾는데 왜 그렇게 오랜 시간이 걸렸는지. 피로 때문에 무감각해져서 정신이 산만하고 혼동되어서 그랬을 거라 짐작할 뿐이었다. 여전히 새로운 행동을 해보는 것은 그 자체로 하나의 성취였다.

손에 쥔 망치돌을 내려치기 시작했다. 한 번씩 내려칠 때마다 그 반동으로 내 왼손에는 금세 멍이 들었다. 왼손에 입은 타격이 너무 컸다. 생존 가능성이 줄고 줄어 이제 바닥까지 이르렀다고 생각했다. 나는 비디오카메라를 들어 마지막 말을 녹화했다. 긴장된 목소리가 내 귀에 울렸다. 나는 또렷하게 말을 하려고 무진 애를 썼다.

"수요일 오후 2시예요. 여기 빠진 지 나흘이 가까워지고 있습니다. 아직 얘기할 게 남아 있어요. 이 삶이 끝난 뒤 형편없는 모습으로 남게 될 나를 생각하면 화장을 하는 게 좋을 듯해요. 운구하는 사람들이 있어도 괜찮다면, 내 친구 존 하인리히, 에릭 존슨, 에릭 즈셈리, 브랜든 리고, 칩 스톤, 놈 루스가 그 일을 해줬으면 좋겠어요. 아, 마크 반 에크호우트도 같이 해 줬으면 해요."

나는 가까운 친구들 이름을 거의 다 말했다. 실제 운구에 필요한 사람 수보다 많았지만 가능한 많은 친구들이 함께 해 주기를 바랐다.

또 할 얘기가 남아 있는 지 생각하는 동안 테이프가 끝까지 다 돌아갔다. 나는 테이프를 다시 감아서 처음부터 돌려보았다. 난 금방 그 영상들에 매료되었다. 마치 세서미 스트리*Sesame Street*를 보는 어린아이들처럼 흥분해서 그 장면들을 보았다. 손에 소형 TV를 들고 있는 기분이었다.

쓸데없고 우스운 짓이었다. 그렇게 생각하면서도 다시 녹화를 하기 위해 두 번째로 테이프를 되감았다. 그리고 좀 더 절박한 메시지를 녹음했다. 가루가 된 내 유해를 내가 좋아하는 특별한 장소에 뿌려달라는 내용이었다.

"장례식과 화장에 대해 얘기했는데, 내 재가 내게 소중하고 특별한 곳에 뿌려졌으면 좋겠어요. 그러니까 음, 가족들이 재의 일부를 가질 수 있다면 좋겠어요. 에릭, 캘리포니아의 빅서 해안으로 재의 일부를 가져가 주었으면 해. 그곳에서 너와 함께 즐거운 여행을 하고 산타 바바라까지 갔을 때 정말 좋았거든. 또 재의 일부는 존이 동부 해안으로 가지고 가주면 고맙겠고. 우리가 호저를 잡을 뻔했던 그레이 락에도 갈 수 있다면 그곳에도 내 뼈를 뿌려주길 바랄게. 소냐, 네가 하바수파이로 다시 가게 되어 내 일부를 가져갈 수 있다면 내겐 정말 특별한 일이 될 거야. 마크, 산디아 피크로 가서 내 뼈를 뿌리는 의식을 해준다면 정말 기쁘겠다. 그리고 마지막으로, 칩과 놈, 에릭이 함께 보스케에 있는 리오그란데 강에 가서 흐르는 강에 뿌려줘. 그러면 그 강이 많은 바다와 강과 숲과 언덕을 지날 테니까. 댄과 줄리아에 대해 이야기를 안했는데, 너희는 내게 정말 특별했어. 댄, 줄리아, 마크, 제이슨, 앨리슨, 스티브 패쳇, 그리고 수색 구조팀 동료들, 만일 내 재가 조금 더 남아 있다면 그걸 스키 타기 좋은 날에 파자리토나 울프 크리크에 뿌려도 좋을 것 같다."

녹화를 다 끝내고 나니, 더 오래 견딜 것 같다는 낙관적인 기분이 얼마쯤 들기도 했다. 하지만 이제 나는 죽어가고 있었다. 카메라 렌즈를 똑바로 바라보면서 마지막 작별 인사를 했다.

"지금 간신히 버티고 있긴 하지만 기운이 서서히 떨어지고 있어요. 시간이 정말 더디게 가는군요. 그래서 다시 한 번 말해요. 모두를 사랑해요. 나를 위해 사랑과 평화와 행복과 아름다운 삶이 세상에 오기를 바랄게요. 그렇게 된다면 내게는 가장 큰 의미가 될 거예요. 고마워요. 사랑해요.”

가벼운 조각구름들이 오후 내내 떠다니더니 보통 5~6℃씩 오르던 협곡의 기온도 그 날은 제자리였다. 시계의 온도계를 보니 그 시간까지 그 날의 최고 기온이 14℃였다. 구름은 고원을 따라 흩어지더니 저녁이 다가오면서 사라졌다. 그 날의 최고 기온은 그 이전 닷새를 통틀어 가장 낮을 듯했다.

‘오늘밤은 가장 춥고 가장 힘든 밤이 될 거야.’

힘은 점점 빠져갔고, 몸에 남아 있던 것들은 완전히 없어졌다. 이제 저녁이 시작되었을 뿐인데 몸이 주체할 수 없이 떨렸다. 뒤쪽 매듭에서 앵커 웨빙 한 가닥을 잘라낸 다음 목에 느슨하게 대여섯 번 감았다. 그렇게 하면 체온이 조금은 올라갈 거라고 생각했다.

망치돌을 가지고 쐐기돌을 계속 내려치고 싶었지만, 왼손에 가해지는 고통을 견딜 수가 없었다. 그것은 주먹으로 벽돌담을 계속 치는 것과도 같았다. 왼쪽 양말을 망치 돌에 씌워서 손과 그 돌 사이에서 패드 역할을 하도록 하자는 생각이 들었다. 내려칠 때마다 왼쪽 손이 여전히 아팠지만, 잘 들지도 않는 칼로 내려치는 것에 비교하면 상당한 진척이 있었다. 오후 내내 계속 내려친 결과 처음 4일치를 다 합한 것보다 더 많은 돌조각을 쐐기돌에서 떼어낼 수 있었다. 파편이 너무 많았기 때문에, 왼팔을 덮는 긴 소매로 쓰던 검은 카메라 가방을 오른쪽 팔의 붕대 위에 놓아서 칼로 베인 상처에 돌가루가 들어가지 않도록 했다.

시간은 오후 6시를 막 지나고 있었다. 아픈 왼팔을 쉬려고 잠시 휴식을 취하는 동안 디지털카메라를 다시 꺼냈다. 내가 애쓴 결과로 나온 파편들로 덮인 오른쪽 팔뚝을 사진 찍었다. 팔에는 모래와 돌가루가 2.5cm 정도의 두께로 앉아 있었다. 카메라를 내려놓고 돌가루를 떨어낸 다음, 하루가 지난 그 상처에 먼지가 들어가지 않도록 애를 썼다. 밀려드는 절망감이 나를 사로잡았다. 일의 진척이 그렇게 빠르다고 해도, 손을 빼낼 수 있을 정도로 쐐기돌을 쪼아낼 수는 없었다. 내가 죽기 전까지는 도저히 그렇게 할 수 없었다.

그리고 내가 계속 돌을 깰 수 있을 거라는 것도 무모한 생각이었다. 왼손에 이미 꽤 심한 통증이 시작되었다. 거무스름한 색을 띤 약지가 부러졌거나 아니면 손바닥의 맨 윗부분 뼈가 부러졌을지도 모른다고 생각했다. 회색 양말을 모자처럼 쓰고 있는 망치 돌을 쓸쓸하게 바라보다가 결국 그런 노력을 다시 한 번 포기하기로 했다.

"아론, 그만하자. 돌을 그냥 내려놔. 그래봤자 아무 소용이 없는데 뭣하러 고통만 당하는 거야?"

종아리가 당길 정도로 발을 높이 올려 양말을 다시 신었다. 하지만 이제 밤이 오면 양말로도 전혀 단열을 할 수 없었다. 블루 존 협곡에서 그날 밤을 지낼 수 없다는 목소리가 내 마음 어딘가에서 들렸다. 그렇다고 해서 괴로워하거나 갈등을 느끼지는 않았다. 이제 죽는 것은 시간문제라는 생각이 진리처럼 느껴졌다. 처음 협곡에 갇혔을 때 손바닥으로 돌을 내리치며 솟구치는 분노를 어쩌지 못했던 것과는 달리, 상황을 어쩔 수 없다는 사실을 이제는 평화로운 마음으로 인정하고 받아들였다.

내게 남은 시간이 다 되었다면 모든 것이 끝날 것이고, 그런 사실을 피하기 위해 내가 할 수 있는 일이 더 이상 없을 것이다. 그리고 만일 시간이 남아 있다면 남아 있는 것이고, 그렇다고 해도 내가 더 이상 걱정할 것은 없었다.

하지만 전자가 후자보다 더 가능성이 있을 것 같았다. 이제 끝이며 그날 밤을 넘기지 못할 거라는 것을 나는 알고 있었다. 상황을 바꾸기 위해 싸우기를 이미 포기했으므로 마음이 동요되지는 않았다. 내 상황의 끝을 바꾸어보려는 욕망을 놓아버리고 나니 이상하게도 얼핏 희열 비슷한 감정이 들었다. 환희라는 것이 그런 느낌이 아닐까. 혹은 하나의 영혼이 지상의 육신에서 벗어나 신과 연결되는 신비한 경험을 할 때 그런 느낌이 아닐까. 내가 육체에서 벗어나 환상의 세계로 들어갈 때와 같은 느낌은 아니었다. 그 느낌은 또한 냉담함이나 체념과도 같지 않았고, 그보다는 정신적인 짐에서 벗어난 그런 느낌이었다. 다음과 같은 위대한 진리를 깨달은 느낌이 들기도 했다.

"어떤 불가사의한 힘이 내 안에 있는데, 그 힘은 처음부터 존재해왔다. 그것을 뭐라고 부르든, 내가 분명히 알 수 있는 것은 그 힘을 쓰기 위해 더 이상 애쓸 필요가 없다는 사실이다. 그 힘의 주인은 내가 아니기 때문이다."

바람이 내 몸에서 열기를 빨아들이면서, 몸의 떨림은 급격하게 심해졌다. 협곡은 아이스박스가 되었다. 하룻밤 하룻밤이 지날수록 점점 더 혹독해졌지만, 그날 밤의 바람은 특히 끔찍했다. 어둑어둑

해질 무렵부터 동이 틀 때까지 고통스러울 만큼 차가운 9시간 중 단 2시간을 지내고 나서 나는 마지막 기록을 할 시간이라고 생각했다.

시계는 4월 30일이 적어도 1시간은 남아 있음을 알려 주었다. 오후 동안에는 시간에 관심이 없었지만, 이제는 1분 1분이 내 마지막 시간이 될 수 있었으므로 그 모든 시간이 소중했다. 내가 토요일에 왼쪽 어깨 위에 있는 사암 벽에 '지질 시대에는 지금도 포함된다'라고 파놓은 글자를 따라 이름을 다시 새겼다. 내 이름 '아론'을 대문자로 쓰고 나서 그 윗부분에 있는 붉은 돌에 '75년 10월'이라고 새겼다.

이름 아래에는 '2003년 4월'이라고도 새겨 넣었다. 그 소름끼치게 추운 밤을 지내고 새벽을 맞을 수는 없을 거라고 확신했기 때문에 '5월'이라고 쓸 생각은 하지 못했다. 내 이름과 태어난 달 위에 '편히 잠들다'라는 글자를 새기는 것으로 내 비명을 완성했다. 그러고 난 다음 안전벨트에 몸을 기대고 칼을 쐐기돌 위에 올려놓은 다음 환상의 세계로 빠져들었다.

내 마음에서 색이 피어났다. 이번에는 나 혼자 협곡 벽을 걸어가 거실로 들어섰다. 빨간색 폴로셔츠를 입은 세 살 난 금발머리 남자아이 하나가 햇빛이 내리쬐는 단단한 나무 바닥을 뛰어왔다. 어떤 연유에서인지 나는 그곳이 미래의 내 집이라는 것을 알고 있었다. 또한 그 아이가 내 아들이라는 것 역시 본능적으로 알았다. 나는 몸을 숙여 아이를 내 왼팔로 안아 올리고 손이 없는 오른팔로 아이의 균형을 잡았다. 그리고 아이를 내 어깨 위로 휙 들어

올리면서 우리는 함께 웃음을 터뜨렸다. 그런 행동은 이전의 환상 여행과는 전혀 다른 것이었다. 이전에 나는 주문에 걸려 있었으며 다른 사람과 어울리지 못했다. 하지만 그때는 움직일 수 있었고 자유로웠다.

그 아이는 내 오른쪽 어깨 위에 행복한 표정으로 앉아서 작은 두 손으로 내 팔을 잡았고, 나는 왼손과 오른쪽 팔뚝으로 아이를 꽉 잡고 있었다. 나는 미소를 지으며 발끝으로 방을 껑충껑충 뛰어다니면서 참나무 바닥에 드리워진 태양의 그림자로 들어갔다 나갔다 했다. 아이를 잡고 내가 빙글빙글 도니 아이는 깔깔대고 웃었다.

갑자기 그 광경이 사라졌다. 눈을 떴다. 나는 여전히 협곡에 있었다. 하지만 아이의 명랑한 목소리가 귓가에서 떠나지 않았다. 어찌된 일인지 내가 그곳에서 살아남을 거라는 확신이 나도 모르게 들었다. 구조대가 오기 전에 나는 죽을 거라는 사실을 이미 받아들였는데도 불구하고, 이제 나는 내가 살 것이라고 믿었다.

그 믿음과 그 아이로 인해 모든 것이 달라졌다.

chapter 11

구조가 시작되다

아는 것만으로는 충분하지 않다. 그것을 사용해야 한다.
의지만으로는 충분하지 않다. 실천을 해야 한다.

요한 볼프강 괴테 *Johann Wolfgang von Goethe*

사고가 틀림없다

4월 30일 수요일 아침 9시, 출근시간에서 24시간이 지나도 나는
나타나지 않았다. 브리언은 매장을 점검하며 생각했다.

'도대체 아론은 어디 있는 거지?'

그는 상품이 진열된 곳을 초조하게 왔다 갔다 했다. 내 근무는 9
시에 시작이었지만, 이틀 연속 나는 출근도 하지 않고 전화도 하지
않았다. 그는 시계를 보았다. 아침 9시 15분.

'기다릴 만큼 기다렸어.'

그는 2층에 있는 사무실로 올라갔다.

'혹시 집에는 왔는지도 몰라.'

그는 스프루스가에 있는 우리 집에 전화를 했다. 하지만 아무도
받지 않았다. 다음 행동을 막 하려는 차에, 마침 레오나에게서 전화

가 왔다.

"아론 왔나요?"

레오나는 단도직입적으로 이렇게 물었다. 냉정하려고 애를 썼지만 어쩔 수 없는 두려움으로 목소리가 떨렸다. 내가 사라지고 난 뒤 레오나는 충격을 받았고, 전날 내내 걱정에 시달려 지쳐 있었다.

"아뇨, 안 왔어요. 원래 9시, 그러니까 20분 전에 일을 시작했어야 하는데 말이죠."

내가 집에 오지 않았다는 것을 알게 된 브리언도 긴장되기 시작했다.

"아론은 아주 성실한 사람이잖아요. 정말 어떻게 된 일인지 모르겠어요."

"기다릴 만큼 기다린 것 같아요. 아론의 부모님에게 알릴게요."

"좋은 생각이에요. 나도 방금 그 생각을 했어요. 혹시 아론이 부모님에게는 전화를 했을지도 몰라요. 아론 부모님에게 연락 좀 해 줄래요? 난 30분 동안 가게 열 준비를 해야 하거든요."

브리언은 사실 일 때문에 레오나에게 대신 전화를 부탁한 것이 아니었다. 나의 부모님에게 내가 실종되었고 아주 심각한 사고를 당했을지도 모른다는 얘기를 전하고 싶지 않았던 것이다. 그것은 레오나 역시 마찬가지였다.

"나는 전화번호를 몰라요. 브리언, 당신이 하세요."

"내가 하라고요? 나도 부모님 전화번호는 알지 못해요."

"아론의 서류에 있잖아요. 지원서에 비상 연락처로 부모님의 전화번호를 분명 적었을 거예요. 아론의 서류를 가지고 있나요?"

"아, 그래요, 잠깐만요. 내 서랍에 있을 텐데… 아, 여기 있군요."

브리언이 서류 서랍에서 내 입사지원 서류철을 꺼냈다. 내 지원서에는 레오나의 예상대로 부모님의 이름과 전화번호가 있었다.

오전 9시 30분에 브리언은 덴버에 있는 부모님 댁에 전화를 했다. 그때 아버지는 4일째 뉴욕에서 여행안내를 하고 계셨다. 전화벨이 울리자 어머니가 부드러운 목소리로 전화를 받았다.

"여보세요."

"안녕하세요, 아스펜의 브리언입니다. 아론 직장의 지배인이죠."

"아, 안녕하세요. 어떻게 지내세요?"

어머니는 일주일 전에 아스펜에 날 만나러 왔다가 브리언과 인사한 적이 있었다.

"잘 지내고 있습니다."

브리언이 대답했다. 그는 주저하다가 숨을 한번 내쉬고 겨우 말을 꺼냈다.

"아론이 있는 곳을 아시는지 여쭤 보려고 전화했습니다."

브리언은 잠깐 말을 멈추었다가 계속 말했다.

"이틀째 직장에 나오지 않고 있습니다. 전화도 없었고요. 거의 일주일째 아론을 본 사람이 아무도 없습니다."

브리언의 말에 어머니는 큰 충격을 받았다. 어머니는 회전의자에 앉은 채 브리언에게서 방금 들은 말이 무슨 뜻인지를 생각하고 있었다. 그 말은 절대 오지 않기를 그렇게도 바랐던 끔찍한 날이 왔다는 뜻이었다.

브리언은 전화기 너머의 침묵으로 어머니 역시 내 소식을 듣지 못했다는 것을 알아챘다. 하지만 어머니가 울음을 터뜨렸는지, 혼란 속에 빠졌는지, 아니면 감정이 폭발했는지는 알 도리가 없었다. 어머니가 침착하게 묻는 소리를 듣고서야 브리언은 마음을 놓았다.

"그게 무슨 의미인줄 알고 있나요?"

"아론에게 무슨 일이 생긴 것 같습니다."

브리언이 대답했다.

"그렇군요. 아론이 하는 일은 아주 위험하죠. 그 아이는 혼자 떠날 때가 많아요. 특별한 일이 생기지 않았다면 전화도 없이 결근을 할 아이가 아니죠. 뭔가 안 좋은 일이 일어난 거예요. 그 아이가 있을 만한 곳을 찾아봐야겠어요. 그쪽에서는 어떤 조치를 취하셨나요? 아론의 룸메이트들과 얘기해 보셨어요?"

브리언이 걱정한 것과는 다르게 어머니는 차분하고 침착했다. 그런 어머니의 태도에 깊은 인상을 받았고, 마음에서 무거운 책임감을 어느 정도 덜어낼 수 있었다. 나를 찾는 일을 함께 할 수 있는 동지를 찾은 브리언은 어머니에게 상황을 대략적으로 알려 주었다.

어머니는 내가 룸메이트들에게 여행 일정을 전혀 알리지 않은 것이 이상하다고 생각했지만 그에 대해 오래 생각할 여유가 없었다. 나에게 무슨 일이 생겼을지도 모른다는 사실에 겁을 먹은 어머니는 정신을 똑바로 차리고 무엇을 해야 할지 생각해내려고 안간힘을 썼다.

"경찰에는 신고했나요?"

"아직 안했어요. 이제 하려고 합니다."

수색과 구조라는 분야에 대해 전혀 경험이 없는 어머니는 실종신고에 대해서도 아는 게 별로 없었다. 하지만 바로 그 일이 꼭 필요하다는 것만은 확실히 알았다. 어머니는 이렇게 말했다.

"실종자 신고는 그 사람이 거주하는 곳의 관할 경찰에 해야 할 거예요. 그러니 아스펜 경찰에 아론의 실종 신고를 해야 해요. 절차가 어떻게 되는지, 군 보안관이 관여해야 하는지 어떤지는 잘 모르겠지만, 경찰에서는 알 거예요. 브리언이 가서 신고를 좀 해주겠어요?"

"지금 당장 경찰에 전화를 하고 나서 곧 어머님께 전화를 하겠습니다."

"고마워요, 브리언. 기다릴게요."

어머니의 세상은 아래로 푹 꺼지고 있었다. 어머니는 때마침 일이 있어 집으로 오고 있던 오랜 친구인 미쉘 아주머니에게 전화를 해서 서둘러 와 달라고 부탁했다.

"아론이 실종되었어."

어머니가 전화로 더듬거리며 말했다. 잠시 뒤에 미쉘 아주머니가 현관문을 열고 들어와 보니, 어머니는 주방 조리대 앞 의자에 앉아 들썩이는 가슴을 꽉 부여잡은 채 슬픔과 공포에 사로잡혀 흐느끼면서 몸을 앞뒤로 흔들고 있었다. 어머니의 울음소리만이 집안에 울려 퍼질 뿐 두 사람은 아무 말도 하지 못했다. 두 사람은 한참 동안 끌어안고 함께 울었다. 그러다 어머니는 용기를 냈다. 미쉘 아주머니가 옆에 있어주었기 때문에 마음이 편해지기도 했다. 겨우 마음을 진정한 어머니는 내 계획에 대해 뭔가를 알고 있을 만한 사람들을 이야기하기 시작했다. 어머니에게 그 시간은 일생을 통틀어 가장 가슴을 쥐어짜는 순간이었다. 말로 할 수는 없었지만 온갖 가정들이 차례로 마음속을 떠다녔다. 하지만 그래도 어머니는 그 수수께끼를 어떻게든 이성적으로 풀어나가려 했다.

"보통 때 아론은 자기가 가는 곳을 누군가에게 늘 얘기했어. 정말 그 아이가 룸메이트들에게 아무 얘기도 하지 않았거나 직장에 메모를 남기지 않았는지, 난 모르겠어. 어쩌면 누군가에게 이메일을 보내서 자기가 할 일을 알렸을지도 몰라."

미쉘 아주머니의 얼굴이 밝아졌다.

"이메일을 확인해 보자. 그 아이의 이메일 주소가 뭐지? 야후나 핫메일 뭐 그런 것 말이야."

"핫메일 주소를 가지고 있는 걸로 알고 있어. 왜?"

"아론의 비밀 번호를 알아?"

"아니, 몰라."

"온라인에 들어가서 어떻게 할 방법이 있는지 한 번 보자"

미쉘 아주머니는 비밀번호를 알아내 내 파일을 찾아보면 내가 친구와 가장 최근에 주고받은 편지가 있는지 확인할 수 있다는 것 정도는 알고 있었다. 로그인 화면에 들어간 다음 미쉘 아주머니는 '비밀번호를 잊으셨습니까?' 라는 글을 클릭했다. 이어서 내 이메일 주소와 거주지 주소, 우편 번호를 묻는 화면이 나타났다. 어머니는 아래층으로 뛰어 내려가 주소록을 꺼냈다. 다시 컴퓨터로 돌아온 어머니와 미쉘 아주머니는 아스펜 우편번호를 입력해 보았지만 접근이 거부되었다.

어머니는 20여분 동안 쩔쩔매면서 현재 어머니 집의 우편 번호도 사용해 보았다. 그러다가 내가 뉴멕시코에 살 때 이메일 계정을 만들었다는 사실을 기억해냈다. 주소록을 다시 찾아서 옛날 앨버커키 우편 번호를 입력했더니 드디어 비밀번호 찾기 페이지가 뜨면서 출신 고등학교는? 이라는 화면이 나타났다. 어머니는 탄성을 질렀다.

"아, 그 질문이라면 답을 알지! 이제 될 거야."

하지만 그 사이트에서는 이미 입력된 대답과 똑같은 철자를 입력해야 했기 때문에, 두 명의 아마추어 해커는 내가 사용한 약자의 정확한 조합을 무작정 생각해내야 했다. 시간이 흘렀고, 화면에는 비밀 질문에 정확한 답을 입력하시오라는 굵고 붉은 글자가 나타났다. 될 듯 하면서도 되지 않았다. 미쉘 아주머니와 어머니가 내 고등학교 이름을 여러 가지 방법으로 추측하고 있는데 전화벨이 울렸다.

실종신고

브리언은 오전 10시 직후에 아스펜 경찰국의 아담에게 전화를 해서 내 실종신고를 했다.

"아론은 주말여행을 떠났는데, 4월 28일의 파티에 나타나지 않았으며 전화도 없이 이틀 동안이나 직장에 출근하지 않고 있어요."

아담은 신고를 접수하면서 브리언이 얼마나 걱정하고 있는지 알 수 있었다. 그는 오전 10시 27분에 브리언의 진술을 경찰국의 '법률 사건 목록'에 기록했다. 아담은 브리언에게 실종자가 갔을 만한 장소를 계속 알아봐달라고 요청하고는 잠시 뒤에 자신이 가게에 들러 그 내용을 확인해 보겠다고 말했다.

오전 10시 19분에 브리언은 우리 집에 다시 전화를 했다. 이번에는 집에 혼자 있던 엘리엇이 전화를 받았다. 브리언은 엘리엇에게 내 소재 파악에 단서가 될 만한 것을 찾아봐 달라고 부탁했다. 그러면서 자신이 실종자 신고를 했으며 지난 주말에 내가 간 곳에 대한 좀 더 자세한 정보가 필요하다고 설명했다. 브리언은 특히 내 알래스카 탐험과 관련된 정보를 찾는데 신경을 많이 썼다. 그는 엘리엇에게 이렇게 말했다.

"엘리엇, 당신의 도움이 꼭 필요해요. 누가 그러는데 아론이 데날리 팀을 만나서 등반 훈련을 받기로 했대요. 그 팀에 대해 알 수 있는 게 있는지 아론 방을 좀 확인해 줘요"

"네. 당장 찾아볼게요."

엘리엇은 내 침실로 가서 한참동안 굉장히 많은 서류를 찾아냈다. 한참동안 이곳 저곳을 뒤지다가, 알래스카의 터키트마에 있는 공원 관리청에 연락해 보면 데날리 팀에 관한 정보를 얻을 수 있을 거라는 생각을 하게 되었다. 탐험 팀과 연락을 취해보면 실종된 친구의 소식을 알아낼 수 있을 거라는 기대로 공원 관리청에 전화를 해봤지만, 규정상 이름이나 전화번호를 알려주지 못하게 되어 있다는 대답을 들어야 했다.

엘리엇도 그들의 입장을 이해했으므로 감사하다는 인사를 하고 전화를 끊었다. 그러면서도 아스펜 경찰서를 통해 공원 관리청에 다시 연락을 취해보는 방법에 대해 고민했다. 하지만 우선은 브리언과 이야기해보고 싶었다. 시간은 흘러갔다. 한편 브리언은 엘리엇과 통화한 지 1시간도 채 안 되어서 중요한 단서를 찾아냈다. 엘리엇이 전화를 하자 브리언이 대답했다.

"이제 뭘 찾으려고 애쓸 필요 없어요. 아론의 사물함에서 폴더를 찾았거든요. 그곳을 제일 먼저 찾아봤어야 했는데."

팀원들에게 보낸 이메일을 출력한 그 종이에서 브리언은 자신이 필요로 하는 주소들을 찾아냈다. 오전 11시 12분 전에 브리언은 그린 칠리 윈즈 팀에게 이메일을 보내 내가 실종되었음을 알리고 정보를 부탁했다.

보낸 사람	브리언 애프터.
보낸 날짜	2003년 4월 30일 수요일, 오전 10시 48분.
받는 사람	재닛 라이트번, 빌 가이스트, 제이슨 할러데이, 데이비드 쇼.
제 목	아론 랠스톤을 찾습니다.

안녕하세요.

저는 아스펜에 있는 어트 마운티니어에서 아론의 직장 상사로 일는 브리언입니다. 이상하게도 아론이 지난 이틀 동안 출근을 하지 않았습니다. 우리는 아론의 안전에 대해 굉장히 걱정을 하고 있습니다. 그러니 혹시라도 그쪽에서 누군가 아론이 있을 만한 곳을 알고 있거나 아론이 최근에 여행한 곳에 대해 알고 있다면 알려주시기 바랍니다.

아론의 친구나 룸메이트들 누구도 아론이 간 곳을 정확히 모르지만, 4월 24일이나 25일에 유타로 갔을 거라고 짐작하고 있습니다. 어쩌면 데날리 교육을 받기 위해 그쪽 사람들을 만났을 수도 있을 것 같습니다. 아론에 대해 아는 것이 있다면 이 주소로 이메일을 보내 주세요.

어트 마운티니어로 저에게 전화를 해주셔도 좋습니다. 아론은 평소에 매우 성실해서 언제나 정시에 출근을 하고 직장과 자신의 친구들에게 항상 연락을 하던 사람이었기 때문에, 우리는 경찰에 신고를 하고 그의 가족들에게도 이 사실을 알렸습니다.

안녕히 계십시오.

– 브리언 애프터

브리언은 아주 적절한 조치를 취했지만, 사실 그때 그는 2주간의 휴가를 보내기 위해 호주로 떠날 채비를 하고 있던 참이었다. 그래서 자신을 대신해 일을 맡아줄 사람이 필요했다. 브리언은 엘리엇에게 도움을 구해 보았다.

"오늘 뭐하세요?"

엘리엇은 그 질문의 의미를 알아차렸다.

"아, 레오나의 방을 청소하고 내 짐을 풀고 뭐 그렇죠. 뭐 부탁할 일이라도 있으세요? 기꺼이 도울게요."

"아, 예. 지금 이메일로 답장이 오기 시작하는데 정신을 차릴 수 없을 정도에요. 사실 나는 내일부터 2주간 휴가에요. 이곳으로 와서 전화를 하고 이메일을 확인해 줄 수 있겠어요?"

"물론이죠. 안 그래도 내 일자리 문제로 당신을 졸라볼 참이었어요. 10분 안에 갈게요."

오전 11시 30분이 조금 안 된 시간에 브리언은 어머니와 다시 전화 통화를 했다. 어머니와 미쉘 아주머니는 내 메일의 비밀번호를 알아내기 위해 컴퓨터와 씨름하고 있는 중이었다.

"여보세요?"

"아, 브리언. 경찰은 뭐래요?"

어머니는 전화 통화를 하면서도 한편으로는 내 비밀번호를 알아내기 위해 계속 시도를 했다.

"어머님 경찰이 아론의 차번호를 알아야 한답니다."

어머니는 아래층으로 내려가 서랍 속을 찾았다. 그곳에 내 차의 제조사, 모델, 제조 연도, 면허 번호를 적은 쪽지를 넣어두었던 것이다. 2000년 크리스마스 때 내가 동계 단독 등반을 앞두고 집에 간 적이 있는데, 그때 어머니는 위급 상황에 필요할지도 모른다면서 내게 차에 대해 자세히 물었다. 나는 기억나는 대로 대충 얘기했는데, 그렇게 해서 어머니는 내가 잘못 말했던 내용까지도 브리언에게 그대로 전했다.

어머니는 차에 대한 정보와 면허 내용을 확인해 주면서 동시에 내 '비밀 질문'에 대한 대답을 알아내기 위해 마지막 시도를 해보았다. 다음 순간 엔터키를 눌렀는데, 30분 만에 처음으로 컴퓨터 화면이 변하는 것을 보고 깜짝 놀랐다. 미쉘 아주머니와 어머니는 동시에 소리를 지르면서 서로 껴안았다.

"됐어! 해냈어!"

"무슨 일이에요? 무슨 일이 있습니까?"

"이제껏 아론의 메일을 열려고 1시간 동안이나 애를 쓰고 있었거든요. 방금 비밀번호가 풀렸어요. 메일을 확인하면서 그 아이의 행방에 대해 뭐든 알아낼 생각이에요.”

“지금 아론의 메일 계정에 들어갔습니까?”

어머니는 내가 최근에 친구들에게서 받은 이메일들을 훑어보면서 설명했다.

“그래요. 아론의 메일 박스를 보고 있어요. 만일 우리가 별다른 것을 찾지 못하면, 아론의 친구들에게 전체 메일을 보내서 그 사람들이 뭔가를 알고 있는지 확인해 봐 줄 수 있나요?”

“그럼요. 좋은 생각이에요.”

어머니는 브리언에게 새로운 비밀번호를 알려 주었다. 그리고 어머니가 메일을 확인하는 동안 브리언은 전체 메일을 보내기로 서로 약속했다. 전화를 끊고 난 즉시 브리언은 경찰에 전화해서 내 차량에 관한 정보와 면허 번호를 알려 주었다.

미쉘 아주머니가 돌아가고 난 뒤 다시 혼자가 된 어머니는 정오가 다 되어 가는 시간에 내 여동생에게 전화를 했다. 그때 소냐는 러벅의 텍사스 테크*Texas Tech* 대학 우등과정에서 졸업논문을 준비하고 있었다. 2시간 동안 울고 흥분하느라 목소리가 다 갈라졌지만 어머니는 차분하게 말했다.

“소냐, 오늘 아침에 네 오빠가 이틀 동안 직장에 출근하지 않았다는 소식을 들었어. 네 오빠가 어딜 갔는지 아니면 무엇을 하고 있는지 혹시 아는 것이라도 있니?”

소냐는 침착했다. 하지만 소냐도 2~3주 동안 나와 통화를 하지 못했다.

"오빠가 어디 갔는지는 모르겠어요, 미안해요. 엄마, 괜찮아요?
내가 집으로 갈까요?"

"아니다. 넌 논문을 마쳐야지. 무슨 일이 있으면 연락하마. 정신
흐트러뜨리지 말도록 해라."

하지만 정작 어머니는 나에게 무슨 일이 일어났을지도 모른다는
걱정으로 가득 차서 좀처럼 일을 시작할 수가 없었다.

친구들의 제보

브리언은 2주간의 휴가가 잡혀 있었지만 경찰이 수사를 효과적
으로 하는데 필요한 정보들을 넘기지 않고는 차마 갈 수가 없었다.
엘리엇이 도착하자 브리언은 그때까지 자신이 취한 조치들을 요약
해 설명해 주었다.

"경찰에 있는 누구와 연락을 했어요?"

"아, 경찰에 몇 번 전화를 했어요. 거기에 아담이라고 하는 담당
자의 번호가 있어요."

"경찰에 어떤 얘기를 했어요?"

엘리엇은 내 일과 관련된 사람들이 알고 있는 내용을 전부 알고
싶어 했고, 브리언은 엘리엇에게 아담과의 통화 내용을 얘기해 주었
다. 그리고 이메일 내역을 출력해서 엘리엇에게 넘겨주었는데 거기
에는 제이슨 할러데이에게서 온 답신도 있었다. 엘리엇은 브리언의
책상에 앉아 그 이메일을 읽었다.

보낸 사람   제이슨 할러데이

보낸 날짜   2003년 4월 30일 수요일, 오전 11시 40분.

받는 사람   브리언 애프터.

제   목   RE : 아론 랠스톤을 찾습니다.

집의 이메일을 확인해 봤더니 아론이 퀀더리 산으로 등반을 간다며 4월 23일에 보낸 것이 그에게서 온 마지막 소식이었습니다. 아론이 다가오는 주말에 대한 계획은 이야기하지 않았지만 올해 초에 유타에서 여행하고 싶은 곳으로 다음의 협곡을 말한 적은 있습니다.

협곡.

산 라파엘*San Rafael*의 블랙 박스*Black Box*,

자이언*Zion*의 버진*Virgin*강,

케이블*Cable/Seger*협곡(라파엘 지역),

그 외에 캘시의 책에 '최고'라고 적힌 힘든 코스의 슬롯들

말씀하셨듯이, 아론이 자기 근무 일정을 몰랐을 수도 있고, 그래서 내일 밤에 조지타운에서 아론을 보기를 바라지만, 근무 일정을 잊어버리고 아무와도 연락하지 않은 것은 아론답지가 않군요. 우리에게 연락해 주셔서 다시 한 번 감사드립니다.

－제이슨

두 사람은 이제 누구에게 전화를 해보아야 할지 의논했다.

"내가 알기로는, 브래드 율이 아론을 마지막으로 본 사람이에요.

하지만 그 사람에게 어떻게 연락을 해야 하는지 모르겠어요.”

엘리엇이 소리쳤다.

“무슨 소리에요. 지금 내게 브래드의 휴대폰 전화번호가 있어요.”

엘리엇이 주머니에서 휴대폰을 잡아채듯 꺼내 브래드의 번호를 찾은 다음 브래드에게 전화를 걸었다. 그때 브래드는 애틀랜타로 가는 연결 비행기를 타려고 덴버 공항에 있다가 엘리엇의 전화를 받았다.

“저기, 브래드. 물어볼 게 있어. 아론이 어제하고 오늘 아침에 출근하지 않았어. 지금 실종신고를 한 상태야. 경찰에서 수색하는데 필요한 정보를 모으고 있는 중인데 네가 아론을 마지막으로 만난 사람인 것 같아. 아론이 어디 갔는지 알고 있어? 아론과 얘기한 것 중 뭐 도움이 될 만한 내용 없어?”

“아, 아…. 저기, 소프리스 산에서 같이 스키를 탔었어. 그리고는 어디 가는지는 자기도 모른다고 하고 그냥 사막으로 떠났어. 토요일 파티 전에 연락하겠다고 했는데 전화도 오지 않았어. 그리고 우리도 그 파티에 가지 못했고 말이야.”

“알았어. 아론의 차에 뭐가 있었는지는 기억해?”

“지붕 선반에 산악자전거와 스키를 실어 놓았고, 등반 장비와 스키 장비 그리고 캠핑 용구들을 가지고 갔어.”

“스키를 타러 갔을까?”

“아니, 분명히 협곡 등반을 하러 갔을 거야.”

“아, 그래. 경찰에서는 아론의 장비가 어떤 모양인지 알고 싶어 해. 아론의 배낭과 재킷 같은 거 말이야.”

270

"정확하게 기억이 안 나는데, 아, 엘리엇, 비행기 출발 시간이 되어서 가봐야겠어. 이것저것 좀 더 찾아보고 비행기 내려서 전화할게."

비행기에서 브래드는 디지털카메라를 꺼내 소프리스 산에서 찍은 사진들을 훑어보았다. 그러면서 그 날 내가 어떤 배낭을 메고 어떤 재킷을 입었는지 다시 확인한 다음 노스캐롤라이나에 도착해서 엘리엇에게 얘기해 줄 내용을 기억해 두었다.

아스펜 경찰국의 아담이 전화를 해서 단순히 유타 사막보다 더 정확한 위치를 확인할 수 있는지 물었다. 엘리엇은 마지막으로 확인된 내 위치와 그 이후의 행방에 대해 이야기해 주었다. 그리고 제이슨에게서 받은 행선지 목록을 읽어주었다. 비록 석 달 전 메일에 있던 정확하지 않은 내용이었지만, 그래도 그때까지 조사를 하면서 얻은 가장 상세한 정보였다. 그래서 아담은 가능한 그 자료를 토대로 해서 움직이기로 했다.

"음, 자이언 국립공원은 알고 있어요. 워싱턴, 그랜드, 에머리 카운티의 보안관 사무실에 연락해 봐야겠군요. 그랜드 카운티 국립공원과 자이언 국립공원도요. 이곳은 미국 서부에서 인기가 최고인 국립공원, 캐니언랜드 국립공원과 아치스 국립공원의 본거지니까요."

담당자 아담은 유타주 동남 지역에 있는 거의 모든 공공 기관에 내 자동차에 관한 내용을 알려 주었다. 하지만 그 기관들 중 어떤 곳도 본격적으로 수색을 하지는 않았다. 그 주에 있는지 확실하지도 않은 차를 찾기 위해 모든 자동차를 수색한다는 것은 비용이 엄청나게 많이 드는 일이기 때문이다. 그렇더라도 그들이 순찰을 하다가 내 차를 찾게 되면 아스펜 경찰에 연락을 하기로 했다.

엘리엇은 아담과 연락한 뒤에도 계속 메일을 확인하고, 답신을 했는데, 그다지 눈에 띄는 내용은 찾지 못했다. 대개가 "아론이 어디에 있는 잘 모르겠지만 정말 걱정되는군요"라는 내용이었다. 그 중에서 하나의 메일이 눈에 띄었는데 다니엘 해들릭이 보낸 것이었다. 그 친구는 엘리엇에게 유타가 아닌 콜로라도에 있는 홀리 크로스 산과 소프리스 산을 지목했다.

보낸 사람   다니엘 해들릭
보낸 날짜   2003년 4월 30일 수요일, 오후 12시 27분.
받는 사람   브리언 애프터.
제   목   RE : 아론 랜스톤을 찾습니다.

브리언과 제이슨에게.
아론이 지난 주말에 유타에 간 것 같지는 않습니다. 4월 20일에 이메일로 아론에게서 받은 다음 내용을 첨부합니다.

- -

내일 코넌드럼 핫스프링스Conundrum Hot Springs와 캐슬아브라Castleabra에 오를 예정이거든. 계곡의 물에 잠깐씩 몸도 담글 거야! 그러고 나서 금요일에는 자넷과 함께 크로스 클루아르Cross Couloir에 올라 그 시즌 마지막으로 일요일까지 스키를 탈거야,

일단 수요일에는 소프리스 산에서 스키도 타고 금요일이나 토요
일에는 홀리 크로스 클루아르에 올라갈 거야. 그리고 그곳에서
또 무엇을 하게 될 지는 아무도 모르는 거지! 이 곳은 봄일 지도
모르지만, 난 스키를 타거나 눈 덮인 산을 등반할 수 있을 만큼 먼
곳에 있을 거야.

잘 지내.

– 아론

- -

이 내용으로 보면 아론이 수요일에서 목요일(4/23~4/24)에 소프
리스 산에 있었고 금요일에서 토요일(4/25~4/26)에는 홀리 크로
스 클루아르에 있었어요. 누군가 이 지역에서 아론의 차를 찾아보
지는 않았나요? 아론에게서 소식을 들으면 가능한 빨리 내게 알
려주세요. 그리고 이번 주말에 차를 타고 다니면서 아론이나 아론
의 차를 찾을 사람이 더 필요하면 줄리아와 내게 알려주세요.

– 다니엘

내가 브래드에게 한 얘기와 반대되는 내용이긴 했지만, 오직 다
니엘에게만 내가 글로 여행 일정을 남겼기 때문에 엘리엇은 아스펜
경찰과 함께 홀리 크로스를 수색해볼 필요가 있다고 판단했다. 오
후 1시가 막 넘은 시간에 엘리엇이 아스펜 경찰의 아담과 통화를 했
더니, 아담은 홀리 크로스 산 입구와 가장 가까운 도시의 경찰국에
연락을 해서 내 차를 찾아보도록 하겠노라고 대답했다. 그러면서
이렇게 덧붙였다.

"그런데, 우리에게 제공해 준 자동차 번호 뉴멕시코 888-MMY

는 없는 번호입니다. 정확한 차량 번호가 있어야 할 것 같습니다.”

“그런가요? 지금 확인하고 바로 연락드리겠습니다.”

엘리엇은 나의 어머니께 전화를 걸었다. 어머니는 점심도 먹지 못한 채 이층 사무실 책상에 앉아 서류를 정리하고 있었다. 그러는 동안에도 내가 분명 위험에 빠졌을 거란 생각 때문에 머리가 어떻게 될 것만 같았다. 그런 생각을 떨어내려고 안간힘을 썼지만 마음속에서 솟아오르는 무기력함에 사로잡힌 어머니는 종이 뭉치를 집어던지면서 소리쳤다.

“아론을 위해 뭐라도 해야 돼.”

내 목숨이 당신의 행동에 달린 것만 같았다. 그저 가만히 앉아 기다리면서 일이 어떻게 되어 가는지 전해 듣기만 할 수는 없었다. 그런 것은 어머니의 방식이 아니었다. 아버지에게 계속 연락을 했지만 전화는 꺼져 있고, 숙소에도 없었다. 저녁에 호텔에 돌아오는 대로 전화를 해달라고 메시지를 남기는 수밖에 없었다. 어머니는 혼자서 제이슨에게 받은 정보를 가지고 아스펜 경찰서와 브래드, 유타 고속도로 순찰대, 자이언 국립공원 등 연락을 해 보아야 할 곳의 목록을 만들었다. 어머니가 그 목록의 첫 번째 장소에 전화를 막 하려고 할 때 휴대폰이 울렸다.

“어머님? 저 엘리엇이에요.”

“아, 그래요. 혹시 뭐라도 알아낸 게 있나요?”

“예, 지금 경찰이 수색을 하고 있는데요, 아론의 차량번호가 등록되지 않은 잘못된 번호래요. 확인해 주십사 전화드렸어요.”

“그래요? 그럴 리가 없을 텐데⋯. 886–MMY 맞나요?”

“아…. 브리언이 잘못 적었군요. 888이라고 했네요. 경찰에 다시 연락해야겠어요.”

하지만 30분 후 엘리엇은 어머니에게 다시 전화를 했다.

“아스펜 경찰에서 그것도 아론 자동차 번호가 아니라고 했어요. 그 번호는 앨비키키 여성 소유의 쉐비 블레이저*Chevy Blazer*의 번호래요.”

“네? 이게 도대체 어떻게 된 일이죠?”

“글쎄요. 저도 잘 모르겠어요. 어머님은 더 아시는 게 없으신 건가요?”

“아…. 내가 알고 있는 건 그것뿐인데….”

“네, 알겠어요. 나머지는 제가 알아볼게요.”

전화를 끊고 얼마 안 있어 아버지에게 전화가 왔다.

“아, 여보”

“그래요, 무슨 일이오? 매우 급한 일이라고 했다던데.”

“네, 아론이, 아론이 어제랑 오늘 출근하지 않았대요. 그래서…. 지금 실종신고를 한 상태에요.”

“뭐, 뭐라고요?”

아버지도 충격에 잠시 말을 잇지 못했다. 이내 평정을 찾은 아버지는 진척상황을 확인하고 물었다.

“내가 곧 가겠소. 조금만 기다려요.”

이내 아버지는 전화를 끊고 짐을 싸려고 했다. 어머니가 말했다.

“아니에요, 당신은 그곳에서 할 일이 있잖아요. 마치고 와요. 괜찮아요. 이곳저곳 연락하고 아론의 지배인과도 계속 방법을 찾고 있어요. 당신 인수인계하려면 시간이 많이 걸리잖아요. 일 끝내고 오는 거랑 비슷할 거예요."

"그렇기야 하겠지만…."

"정말 괜찮아요. 무슨 일이 있거나 새로운 소식이 들어오면 바로 연락할게요. 걱정말고 일 보세요."

"음…. 그래요 그럼. 꼭 연락해 줘요."

어머니는 아스펜 경찰부터 시작해 노란 편지지 첩에 적어놓은 이름으로 전화를 하기 시작했다. 20분 동안 계속 통화를 하면서 같은 내용을 대여섯 번씩 반복해야 했다. 공공안전부에 있는 순찰관리자와 자이언 국립공원 경찰에 있는 관리자 두 명과 이야기하면서 내 사건에 한시라도 빨리 도움을 줄 것을 부탁하고 또 부탁했다. 전화를 끊을 때면 "이제 또 누구에게 전화를 하지?" 하고 중얼거렸다.

조금씩, 더 조금씩

앨버커키 산악 구조회 대장이며 내 많은 멘토 중 한 사람인 스티브는 사태를 해결하는 데는 시간이 핵심이라는 사실을 정확하게 인식했다. 대부분의 경우 수색을 시작하고 처음 24시간이 가장 중요했다.

'아론이 갔을 만한 곳을 정확하게 짚어내는 것이 중요해.'

스티브는 마크에게 전화를 했고, 수요일 오후 3시 두 사람은 잘 알려지지 않은 몇 개 협곡의 위치를 알아내려 했다. 찾아낸 곳은 산라파알의 남쪽 끝에 있는 시거스 홀 근처의 케이블 협곡이었다. 그 다음에 스티브는 엘리엇과 이제껏 받은 이메일에 대해 이야기를 나누었다.

"스티브, 아까 메일을 하나 받았는데 아론의 등반 친구인 스틸러 얘기로는 아론과 함께 홀리 크로스 산 등반을 하기로 했다가 눈사태 때문에 취소했대요. 문제는 아론 혼자 등반했을 가능성도 배제할 수 없다는 거예요.

"그래요. 그럼 내가 그쪽 보안관에게 전화를 해서 홀리 크로스 산을 조사해 보도록 할게요. 아무래도 집중해야 할 지역은 유타 같지만요."

오후 4시에 스티브는 자이언 국립공원 경찰과 유타 주 에머리 카운티 보안관 사무실에 전화를 해서 버진 강과 산 라파엘의 블랙 박스로 가는 통로에 대해 각각 수색을 시작하도록 했다. 자이언 경찰에서는 그 통로들을 저녁에 수색하면서 내 차가 있는지 확인해 보겠다고 말했다. 오후 5시, 스티브는 내 차량의 전국 지명수배가 내려진 것을 확인했다. 거기에 덧붙여 지역의 수색 구조대 자원봉사자들에게 요청해 차로 여러 통로들을 다니도록 했다.

오후 6시, 보안관 대리들과 수색 구조대원들은 출렁다리와 조스 벨리, 그리고 블랙 박스의 남쪽과 북쪽 지역으로 갔다. 그리고 보통 산악자전거를 타거나 걸어서만 갈 수 있는 험한 길의 대부분을 조사했다. 스티브는 다음날 일찍 유타로 가기 위해 앨버커키에서 팀도 모았다. 그렇게 진행된 사항들을 그는 어머니께 전화로 알렸다. 그 말을 듣고 어머니는 진척상황을 담당자들에게 직접 확인하고 싶어서 견딜 수가 없었다. 오후 7시, 어머니는 에머리 카운티에 전화를 했다.

"네, 에머리 카운티입니다."

"안녕하세요? 실종자 아론의 어머니입니다. 상황이 궁금해서 전화드렸어요."

"아…, 저는 담당자가 아니고요, 지금 대신 자리를 지키고 있을 뿐이라서요. 잠시 후에 다시 전화를 하시겠어요?"

"그러신가요? 아무 거라도 아시는 것이 없나요?"

"글쎄요. 저는 잘 모르겠어요. 좀 있다가 다시 전화를 해주세요."

"네…. 알겠습니다."

잠시 후, 어머니는 두 번째로 통화를 하면서, 수색대가 '실종자나 그의 차량을 찾는데 소극적이라는 것'을 알았다.

"네, 아시다시피 지금은 해가 졌습니다. 이 시간은 대부분의 보안관 대리들이 근무가 끝나요. 계속 수색작업을 하기는 어렵습니다."

말끝에 관리인은 당연하다는 듯 이렇게 말했다.

"도보 여행자들이 가끔 방향감각을 상실해 길을 잃는 경우가 있어요. 그러다가 며칠이 지난 다음에 길을 찾는 일이 허다하죠."

'이 사람은 내 아들을 잘 모르는군.'

어머니는 생각했다. 그래서 단호한 어조로 대답했다.

"그 아이는 길을 잃은 게 아니에요. 사고가 난 거예요."

하지만 인력 상황으로 볼 때 시골의 군 보안관들이 내 차를 찾기 위해 밤 근무 순찰까지 할 수는 없다는 것을 어머니도 인정해야 했다. 어머니는 예의바르게 통화를 끝내고는 또 다음에 무엇을 해야 할지 생각했다. 아스펜 경찰서에 전화를 해 아담에게서 업무를 넘겨받은 에릭과 통화를 했다. 에릭에 시내에 있는 내 집으로 가서 신용카드 번호를 모두 알아보기로 하고 두 사람은 통화를 끝냈다.

어머니는 밤 9시에 아버지와 다시 통화했다. 두 번째 통화를 끝내고 아버지는 호텔방을 왔다갔다하면서, 내가 무슨 일을 당해서 돌아오지 못하는 게 분명하다고 생각했다. 내가 이유 없이 결근을 하거나 길을 잃은 게 아니라는 것을 아버지는 알고 있었다. 아버지가 생각하기에 내게 일어날 수 있는 일은 어디에서 떨어지거나 다리가 부러지거나 아니면 산중턱으로 떨어진 바위 밑에 갇혔거나 하는 것이었다.

아버지는 '아론, 견뎌야 해. 버텨내야 한다'며 나를 향해 간절히 기원하면서 더 끔찍한 상상을 떨쳐내려고 무진 애를 썼다.

'살아있을 거야. 아론은 살아있을 거야.'

그렇다고 믿고 싶었다. 하지만 그것은 내가 다쳤다는 의미였다. 내가 고통 받고 있다고 생각하니 몹시 괴로웠다. 하지만 그래도 죽은 것보다는 나았다. 아버지는 슬픔 때문에 자리에 가만 앉아 있을 수가 없었다. 도저히 마음을 진정하고 잠자리에 들 수가 없었다. 그래서 다른 사람에게 업무를 넘기고 그곳을 떠나야 할 경우에 대비해서 뉴욕 여행의 남은 일정을 부지런히 기록했다.

그때 내 친구 레오나는 볼더에서 명상수련을 마치고 아주머니와 함께 돌아오는 길이었다. 그곳에서 명상을 하는 중에도 나에 대한 불안은 없어지지 않았다. 돌아오는 차 안에서 두 눈을 감고 있는데 무엇엔가 연결되는 느낌이 들었다.

누군가가 레오나에게 손짓을 하고 있었다. 허리 위만 보이는 그 사람은 분명 나였다. 레오나는 나를 알아보았지만 내가 어디에 있는지는 알 수가 없었다. 나는 살아있었고 그럭저럭 괜찮아 보였지만 겁을 먹고 있는 듯했다. 팔을 가슴에 단단히 붙이고 있는 모습이 팔을 다친 것 같았다. 나는 녹색 셔츠를 입고서 좁고 어두운 곳에 서 있었다. 레오나는 지금 내가 나의 상황을 두려워하고 있다는 것을 느꼈다. 그래서 나를 가만히 만져주어 안심시키려고 팔을 뻗었지만 몸이 굳어버려 그렇게 할 수가 없었다. 레오나는 할 수 있는 일이 없었다. 모든 결정은 내게 달려 있었다. 나 스스로의 힘으로 그 결정을 해야 하는 듯했다. 레오나는 내 감정을 같이 느끼면서 신체적인 감각도 분명하게 느꼈다. 차가운 한기, 타는 듯한 갈증, 심한 피로감이 온 몸을 휘감았다.

그 환상의 세계에서 나오고 나니 방금 20km 가까이 뛰고 난 것처럼 기진맥진했다. 집에 도착한 레오나는 $3l$의 물을 벌컥벌컥 들이켰다. 그리고 두 손을 마주잡고 기도했다.

"하느님, 부디 아까 제가 본 제 친구를 도와주세요. 저는 아무 힘도 없어요. 만약 그 모습이 지금 친구가 처한 진짜 모습이라면, 제가 뭘 해야 할지 알려주세요. 그리고 제가 도울 수 있는 것이 없다면, 차라리 그 친구가 꿈에 나타나지 않도록 해주세요. 그건 너무 괴로운 일이에요."

같은 시간 어머니는 소냐와 통화를 하고 나서 잠자리에 들었지만 이내 다시 눈을 떴다. 자정이 넘도록 누워서 내 생각만 했다. 새벽 2시, 계속 안절부절못하고 근무 교대시간만을 기다리던 어머니는 아스펜 경찰에 전화를 했다.

"아, 별다른 진척이 없습니다. 아론은 4월 24일 목요일에 글렌우드에서 차 연료를 구입한 이후로는 신용카드를 사용하지 않았어요. 그 이후로는 소재가 더 이상 파악되지 않습니다. 가장 큰 문제는 차량 번호판이에요."

어머니는 정확한 차량 정보를 알아내겠다고 대답했다. 뭔가 할 일이 생겼다는 생각에 어머니는 다시 흥분이 되고 또 마음도 놓였다.

새벽 2시 45분에 어머니는 산타페에 있는 경찰과 통화를 했는데, 그는 컴퓨터 파일 체계를 조사해서 자동차 제조사와 등록된 주소를 토대로 대략적인 검색을 할 수 있는 사람이었다. 그리고 어머니가 정확하게 추론한 대로 앨버커키에 있는 집 주소로 등록이 되어 있었다. 내 차량 번호가 NM 846-MMY라는 것을 확인하고 아스펜 경찰에 그 내용을 전달했다.

그로부터 3시간 동안 혼자 밤을 새며 어머니는 나를 향해 간절하게 속삭였다.

"아론, 버텨주렴. 우리가 곧 가마. 견뎌줘야 한다."

chapter 12

엿새째. 깨달음과 행복

모든 것을 잃었을 때 비로소 우리는 무언가를 자유롭게 하게 된다.

브래드 피트*Brad Pitt*

'파이트 클럽*Fight Club*'

'편히 잠들지' 않다

나는 깜깜한 자일가방 안에서 밖을 내다보며 협곡의 아래까지 눈 길을 돌렸다. 선명한 햇살이 번지면서 밤을 지배했던 그 영상은 약 해졌다. 하지만 120시간 동안 잠을 자지 못한 탓에 머리가 완전히 뒤틀려 버려서 새로운 날이라는 현실이 환각의 조합처럼 느껴졌다.

팔을 누르고 있는 그 지긋지긋한 쐐기돌은 정신착란 상태의 내 미음이 만들어낸 형상과 거의 식별이 되지 않았다. 닷새 동안 콘택 트렌즈에 잔모래가 엉겨 붙은 탓에 눈을 깜빡일 때마다 눈이 아팠 고, 구름의 가장자리가 흔들리며 흐린 내 시야를 채웠다. 더 이상 고 개를 똑바로 들고 있을 수가 없었다. 고개가 뒤쪽 협곡 벽으로 축 늘 어지기도 했고, 이따금씩은 앞으로 떨어지기도 해서 그럴 때면 자세 를 바꿔 왼쪽 팔뚝으로 떠받치기기도 했다.

나는 좀비였다. 나는 죽지 않았다. 5월 1일 목요일이었다.

내가 그때까지 살아있다는 것이 믿어지지 않았다. 나는 며칠 전에 죽었어야만 했다. 지난밤의 저체온 상태를 어떻게 견뎌내고 살아났는지 이해할 수가 없었다. 사실, 그 밤을 견뎌 냈다는 것이 실망스럽기도 했다.

벽에 새겨놓았던 비명이 이제 틀린 것이 되었기 때문이다. 그러니까 나는 4월에 '편히 잠들지' 않았다. 날짜를 고칠까 하고 잠시 동안 생각해 보았지만 굳이 그러지 않기로 했다. 시신 회수팀이 설령 날짜를 본다고 해도 전혀 신경 쓰지 않을 것이고, 검시관은 부패의 정도로 사망 날짜를 하루 만에 알아낼 수 있을 테니 말이다. 그러면 된 거라고 나는 생각했다.

그 금발머리의 꼬마, 내 미래의 아들에 대한 환상을 보면서 느꼈던 자신감은 어디로 간 것일까?

그 전날 밤에 심리적으로 최악의 상태에 빠져 내 비명을 새기고 나서는 그 아장아장 걷는 아이를 안아 올리며 자신감을 찾은 거라고 생각했다. 하지만 다시금 생기던 힘은 쐐기돌의 냉혹한 힘과 입천장이 패이게 하는 소변의 지독한 맛에 갇혀 버렸다.

물병에 넣어둔 그 이상한 액체를 한 모금 한 모금씩 넘기다보니 입안이 헐고 입천장이 벗겨지면서 이제 죽을 거라는 생각이 절로 들었다. 소변의 신맛으로 인해 한밤중에 내가 느꼈던 자신감은 사라져 버렸다. 내가 살 거라면, 왜 내 소변을 먹겠는가? 그것은 죽음을 선고받은 사람의 전형적인 표시 아닌가? 나는 사형을 선고받았고 이제 썩어 갈 일만 남았다.

오전 8시 30분. 아직 갈까마귀는 내 머리 위로 날아가지 않았다. 잠시 동안 그 사실에 의아해했지만, 그날따라 유난히 극성스럽게 쐐기돌 주위로 모여드는 벌레 떼에 이내 생각을 빼앗겼다. 날아드는 벌레 몇 마리를 왼손으로 찰싹 쳐서 그냥 재미삼아 죽인 다음에 노란 시계를 보니 8시 45분이었다. 새마저도 나를 버렸다.

그 갈까마귀는 언제나 8시 30분 이전에 그 날의 비행을 시작했지만, 그 날은 날아오르지 않았다. 그때까지 나를 견디게 한 것이 토템신앙이었던 것 마냥, 갈까마귀가 보이지 않자 이제 내 마지막이 가까워졌다는 느낌이 들었다. 음악을 듣고 싶었지만, 디스크들은 온통 긁혀 있어 재생이 되지 않았다. 그래도 캠코더는 내 가방 안에서 모래와 충돌을 견뎌냈다.

음악은 포기하고 또 한 번 비디오 녹화를 하기로 했다. 살아있는 동안 구조가 될 가능성이 가장 높은 시간이 되었다는 생각이 문득 들었다. 배낭을 뒤로 메고 어깨 끈을 단단히 했다. 비디오를 쐐기돌에 놓고 나서 마음을 안정시키고 생각을 집중하려고 노력했다. 말을 막 꺼내는데, 가늘고 톤이 높은 내 목소리에 나 자신도 깜짝 놀랐다. 내가 이제 죽음의 사신을 기다리고 있다는 사실을 다시 한 번 실감해야 했다.

"생각을 해봤는데…. 지금은 목요일 오전 9시에요. 누군가 나를 찾아내고 내가 살아날 수 있는…가능성이 가장 큰 시간이 된 거죠."

좋은 소식이라 할 만했다. 하지만 수색이 그날부터 시작해서 일요일까지 이어질 거라는 사실을 생각하면, 금방 구조가 될 거라는 희망을 가질 이유가 없었다. '도저히 가능할 것 같지 않은'에서 아마도 '전혀 가망 없는'으로 내 기대는 변했다. 나는 그 문제를 오래 생각하지 않았다.

사실 오래 생각하고 싶다고 해도, 끊임없이 계속되고 점점 심해지는 명한 상태로 마음이 뒤죽박죽되었기 때문에 그렇게 할 수가 없었다. 내 정신력은 바닥 상태였다. 다소 어지러운 상태로, 여동생과 그 아이의 결혼식에 대해 생각했다. 동생과 잭은 8월에 있을 자신들의 결혼식에서 피아노 연주를 해달라고 내게 부탁했고 나는 그렇게 하겠노라고 대답했다.

하지만 당연히 이제 해줄 수가 없게 되었다. 참석조차도 하지 못하게 되었다. 그 생각을 하니 마음이 무너졌지만, 그래도 내가 할 수 있는 뭔가는 있었다.

"소냐…. 지금도 내가 네 결혼식에서 피아노를 연주해주길 바란다면…부모님 집의 지하실에 있는 내 상자에 테이프가 하나 있거든. 그 안에 테이프가 있어. 내가 1993년인가 94년 즈음에 나온 연습곡 대부분을 연주한 거야."

그 순간 소냐가 그 테이프를 카세트에 넣고 부모님의 집에서 어머니와 함께 음악을 듣는 모습이 떠올랐다. 그 테이프는 10년 전에 내가 그처럼 열심히 연주한 음악을 소냐와 잭에게 들려주는 내 마지막 선물이 될 것이다. 테이프에는 모차르트와 바하, 베토벤, 쇼팽 등 내가 좋아하는 음악가들의 곡이 들어 있었다.

이번에는 결혼식 장면이 불쑥 떠올랐다. 어떤 장소인지 정확히 알 수는 없었지만, 목가적인 분위기의 야외인 듯했다. 스피커에서 내 테이프의 피아노곡이 조용하게 울려 퍼지면서 슬픈 그림자가 이곳저곳으로 번지고, 그곳에 모인 가족 친지들은 슬픔에 잠겼다.

내 죽음으로 소녀의 결혼식에 어둠이 드리워지겠지만, 그래도 식은 예정대로 치러질 것이었다. 연기할 이유도 없었고 그럴 수도 없었다. 인생은 살아있는 사람들을 위해 흘러가는 것이니까.

나는 몸을 움직여 엄마와 동생의 모습을 마음에서 떨어내면서도 나중에 다시 꺼내보기 위해 생각의 끝자락은 남겨 두었다. 이러저런 생각을 하다 보니 그나마 남아 있던 기운마저 빠졌다. 내 정신력도 바닥이 났다. 힘없이 캠코더를 끄고는 쐐기돌과 협곡 사이의 틈에 집어넣었다.

나는 비참한 마음으로 시간이 공허하게 흘러가는 모양을 바라보았다. 이제 체온을 따뜻하게 하려고 애쓸 필요도 없었다. 밤새 그랬던 것처럼 바깥 공기의 혹독한 차가움이 내 몸의 열기를 더 이상 빼앗지 않았다. 낮 시간에는 다리에 감은 자일과 팔에 감은 비닐 덮개와 천의 형태를 바꿀 필요가 없으니 그 협곡에 있으면서 마지막으로 움직일 일도 없어졌다. 신경 쓸 일이 거의 없어지니 뭐든 해야 할 일도 없어졌다.

내게는 생명이 없었다. 오직 행동을 하는 동안에만 내 삶은 단순한 존재 그 이상이 되었다. 다른 일이나 자극이 없다면 나는 더 이상 사는 것이 아니었고, 더 이상 생존하는 것이 아니었다. 그저 기다리는 것일 뿐이었다.

망치 돌을 두드릴 때 그 반동의 힘으로 왼손이 약해졌기 때문에, 이제 남은 거라고는 기다리는 일뿐이었다. 그런데 무엇을 기다릴까? 구조…아니면 죽음? 무엇이든 상관없었다. 두 가지 결말 모두 내게는 같은 의미였다. 그것은 고통으로부터의 구원과 해방이었다. 그런 냉담함을 만들어내는 무기력 상태를 견딜 수가 없었다. 그 즈음에서는 기다림 그 자체가 가장 참기 힘들었다. 기다림을 끝내면 또 기다림이 남아 있었다. 그 정체 상태는 끝도 없어 보였다. 그 어느 것 하나 정적을 끝낼 수 있는 아주 희미한 암시조차 주지 않았다.

사실 나는 그 정적을 깰 수 있었다. 왼쪽 손에 느껴지는 고통을 외면하고 손에 쥘 수 있는 격추공으로 쐐기돌을 내려치는 일을 다시 시작할 수 있었다. 소용이 있든 없든 칼로 바윗돌을 쪼아내는 일을 계속 할 수도 있었다. 움직이기 위해서 지난 닷새 동안 한 일은 뭐든 할 수 있었다. 둥근 망치 돌을 잡으려고 손을 뻗다가 왼쪽 양말을 벗어 패드로 써야 할 거라는 것을 깨달았다.

신발을 벗고, 양말을 벗어 연타를 당하는 손바닥을 보호하는 쿠션재로 썼다. 엄지손가락의 단단한 부분에 있는 상처가 충격에 가장 민감해서, 처음 망치질을 할 때부터 시작해서 다섯 번을 하는 동안 계속 살려달라고 비명을 질렀다. 흥분은 분노로 변했다. 나는 이번에는 그 잔인한 협곡이 내 왼손에 한 짓에 대한 보복으로 다시 한 번 망치를 들어올렸다.

텅! 또다시 돌을 내리쳤다. 왼손이 통증으로 화끈거렸다.

탁! 다시 한 번 쳤다. 치익! 모래 가루로 작은 버섯구름이 만들어지고 망치돌과 쐐기돌 사이에 있는 양말이 내가 돌을 내려칠 때마다 그 마찰열로 인해 타는 냄새를 내며 녹아버렸다.

분노가 마음속에서 타올랐다. 망치 돌을 다시 내려쳤다.

쾅! 왼손에 전해지는 진동에 "으ㅡ아!" 하고 으르렁거리는 소리를 내며 나는 한 마리 짐승과도 같이 흥분했다. 억지로 망치질을 멈췄지만 망치를 쥔 손을 펼 수는 없었다. 내 손가락들은 꽉 쥐어진 채 마비되어 버렸다.

"자, 아론. 그만하면 충분해."

놀란 신경이 차츰 진정되면서 손가락도 펴져 돌을 쐐기돌 위에 올려놓을 수 있었다. 다시 한 번 나는 엉망이 되었다.

수색을 넓혀가다

어머니는 덴버에 있는 집 안에서 흰색 카펫이 깔린 계단에 3시간 동안이나 앉아 있었다. 내가 중고등학교에 다니던 6년 동안 한 번에 두 계단씩 오르내리면서 부모님에게 수도 없이 야단을 맞았던 바로 그 계단이었다.

최악의 시나리오들이 한꺼번에 머릿속을 돌아다니는 탓에 어머니는 진정을 할 수가 없었다. 마음이 극도로 불안했기 때문에 마치 태아처럼 몸을 웅크려야 했다. 팔짱 낀 팔 안으로 두 무릎을 밀어 넣고 왼쪽 팔뚝에 이마를 댔다. 어머니도 나처럼 기다리는 일에는 익숙하지 못했다. 기도를 해 보았지만, 열 번을 넘게 기도한 뒤에도 여전히 불안했고 안정을 찾을 수가 없었다.

새벽 5시 45분, 밤새 그렇게 앉아 있던 어머니는 뭐라도 해야 한다는 생각에 자리에서 일어나 유타 남부와 중부에 있는 공유지를 관리하는 정부와 주 기관들의 목록을 훑기 시작했다. 어머니는 목요일 오전 이른 시간에 대여섯 개의 기관에 전화를 했다. 우선 토지 관리국의 행크스빌 지국에 전화를 걸어 메시지를 남겼다. 다음에는 세인트 조지 경찰에 전화를 해 신고를 했다.

그 다음에는 시더 시티에 있는 공공안전부 관리자에게 실종자의 정보를 접수시켰고, 몇 분 뒤에는 리치필드의 공공안전부 관리자에 게도 접수시켰다. 오전 7시 15분 전, 공공안전부의 리치필드 관리자 인 조지아와 이야기할 때쯤 어머니의 목소리는 흥분으로 지치고 힘 이 빠졌다.

내가 돈을 많이 갖고 있지 않을 것이며 그래서 차에서 야영을 할 것이라고 설명하면서 어머니는 나를 구두쇠라고 했지만, 굉장히 책 임감 있는 사람이라 전화를 할 수 없는 어떤 끔찍한 일이 일어나지 않은 한 직장에 전화를 하지 않을 리가 없다는 말도 뒤에 덧붙였다.

조지아가 오전 6시 52분에 주 전체에 나가는 라디오 방송을 통해 '사람 찾음'의 공지를 내보내며 어머니에게서 들은 정보를 방송했다.

리치필드의 모든 차량에게 알립니다. 실종자를 찾습니다. 실종자는 유타에 있는 것이 확실하며 아마도 공원 지역에 있을 것으로 추정됩니다. 실종자는 콜로라도주 아스펜에서 유타주로 오지 여행을 하고 있었다고 합니다. 지난 4월 24 일 목요일에 아스펜에서 마지막으로 목격되었습니다. 여행 하기에 좋을 만큼 따뜻한 유타 어느 지역을 갔을 거라고 합 니다.

그의 차량은 98년형 밤색 도요다 타코마이며 뉴멕시코 번호
판 8-4-6-마이크-마이크-양키이고 차 위에 스키 걸이
와 캠프용 덮개가 있다고 합니다.

실종자는 아론 랠스톤으로 나이는 스물일곱 살이고 백인,
키는 189cm, 몸무게는 75kg이며, 눈은 갈색이고 머리는 금
발입니다. 혼자 여행 중이었고 경험이 많은 여행자이며, 수
색 구조대이고, 등반가이며, 스키어이기도 합니다.

실종자는 화요일에 출근할 예정이었지만 출근하지 않았습
니다. 그리고 아무 소식도 없었습니다. 그의 차에는 스키 걸
이와 스키 장비가 있습니다. 유타 주의 오지로 여행을 가겠
다고 친구에게 말했다고 합니다. I-70번 도로로 여행을 했
을 가능성이 있고, 그곳에서부터는 행방을 알 수 없습니다.
그리고 실종자는 돈을 별로 가지고 있지 않으며 차에서 야
영을 했을 것으로 짐작됩니다.

오전 8시, 어머니는 솔트 레이크에 있는 토지 관리국 사무실의 래
리 샤클포드와 통화를 했다. 래리는 전화를 끊자마자 토지 관리국
과 유타주 어류 및 야생동물 사무실에 내 차에 대한 '수색' 통지를
보낸 다음, 이어서 그 사무실에서 개인적으로 아는 사람들 5~6 명
에게 전화를 걸어 행동 요청 통지를 받았는지 확인했다.

조지아와 래리가 수색 작업이 진행되도록 즉각 조치를 취해주는
것을 보고 어머니는 안도감을 느꼈다. "이런 일은 늘 일어납니다."

라거나 "결국 어디에선가 나타날 겁니다."라는 경찰과 관리인들의 말에 어머니는 지쳐 있었다. 그런 어머니에게 조지와 래리의 행동은 깜깜한 아침을 가르는 두 줄기 햇빛이었다.

어머니는 지난 24시간 동안 계속 연락을 취한 사람들 중에서 가장 협조적이고 도움을 주려했던 카일 엑커가 근무를 다시 시작하기를 간절히 기다렸다. 한시라도 빨리 그와 수색 진행 상황에 대해 이야기를 하고 싶었다.

오전 9시, 아담 크라이더가 내 예금 계정에서 무효가 된 수표를 가지고 아스펜 경찰국을 나와 은행으로 향했다. 문을 연 직후라 은행에는 사람이 없었다. 아담은 첫 번째 창구로 가서 그날의 업무를 준비하는 은행원에게 협조를 구했다. 아담의 이야기를 듣고 나서 은행원은 내 직불 카드 내역을 찾아봐도 되는 지 지점장에게 허락을 얻었다. 그러고 나서 몇 사람이 컴퓨터 화면을 지켜보는 가운데 은행원은 내 계정의 숫자를 검색했다.

"25일에 모아브에 있는 시티 마켓에서 마지막으로 사용한 것 같은데요."

"액수는 얼마입니까?"

"22달러 31센트이고……현금 인출은 하지 않았습니다."

(나는 주스와 과일, 캔디 바, 멕시코 식 빵을 샀다)

"그 전 내역은요?"

"24일에 이곳의 마켓에서 29달러 22센트를 썼습니다."

(브래드와 가기로 한 스키 여행과 그 뒤에 있을 휴가를 위해 짐을 꾸리러 집에 가는 길에, 그러니까 23일 저녁에 그곳에서 식료품을 샀는데 그

슈퍼마켓에서는 자정 이후가 돼서야 거래내역을 처리했다)

"그게 전부입니까? 25일 이후에는 없어요? 이 내용은 얼마나 자주 업데이트됩니까?"

"즉시 업데이트 됩니다. 적어도 몇 시간에 한 번씩이오. 상점 주인들이 처리 내용을 어떻게 제출하느냐에 따라 달라집니다."

아담은 그 전날 밤에 자신과 다른 경찰들이 통화한 내용을 통해 로어링 포크 강과 콜로라도 강의 교차 지역에 있는 도시인 글렌우드 스프링스에서 24일에 연료를 주입한 것이 마지막 신용카드 내역임을 알고 있었다.

글렌우드에서 동쪽이나 서쪽으로 갔을 가능성이 있었는데, 그 때문에 경찰에서는 내가 일주일 동안 신용카드를 쓰지 않았다는 사실 말고는 별로 알아낼 수 있는 것이 없었다. 아담은 은행에서 얻어낸 정보를 기초로 내가 모아브에 도착했다가 25일 금요일에 그곳을 떠났을 가능성이 있음을 알아냈다. 그런데 나는 어디로 간 것일까?

드디어 발견된 차

목요일 오전 9시 7분에 스티브 패쳇은 앨버커키에 있는 그의 집 주방에 앉아 다음 수색 작업은 어떤 식으로 해야 할지 생각했다. 우선 그는 집전화로 에머리 카운티 보안관 사무실에 전화를 해서 케일 엑커와 통화를 했다. 두 사람은 전날 오후에 통화를 하고나서 시작되었던 수색 상황을 점검했다. 케일은 최초의 수색작업에서 아무 실마리를 얻지 못했다고 설명했다.

"우리 직원들이 수색구조팀과 차를 타고 블랙박스를 수색했지만 아무 것도 발견하지 못했습니다. 보안관 대리 두 명이 조스 밸리도 가보았는데 그곳에는 여행객들이 많이 있었어요. 하지만 그곳에서 역시 아무 것도 발견하지 못했습니다. 어두워지기 직전에 사람들을 다 철수시켰습니다."

오전 9시 15분에 케일은 캐니언랜드의 메이즈 지역 입구에 있는 한스 플랫 관리소에 전화를 해서 붉은색 도요다 타코마에 대해 물었다. 순찰 경비대원인 글렌 쉐릴이 전화를 받았는데 어떤 차인지 즉시 알아들었다. 그 차는 주말부터 말발굽 협곡에 있었다.

"그곳에 있습니다. 아, 그러니까 3일 전에 그 차를 봤어요. 지금도 거기에 있습니다."

글렌이 케일에게 대답했다.

국립공원 관리청은 매일 협곡에 순찰경비대원들을 배치해 그레이트 갤러리에서 관광객들을 감시하면서 5천년 된 암각화들을 보호하도록 했다. 보통 순찰경비대원들이 그곳 거리에 가장 먼저 도착하고 가장 늦게 떠나기 때문에, 비포장된 주차장이 텅 비어 있거나 아니면 차가 한 두 대 서 있고 옆에 텐트가 설치되어 있는 모습을 보는 때가 많았다. 그러니 차 한 대가 거의 한 주 내내 주차장에 서 있는 모습은 당연히 경비대원들의 관심을 끌었다. 내 차가 입구 도로의 맞은편에 있는 환영 표지판을 밉살스럽게 막고 있었기 때문에(나는 차에서 잠을 잘 생각으로 뒷자리가 평편하게 되도록 주차를 해놓았다).
더더욱 눈에 띄었다.

글렌은 90% 확실하다고 느끼면서 잠시 숨을 고르고 확신하듯 말
했다.

"그 차인 것 같습니다."

케일이 물었다.

"가서 차량 번호판을 확인해 줄 수 있는 사람이 있습니까?"

"예, 알아보겠습니다. 다시 전화 드리죠."

글렌은 주차장에서 협곡으로 갈 준비를 하고 있던 경비대원들에
게 무전기를 통해 연락했다. 경비대원들은 그곳에 차가 아직 있다
고 확인해주고 차량 번호를 불러주었다. 글렌은 케일에게 전화를
해서 분명하게 확인을 해주었다.

"그 차를 찾았습니다."

"도와주셔서 고맙습니다. 현장에 사람을 보내겠습니다."

케일은 미치 베테레에게 차를 몰고 현장으로 가도록 지시를 한
다음, 유타주의 공공 안전부 관리자에게 전화를 해 헬리콥터 지원을
요청했다.

말발굽 협곡에서 내 차가 발견되었다는 소식이 오전 9시 37분에
엘리엇에게 전해졌다. 엘리엇은 그때부터 1시간 동안 휴대전화를
하며 차를 발견했다는 소식을 알렸다. 전국에 퍼져 있는 내 친구들
에게 그 소식은 새로운 희망의 빛이 되었다.

아스펜에서 레이철은 이메일로 그 소식을 친구들에게 보냈다. 스

티브 패쳇은 오전 10시 31분에 뉴멕시코에서 제이슨 할러데이와 전화를 했다. 얼마 안 가 두 사람은 두 그룹의 내 친구들, 수색 구조대원들, 말발굽 협곡으로 가기로 즉각 계획을 세운 로스 알라모스와 앨버커키에 있는 등반 동료들을 모았다.

스티브는 케일 엑커에게 전화를 해서 앨버커키 산악 구조 협회 팀도 수색에 참여할 의사가 있다고 알렸다. 엑커는 그들이 수색에 참여해주면 도움이 될 거라고 대답했다.

덴버에 있는 우리 집에서는 어머니가 친구 앤과 함께 또 하나의 계획에 따라 움직이고 있었다. 두 사람은 실종자의 포스터를 만든 다음 그랜드 정크션에 있는 교회에 팩스로 보내 그 전단을 도시 근처의 주유소로 가져가 혹시라도 유타로 가는 길에서 나를 본 사람이 있는지 알아봐 달라고 부탁할 작정이었다.

어머니는 〈아스펜 타임즈〉3월호를 찾아내 캐피톨 피크에서 찍은 내 사진을 오려냈다. 그리고 그 사진을 복사용지에 테이프로 붙인 다음 4×6크기의 사진 아래에 내 소재에 대해 어머니가 가지고 있는 모든 정보와 나의 신체적인 특징을 기록했다.

아론 랠스톤

생년월일 : 75년 10월 27일생, 27세

키 : 190cm 가량 몸무게 : 80kg

외모 : 덥수룩한 갈색 머리

실종일: 4월 24일 오후 6시 추정

실종 장소 : 콜롬비아주 카본데일. 글렌우드 스프링스에서 4월

24일 초저녁에 주유소에서 신용카드 사용.

특이 사항 : 운동에 아주 능함. 야영과 바이킹을 하거나 스키를

타기 위해 유타로 간 것으로 짐작됨

어머니는 내 차의 특징과 정확한 차량 번호까지 첨부하고 아스펜 경찰서의 전화 번호를 기록해서 포스터 작업을 마쳤다. 어머니와 앤이 복사기 옆에 서 있는데 초인종이 울렸다.

"누굴까?"

어머니가 큰 소리로 물었다. 그리고 누구인지 확인도 안 하고 문을 열었다. 교회 친구인 수 도스였다. 수는 교회에 있다가 도와달라는 어머니의 부탁을 받고 그 길로 달려온 것이었다. 어머니는 내 상황에 대해 알고 있는 얼마 안 되는 내용을 서둘러 이야기했다.

세 사람은 눈물을 흘리고 서로 끌어안고 흐느꼈지만, 이내 수와 앤과 어머니는 행동에 돌입할 준비를 했다. 세 사람은 금방 만든 포스터를 멀리 떨어진 지역에 배포하기 시작했다. 어머니는 팩스 기계가 뜨거워질 때까지 내 포스터를 보냈다. 오전 9시 45분에 세 사람의 작업이 아주 순조롭게 진행될 즈음 어머니의 휴대폰 전화가 울렸다.

전화기 저쪽의 목소리는 캐니언랜드 국립공원의 스티브 스웽크 임시 관리소장이었다. 스티브는 어머니와 처음 통화하는 것이었으므로(그는 얼마 전에 시작된 조사 과정에 막 합류했다) 우선 자기소개를 했다. 하지만 어머니는 그가 전하는 놀라운 희소식을 듣고 거의 정신을 잃을 정도가 되었다.

"부인, 아드님의 차를 찾았습니다."

어머니는 숨을 헐떡이며, 흥분 때문에 비명에 가까우리만큼 큰 소리로 그 소식을 전했다.

"아론의 차를 찾았대! 하나님, 감사합니다. 그 아이의 차를 찾았대!"

스티브에게서 상황을 더 자세하게 듣고 나서, 어머니와 친구들은 서로 포옹을 했다. 이제 구조대가 나를 찾아내기를 그리고 내가 무사하기를 기도하는 것밖에는 더 이상 할 수 있는 일이 없었다.

국립공원 관리청과 사고 대응을 지시하는 에머리 카운티 보안관 간의 공조 노력 속에, 스티브 스웽크와 엑커는 말발굽 협곡에서 해야 할 작업에 대비해서 헬리콥터와 수색견, 등반팀, 지상 작업반등을 요청했다. 모아브에 있는 연합 사령본부에서 스티브 스웽크는 두 명의 조사관을 배치해 나에 대한 신상을 조사하도록 했다. 두 조사관이 우선 한 일 중 한 가지는 인터넷에 들어가 검색창에 내 이름을 입력하는 것이었다. 이내 나의 웹사이트가 뜨면서 등반 계획, 협곡 등반 여행 기록, 뉴멕시코에 있는 암각화들의 사진도 함께 나타났다.

그들은 내가 노련한 야외 스포츠 애호가지만 말발굽 협곡 주변 지역에는 그리 익숙하지 않다고 짐작하고, 그 내용을 실종자 신상 평가의 아홉 가지 항목에 포함시켰다. 사고 지휘자들이 날씨와 지형, 그 지역의 구조 역사라는 요소와 함께 실종자들의 숫자와 나이, 건강 상태, 장비, 경험을 토대로 실종 상황의 상대적인 긴박함을 평가 하는 데는 전미 수색구조 협회의 지침이 기초가 된다.

수색 지휘자들은 각 요소에 1이나 2나 3을 매긴 결과를 보고 대응을 적절하게 평가한다. 1은 3보다 더 긴박함을 나타낸다.

심장 병력이 있고(2) 아주 나이가 많으며(1) 경험이 없는(1) 실종자가 가파르고 바위가 많은 지형(1)에서 옷만 입고(1) 폭풍우 속에서(1) 혼자(1) 길을 잃었는데, 그 지역은 사고가 난 적이 있고(1) 수색 대상이 그 지역에 없을 가능성이 낮을 때(1)라면 총 점수가 10점이 된다. 점수가 9~12라면 1등급 비상 대응상황이 된다.

나에 대해 입수할 수 있는 정보를 토대로 평가한 결과 상대적 긴급표에서 2등급 대응으로 결정되었는데, 이는 최초에 현장에 투입되는 인력과 장비의 숫자와 속도에서만 비상 대응과 다른 것이었다. 하지만 내가 4,200m 이상의 산을 겨울철에 단독 등반하는 등의 폭넓은 경험을 했고 실종 기간이 일주일 가까이 되었다는 사실 때문에, 스티브 스웽크는 긴급함의 정도를 비상 대응 상태로 상향조정했다. 그리고 헬리콥터 한 대를 요청했다.

작업 목표와 관련해, 스티브는 수색구조 인력의 개인적인 안전을 확보하는 것 다음으로 두 번째 중요한 목표는 "2003년 5월 1일 20:00시까지 아론 랠스톤의 위치를 찾고, 접근하고, 안전을 확보한 다음, 그를 수송하는 것이다"라고 발표했다. 나를 그 황무지에서 10시간 안에 구출한다는 것이 구조 작업의 핵심이었다.

오전 10시 드디어 구조가 시작되었다.

단행

팔의 벌어진 상처에 쌓인 먼지를 떨어내고 싶었다. 칼을 집어 들고 날카로운 날을 붓처럼 사용해 갇힌 손에 묻은 먼지를 쓸어냈다. 엄지손가락에서 돌가루를 쓸어내다가 실수로 살을 찌르는 바람에 썩은 살이 얇은 조각처럼 떨어졌다. 어떻게 된 일인지 나도 모르는 사이에 그 살은 뜨거운 우유막처럼 벗겨졌다. 손이 썩어 들어간다는 것을 나는 이미 알고 있었다. 그곳에 갇힌 뒤로 혈액순환이 되지 않았기 때문에 손은 죽어가고 있었다. 절단에 대해 생각할 때마다, 언제나 그 생각은 내 손이 이미 죽었으며 그곳을 빠져나가려면 팔을 절단해야 한다는 전제 하에 있었다. 하지만 일요일 오후 이후로 부패가 얼마나 빨리 진행되었는지는 알지 못했다. 그곳에 사는 벌레들이 왜 그렇게 많이 떼를 지어 내게 모여들었는지 그제야 이해가 되었다. 벌레들은 다음 식사거리 냄새를 이미 맡았던 것이다. 호기심이 생겨 칼날로 엄지손가락을 두 번 찔러 보았다. 두 번째 찌를 때에는 칼날이 마치 실온 상태의 버터 조각을 찌르듯 표피를 찌르며 적나라하게 쉿 소리를 냈다. 가스가 새는 것은 좋지 않은 현상이었다. 부패는 내가 짐작했던 것보다 더 빨리 진행되고 있었다. 냄새가 내 둔한 코에는 아직 심하지 않았지만 그래도 꽤나 고약한 것이 멀리 떨어진 시체에서 나는 악취 같았다.

냄새의 뒤를 이어, 이런 생각이 머릿속에 퍼뜩 떠올랐다.

'손에서 뭔가가 시작되었다면 이내 팔뚝도 그렇게 될 거야. 이미 그렇게 되지 않았다면 말이야.'

그것이 부패든 뭐든, 아무튼 내 몸을 독살할 거라는 사실은 분명했다. 나는 사암 수갑에서 팔뚝을 빼내려고 미친 듯이 몸부림쳤다. 내가 원하는 것은 그 썩어가는 부속물에서 나를 떼어내는 것뿐이었다.

'내게 이 따위는 필요 없어. 이건 내 몸이 아니야. 그냥 쓰레기야.'

"아론, 던져버려. 없애버려."

앞뒤로, 양옆으로 위아래로, 아래위로 몸부림을 쳤다. 처절한 중오로 비명을 지르며 협곡 벽에 몸을 이리저리 부딪혔다. 냉정함을 잃지 않으려고 필사적으로 노력했지만 이제 그런 것은 전혀 남아 있지 않았다. 꿈쩍도 하지 않은 쐐기돌의 힘 안에서 팔이 부자연스럽게 구부러지는 것이 느껴졌다. 신성한 존재가 개입하는 듯 근사한 빛이 번지면서 퍼뜩 어떤 생각이 떠올랐고, 그 순간 내 발작도 멈췄다.

'팔을 최대한 비틀면 뼈가 부러질 지도 몰라. 빌어먹을 팔이 반으로 꺾일 때까지 구부리는 거야!'

"아, 아론, 바로 그거야. 바로 그거야. 바로 그거라고!"

나는 급히 돌 위에서 내 물건을 치우고 머리를 꼿꼿이 세웠다. 머뭇거릴 이유가 없었다. 신성한 존재의 힘을 얻어, 내가 무엇을 해야 하는지를 깨달을 수 있었다. 나는 말하자면 자동조정 장치 상태로 들어갔다. 더 이상 내가 조정하는 것이 아니었다. 잠시 후에 나는 쐐기돌 아래 몸을 웅크렸다. 허리가 당긴다는 느낌이 들 때까지 몸을 낮춰야 했다. 그리고 데이지 체인을 앵커 끈에서 풀고 엉덩이가 협곡 바닥의 돌에 거의 닿을 때까지 될 수 있는 한 아래로 몸무게를 내렸다. 왼손을 쐐기돌 아래에 둔 채 세게, 더 세게, 더 세게! 내려가 요골에 아래쪽으로 가하는 힘이 미칠 수 있도록 했다. 천천히 팔을 왼쪽 아래로 구부리는데 소리가 약한 장난감 권총이 발사된 것처럼 탕!하는 소리가 울렸다. 나는 한 마디도 할 수 없었다. 손을 뻗어 팔 뚝을 만져보았다. 손목 위에 평소에는 없던 혹이 있었다. 쐐기돌에 서 멀리 몸을 당겨 다시 아래로 내리면서 방금 전 했던 자세를 해보 았다. 완전히 부러진 팔뼈의 톱니모양의 가장자리가 부딪히는 것을 느낄 수 있었다.

더 이상 주저하거나 잠자코 있지 않았다. 마음속에 단 하나의 뚜 렷한 목적을 가지고 몸을 쐐기돌 위로 구부렸다. 신발을 양쪽 협곡 벽에 대고 두 다리로 밀며 왼손으로는 쐐기돌의 뒷부분을 잡고 내 게 있는 모든 잔인함을 다 끌어 모아 세게, 더 세게, 더 세게! 몸을 끌어당기니, 두 번째 총 소리가 척골에서 났다. 나는 땀에 흠뻑 젖은 채 기쁨에 도취되어 오른쪽 손목 아래 5cm 정도 되는 곳을 만져보 고는 오른쪽 어깨를 쐐기돌로부터 잡아당겼다. 두 개의 뼈가 같은 곳에서 분리되었는데, 요골보다는 팔꿈치에 1cm 정도 더 가까운 척 골 부근인 것 같았다. 팔뚝을 집안의 기둥처럼 돌려보니 손목의 움 직임과는 전혀 상관없는 움직임이 느껴졌다.

나는 감금의 실마리를 풀었다는 흥분에 도취되었다. 다용도 칼에 서 두 개의 날 중 좀 더 짧고 날카로운 날을 서둘러 편 다음, 연습해 보았던 지혈대 과정은 생략하고 두 개의 푸른 혈관 사이에 칼끝을 댔다. 칼을 손목으로 찔러 넣으니 피부가 안쪽으로 밀려들어갔다. 그러다 칼이 피부를 뚫었고 마침내 칼자루 바로 아래까지 들어갔 다. 고통이 불길처럼 번졌다. 이제 시작이었다. 시계를 보니 오전 10시 32분이었다. 나는 스스로를 격려했다.

"좋아, 아론, 그렇게 하는 거야. 넌 할 수 있어."

팔을 자르는 것은 서서히 자살하는 행위일 뿐이라고 단정했던 이전의 생각은 잊어버리고 세차게 출렁이는 감동의 물결을 향해 나아갔다. 그렇게 하지 않는다면 서서히 다가오지만 분명한 죽음을 기다리는 방법 밖에는 없음을 알기 때문에 나는 행동을 하면서 죽음의 위험과 마주하는 쪽을 택했다. 사암으로 된 장갑 속으로 내 팔이 사라진다는 것이 비현실적으로 보였지만, 팔을 절단하는 방법을 알게 된 것은 아주 대단하게 느껴졌다.

우선 나는 칼을 아랫방향으로 켜서 피부에 아주 가까이 있는 실 같은 혈관들을 다치지 않으면서도 팔뚝 표면 아래 있는 피부를 최대한 절단했다. 일단은 손목 아래로 10cm 쯤 되는 위치에 충분히 큰 구멍을 냈다. 잠깐 칼의 손잡이를 이로 물고, 처음에는 왼쪽 집게손가락으로 다음에는 엄지손가락으로 팔을 찌르고 만져 보았다. 이상하고 낯선 조직을 구분해 가면서 팔의 내부 특징을 머릿속에 그려보았다. 근섬유 다발이 느껴지고, 그 뒤로 손가락을 움직여 보았더니 깨끗하게 부러졌지만 끝이 맞닿아 덜컹거리는 두 개의 뼈가 만져졌다. 갇힌 손바닥을 아래로 돌리는 느낌으로 오른쪽 팔뚝을 비틀어 보니 가장 가까운 쪽 뼈끝이 원래 붙어있던 뼈에서 자유롭게 돌아갔다. 그것은 고통스러운 동작이었지만 동시에 토요일 이후로 해보지 못한 동작이었으므로, 짓이겨진 채 죽은 손에서 내 나머지 몸을 이제 곧 빼낼 수 있을 거라는 생각이 들면서 흥분이 되었다. 시간문제일 뿐이었다.

찌르고 꼬집어 보면서 단단한 힘줄과 인대, 그리고 말랑말랑하고

302

탄력이 있는 느낌이며 좀 더 유연한 동맥을 구분할 수 있었뚜. 할 수만 있다면 끝까지 동맥은 자르지 말아야 한다고 마음먹었다. 피 묻은 손가락들을 절개 부분의 가장자리에 대고, 칼과 엄지손가락으로 힘줄 한 가닥을 골라낸 다음 칼을 작은 과일칼처럼 사용해 불그스레하고 손가락 크기만한 그 가닥을 잘랐다. 그 과정을 열 번 넘게 반복하면서 주저하거나 소리 내지도 않고 근육의 힘줄을 끊고 또 끊었다.

골라내고, 집어내고, 당기고, 자른다.

골라내고, 집어내고, 당기고, 자른다.

이 과정을 반복했다.

피가 묻어 끈적끈적한 덩어리가 날카로운 칼날과 왼쪽 엄지손가락 사이에 오게 되면 뭐든 앞뒤로 움직이는 다용도 칼에 희생되었다. 나는 매끄러운 관의 바깥 면에 그려진 선을 따라 파이프를 자르는 파이프 절단기와도 같았다. 금속 칼날에 근육 더미가 굴복할 때마다, 나는 연필 굵기의 동맥을 찾았다. 그래서 그것을 약간 당겨서 절단해야 하는 근육 가닥에서 떨어뜨려 놓았다. 마침내, 팔뚝에 있는 연한 근육 조직을 3분의 1쯤 제거한 다음 정맥을 잘랐다. 아직 지혈대를 대지는 않았다. 나는 크리스마스 선물에 흥분한 다섯 살짜리 아이와 같았다. 시작을 했으므로 중단할 수 없었다. 계속 자르고 싶다는 마음, 벗어나고 싶다는 희망이 너무도 강렬했다. 그래서 내 부서진 손이 혈액순환을 차단하는 밸브 역할을 하기 때문에 그렇게 피가 많이 나지 않고 그저 몇 방울 흐르는 것일 뿐이라고 합리화했다.

그로부터 10분, 15분, 20분이 흘러갔다. 나는 가능한 빨리 그 수술 작업을 진행하는 데만 온통 관심을 쏟았다. 그러다 팔뚝 한 가운데 있는 1cm 넓이의 노란 힘줄을 보고는 당황해서 수술을 중단하고 지혈대를 준비했다. 이즈음, 두 번째 동맥을 자르면서 70~80ml, 그러니까 컵 3분의 1쯤 되는 분량의 피를 팔 아래 협곡 벽에 흘렸다. 팔의 중간 부분까지 결합 조직을 대부분 제거하고 혈관을 열어놨기 때문에, 마지막 몇 분 동안 출혈이 심해질 거라 생각했다. 이제 단단하고 튼튼한 힘줄을 제거할 차례였으므로 수술의 속도는 느려졌다. 그리고 나는 갇혀있는 동안 불필요하게 피를 흘리고 싶지 않았다. 차가 있는 곳까지 걸어가고 그곳에서부터 또 차를 타고 행크스빌이나 그린 강까지 가기 위해서는 피를 한 방울이라도 아껴야 했다.

어떤 길로 가야 최대한 빨리 치료를 받을 수 있을지는 아직 결정하지 못했다. 가장 빨리 전화를 이용하려면 행크스빌로 가야 했는데, 그곳은 왼손으로 차를 운전해 서쪽으로 서둘러 달리면 1시간 내에 도착할 수 있었다.

하지만 그곳에 병원이 있는 지는 기억이 나지 않았다. 기억나는 것은 주유소와 햄버거 집뿐이었다. 그린 강은 북쪽으로 2시간 동안 운전해가야 했지만, 대신 그곳에는 병원이 있었다. 가는 길에 나를 구하러 오는 누군가를 만나길 바랐지만, 토요일에 그곳을 떠날 때를 다시 생각해 보았다. 넓이가 3,700여 평이나 되는 땅에 차가 단 두 대밖에 없었다. 더구나 그때는 주말이었고 지금은 평일이었다. 내가 그 길을 갈 때 아무도 없을 거라는 위험성을 인정해야 했다. 확실한 치료를 받기까지 6~7시간을 다녀야 했다.

쐐기돌 위에 칼을 올려놓고, 지난 이틀 동안 사용하지 않고 돌 위에 올려놓았던 수낭의 고무관을 집어 들었다. 그 검은 절연 관을 팔꿈치 아래 8cm 정도 되는 곳에 두르고 이중 고리를 만들었다. 탄력성 있는 그 검은 관으로 두 개의 옭매듭을 만든 다음 한쪽 끝은 이로 물고 다른 쪽 끝은 자유로운 왼손으로 잡아 당겼다.

그리고 오래 전에, 그러니까 화요일이었나 월요일이었나, 아무튼 그때 지혈대를 가지고 처음 실험했을 때 그랬던 것처럼 지혈대에 카라비너를 재빨리 대고 여섯 번 비틀었다. 그러면서 생각했다.

'왜 그때는 뼈를 부러뜨릴 생각을 못했지? 그 많은 시간 동안 왜 고통을 당해야 했던 거야?'

맙소사, 내가 아주 멍청한 인간이어서 손을 돌덩이에 갇힌 채 있었던 것이다. 팔을 자르는 방법을 알아내는데 엿새가 걸렸다. 자기혐오로 목이 메어 와서 이내 머릿속을 정리했다.

'아론, 다 쓸데없는 생각이야. 그건 중요하지 않아. 다시 일을 시작해.'

나는 카라비너를 단단하게 감아 관이 풀리지 않게 고정하고 다시 피 묻은 칼을 집었다. 수술을 계속하면서, 힘줄을 둘러싸는 마지막 근육들을 제거하고 세 번째 동맥을 끊었다. 그때까지 "아!" 하는 소리조차 내지 않았다. 고통을 입 밖으로 낼 생각은 없었다. 고통은 그 경험의 일부일 뿐이며, 지혈대에 대한 생각보다도 중요하지 않았다.

이제 힘줄을 잘라낼 차례가 되었다. 이전처럼 적극적으로 칼을 움직여봤지만 의외로 단단한 섬유조직은 베이질 않았다. 손가락으로 그 조직을 당겨보고서야 그것이 기타 줄처럼 단단하다는 것을 알았다. 그것은 포장 끈을 0.6~0.7cm 넓이로 두 번 접은 것과도 비슷했다. 칼로는 힘줄을 자를 수가 없었으므로 집게를 이용하기로 했다. 피가 묻어 미끈거리는 칼날을 제자리로 집어넣고 집게를 빼냈다. 그것을 이용해 힘줄의 가장자리를 집은 다음 힘껏 비틀어 조각을 떼어냈다. 그래, 이번에는 제대로 되었다. 계속해서 나는 그 잔인한 작업에 매달렸다.

잡고, 누르고, 비틀고, 떼어낸다.

잡고, 누르고, 비틀고, 떼어낸다.

이 과정을 반복했다. 그러면서 생각했다.

'이 얘기를 친구들에게 해주면 끔찍하다고 하겠지. 내가 어떻게 팔을 절단했는지 얘기하면 친구들이 절대 믿지 않을 거야. 직접 보고 있는 나도 믿을 수가 없는 걸.'

조금씩 조금씩 힘줄을 잘라내 결국에는 그 실 같은 조직을 완전히 잘라냈다. 그런 다음 다시 이로 칼을 꺼냈다. 그때의 시간이 오전 11시 16분이었다. 내 팔을 40분 넘게 자르고 있었던 것이다. 아직 남은 부분들을 손가락으로 잡아보았다. 작은 근육 덩어리 두 개, 또 하나의 동맥, 그리고 암벽 가장 가까운 곳에 있는 피부로 팔목의 4분의 1정도 되는 부분이 남아 있었다.

그리고 붉은 파스타 면발 두께의 새하얀 신경 섬유도 있었다. 그것을 자르려면 고통을 피할 수 없을 것 같았다. 나는 일부러 주요 신경 조직 주변은 손가락으로 건드리지 않았다. 앞으로 어떤 일을 겪게 될 지 완전히 모르는 것이 최선이라 생각했다.

탄력성이 적은 신경 조직들은 너무 민감해서 조금 건드리기만 해도 어깨에 총을 맞는 듯한 통증이 느껴지면서 순간적으로 눈앞이 아찔했다. 그것들 모두를 잘라내야 했다. 칼의 가장자리를 신경 조직 아래에 대고 그것이 탁 하고 끊어질 때까지 기타 줄을 5cm 정도 당기듯 당겼다. 고통이 한꺼번에 밀려들었다. 그 경험으로 고통스럽다는 것이 어떤 느낌인지에 대한 내 기준이 바뀌었다. 펄펄 끓는 마그마에 팔 전체를 밀어 넣는 듯한 느낌이었다.

시간이 얼마쯤 지나자 아픔도 어느 정도 가시고 다시 행동을 시작할 수 있었다. 마지막 단계는 도마에 연골을 놓고 자르는 것처럼 손목의 피부를 팽팽하게 잡아당겨 암벽에 대고 칼로 내려치는 것이었다. 자유의 정점에 다가가면서, 혈관을 흐르는 것이 피가 아닌 미래에 대한 생생한 가능성인 것처럼 흥분이 온 몸을 휘감았다.

내 삶의 모든 추억과, 그 추억들이 보여주는 모든 가능한 미래에서 힘을 끌어 모았다. 2003년 5월 1일 목요일 오전 11시 32분이었다.

난 내 인생에서 두 번째로 태어났다. 이번에는 협곡의 붉은 자궁에서 잉태되고 태어났다. 그리고 이번에는 다 자란 어른으로 태어났기 때문에, 처음으로 태어난 사람들 대부분이 모르는 출생의 의미와 힘을 이해할 수 있었다.

힘들여 정상에 올랐을 때 넘쳐나는 에너지의 만 배는 됨직한 에너지가 가족과 친구와 열정의 소중함으로 인해 내 온 몸에서 솟아났다. 팔에 남아 있는 연결 조직을 단단히 잡아당기면서, 벽을 향해 칼을 내려쳤다.

마지막 얇은 살의 가닥이 떨어졌다. 칼로 자르는 것보다 장력을 이용하니 피부를 더 쉽게 떼어낼 수 있었다.

순간 빛이 흩어지더니 세상은 다른 곳이 되었다. 속박이 있던 곳에 이제는 해방이 있었다. 팔이 갑작스럽게 돌에서 빠지는 바람에 몸이 휘청하면서 협곡의 뒤쪽 벽에 가서 부딪혔다. 내 마음은 도취감의 바다를 떠다녔다. 불과 12시간 전에 '75년 10월생인 아론, 2003년 4월에 편히 잠들다'라고 새겨놓은 벽을 바라보는데 머릿속에서 고함소리가 울렸다.

"나는 자유다!"

그것은 살아오면서 느낀 가장 강렬한 감정이었다. 온 몸이 굳은 채 한참을 벽에 기대있으면서 그 기분 좋은 충격과 황홀감으로 내가 폭발하지는 않을까 두려웠다. 일주일 가까이 나를 가둬놓았던 그 물리적 공간에서 빠져나오자 약에 취해 균형을 잃은 느낌이었지만 그러면서도 자유롭게 붕 뜨는 것 같았다. 머리를 오른쪽 어깨 쪽으로 기울였다가 가슴 쪽으로 숙였다.

그러다가 다음에는 고개를 똑바로 하고 몸을 벽에 기대 중심을 잡았다. 왼쪽 발이 협곡 바닥에 있는 돌들에 걸리면서 비틀거렸지만, 두 다리를 재빨리 아래로 내려 앞쪽 벽에 세게 부딪히는 것을 면했다. 이제 정말로 넘어질 수 있다는 사실이 더할 나위 없이 반가웠다.

쐐기돌과 뒤쪽 벽을 물들인 피의 흔적을 바라보았다. 쐐기돌 위에 묻어있는 피 때문에 절단된 손과 손목의 검은 덩어리가 가려졌지만, 버려진 척골과 요골의 하얀 뼈끝은 처참한 모습을 하고 눈에 보이게 튀어나와 있었다. 내 시선은 한 곳을 오래 응시했다. 머리가 빙빙 돌았지만 황홀한 기분으로 내 팔뚝의 단면을 바라보았다.

"좋아, 충분해. 너에겐 해야 할 일이 있어. 아론, 시간이 흐르고 있어. 여기에서 나가."

chapter **13**

새로운 운명을 만나다

그것은 죽음과 섹스를 하는 것과도 같았다.

배리 블랜차드*Barry Blanchard*
팀과 함께 파키스탄에 있는 4,500m
낭가파르바트*Nanga Parbart*의 루팔*Rupal*벽에 오르면서

협곡에서의 탈출

나는 쐐기돌 위에 칼을 올려놓은 다음 내 오른팔과 벽 사이에 박혀있던 비닐 식료품 가방으로 절단되고 남은 팔을 둘러쌌다. 목에 두르고 있던 노란 색 웨빙으로 그 하얀색 비닐을 묶고 팔을 빈 수낭에 넣은 다음, 배낭의 두 끈을 머리 위로 끼워 절단된 팔을 가슴 앞에 고정시키는 임시 팔걸이 붕대 역할을 하게 했다. 잠시 멈춰 서서 자전거 바지를 벗어 충격 흡수를 위한 패딩으로 쓰려는 생각도 미처 하지 못했다. 그저 빨리 나가야 한다는 마음뿐이었다.

도르래 장치에서 두 개의 카라비너를 떼어내 안전벨트에 있는 고리에 끼웠다. 그런 다음 소변으로 가득 차 있는 물병, 비디오카메라, 주머니 칼 등 여기저기 흩어져 있는 물건들을 가방 안에 정신없이

집어넣다가 디지털 카메라를 든 순간 잠깐 동작을 멈췄다. 내 안에서 어떤 본능이 용솟음쳤다. 나는 카메라를 켰다. 5초 동안 내 잘린 손의 사진을 가까이에서 두 장 찍었다. 아무런 감정이 없는 이별이었다. 카메라를 끄고 렌즈 덮개를 씌운 다음 가방에 넣고, 조심스럽게 끈을 조였다. 쐐기돌의 근처를 잠깐 훑어보면서 중요한 물건을 두고 가지는 않는지 확인하고는, 왼손으로 등반 자일을 스무 번쯤 감아 대충 쥐고 비틀거리며 협곡을 내려왔다.

암벽에서 암벽으로 15m 거리를 불안하게 가던 나는 잠시 멈춰서서 마음을 진정시켜야 했다. 심장은 안정 상태에 있을 때에 비해 세배 속도로 뛰었지만 혈압은 평소에 훨씬 못 미쳤다. 자칫하면 의식을 잃을 것만 같았다.

'진정해, 아론. 지금 의식을 잃으면 안 돼.'

서두르면서 체력을 무리하게 낭비해 봐야 이로울 것이 없었다. 우선은 물이 있는 곳까지 가야 했다. 그로부터 150m 정도 가는데 20분이 걸렸다. 구불구불한 슬롯 협곡은 대부분의 구간에서 두 벽 사이의 간격이 어깨 넓이도 안 되었다. 나는 오른쪽 팔이 부딪히지 않도록 암벽 사이를 옆으로 서서 조심스럽게 빠져나갔다. 적어도 열곳은 되는 장소에서 한 손으로 복잡한 등반 기술을 사용해야 했는데, 좁고 구불구불한 협곡이 나올 때마다 우선 자일을 던진 다음 그것을 따라 나가는 식이었다. 그때 나는 거의 발작 상태였다. 될 수 있는 대로 빨리 움직이려고 했지만 나른함이 나를 붙들었다. 그 수백 미터의 슬롯은 실제 길이보다 2배는 더 길어보였고, 내 생각에 4번 내지 5번쯤은 더 그 좁은 곳을 빠져 나가야 45m 높이의 절벽으로 올라가 겨우 태양을 볼 수 있을 것 같았다.

결국 나는 그곳에 도착해 주위를 둘러보았다. 영화 '죽음의 사원 *The Temple of Doom*'에서 인디아나 존스가 지하 광산에서 레일카를 타고 나와 오르기 힘든 벽의 중간까지 올라가는 장면처럼 그곳은 굉장했다. 하지만 엿새 만에 처음으로 햇볕을 받으며 서 있으니 약간 어지러웠다. 나는 커다란 침대만한 가장자리에 불안하게 서서 절벽 아래를 내려다보았다. 절벽 바로 아래의 모래 바닥에 불룩한 모양의 얕은 웅덩이에 욕조 하나 만큼의 물이 있었다. 내 머리는 햇볕에 익고 있었다. 그 유혹적인 물의 모습에 나는 거의 졸도할 지경이 되어 벼랑 아래로 곤두박질치려 했다. 하지만 절벽 아래로 떨어지기 직전에 균형을 잡았다.

'자, 아론, 침착해. 바보 같은 실수를 하면 안 돼.'

정신을 차리고 절벽을 내려가기로 했다. 그것은 수직절벽 하강이었다. 다행히, 나는 준비가 되어 있었다. 나에게는 안전벨트와 하강 장비와 충분한 길이의 튼튼한 자일이 있었다. 팔은 하나뿐이었지만. 내 왼쪽으로 볼트 두개가 바위에 박혀 있었고 고리로 묶어 놓은 지 얼마 안 되어 보이는 웨빙이 그 볼트 구멍에 꿰어져 있었으며 고정되어 있지 않은 하강 링이 드리워져 있었다. 서둘러 50m쯤 남은 자일을 풀기 시작했다. 왼손과 입을 사용해 모래가 묻은 자일을 좌우로 움직이면서 지난 닷새 동안 밤마다 다리에 자일을 감으면서 나도 모르게 만들어 놓았던 매듭을 맨 끝에서부터 한 번에 하나씩 풀었다. 20여분에 걸친 지루한 작업이었다. 태양의 열기에 그대로 노출되어 있었으므로 탈수 현상이 세배는 심해지는 느낌이었다. 모래투성이가 된 자일이 입술을 통과할 때마다, 내 혀와 입천장은 거친 사포가 되었다. 15m 자일에서 매듭 하나를 빼내려면 30번이 넘게 그 모래덩어리를 고쳐 물어야 했다. 호흡을 할 때마다 몸에서 마지막 수분이 없어졌다. 웅덩이에서 5분 거리에 있으면서도 당장에 마실 물이 없었다.

자일을 뱉어내 두 무릎 사이에 끼운 다음 왼쪽 어깨 쪽으로 배낭을 벗었다. 그러고 나서 끝이 잘려나간 팔 쪽으로 가방의 오른쪽 끈을 조심스럽게 벗겨냈다. 배낭의 큰 주머니 바닥에 4분의 3가량 소변으로 차 있는 물병이 있었다. 전에는 그 오렌지색 소변을 조금 홀짝이거나 한 번에 한 모금만 먹었지만, 이번에는 10초 만에 정신없이 100, 150, 200ml 를 삼켜버렸다. 그 역겹고 고약한 맛에 다시 격렬하게 토했다. 하지만 내가 그 절벽 위에서 시들어가고 있다는 느낌이 서서히 줄면서 다시 자일을 계속 설치할 수 있는 힘이 생겼다.

15분 동안 자일을 매듭이 없는 두 개의 뭉치로 만드는 작업을 하고 난 뒤에야 절벽을 내려갈 수 있는 준비가 되었다. 나는 매듭을 확인하고, 앵커의 보라색 웨빙에 끼워져 있는 1개의 카라비너에 고정한 뒤 한 번에 자일 하나씩을 절벽 아래로 던졌다. 보통 때라면, 매듭을 없애고 자일이 앵커에 매달리게 했을 것이다. 그렇게 하면 일단 바닥에 도착 한 뒤에 자일을 아래로 끌어당길 수 있었다. 하지만 그 날은 자일을 포기할 생각이었다. 그 날 이후에는 자일이 필요하지 않다고 생각했고, 자일을 그대로 두는 것에 대해 전혀 신경이 쓰이지 않았다.

또한 보통 때라면 개폐구가 다른 카라비너를 앵커에 하나 더 설치했겠지만, 그때는 이미 달아놓은 카라비너의 개폐구가 잘못 되어서 열리거나 망가질 거라는 걱정을 하지 않았다. 다른 카라비너가 없기도 했지만, 내게 있는 카라비너의 상태는 트럭 두 대를 매달아도 될 만큼 튼튼했다. 또 웨빙은 한 달도 안 된 새것이었기 때문에 그것 역시 튼튼했다. 웨빙은 씹히거나 벗겨지거나 햇볕에 심각하게 망가지지도 않았다. 웨빙을 믿을 수가 없다면 자일을 카라비너에 끼워 볼트 구멍에 직접 통과시킬 수도 있었지만, 그 장치만으로도 하강할 때 내 무게를 충분히 지탱할 수 있을 거라 생각했다.

다음에 나는 하강 장치를 가져다가 거기에 있는 2개의 틈에 자일을 하나씩 끼웠다. 그 다음에는 카라비너를 2개의 자일 고리에 끼웠다. 카라비너를 단단히 잠군 다음 드디어 하강 준비를 했다. 앵커 끈에서 데이지 체인을 벗겨낸 다음 몸을 뒤로 기울여 내 무게가 자일과 앵커 장치에 실리게 했다. 안전벨트를 점검하면서 허리벨트는 링에 끼워 젖히지 않았다. 이론적으로는 벨트를 링에 끼워야 내 무게가 다리 고리에 완전하게 매달릴 수 있었다. 만일 내가 손이 2개이고 위험할 정도로 피를 흘리는 상태가 아니라면 벨트를 링에 끼워 젖혔겠지만, 바로 아래 물이 기다리고 있는 그 때 그렇게 하려고 하는 것은 모험이었다.

벼랑 가장자리에서 다리 사이로 아래를 내려다보니 건물 6층 높이의 아찔한 낭떠러지와 내가 발을 떼어야 하는 절벽 가장자리의 모습이 보였다. 왼손만으로 하강을 하는 것이 조금은 긴장되었다. 만약 자일을 쥔 손이 미끄러지거나 자일을 놓친다면, 나를 지탱해줄 것은 없었다. 그렇게 되면 나는 자유낙하보다 약간 느린 속도로 미끄러져 내려가 바닥에 세계 내려앉으면서 다리가 부러지거나 어쩌면 그보다 더 심하게 다칠지도 몰랐다. 암벽에서 돌출되어 있는 바위를 천천히 디디는 것이 아주 중요했다.

"천천히 해. 조금만 더, 조금만 더, 됐어. 튀어나온 곳에 발을 디뎌. 아니, 왼쪽 발 먼저. 그렇지. 천천히. 이제 오른쪽 발을 딛는 거야. 아주 잘했어. 자일에 기대. 자일을 믿어. 엉덩이를 집어넣어. 다리를 쫙 펴. 자일을 타고 조금 더 내려가. 천천히, 천천히, 좋아. 이제 꽉 잡고 있어."

자일의 무게 때문에 하강 장치에 마찰이 더해지므로 조금씩 조금씩 자일을 풀면서 조심스럽게 내려가야 했다. 그나마 남아 있던 힘을 다 빼는 고된 과정이었지만 자일에서 미끄러져 균형을 잃을 정도는 아니었다. 가속페달을 끝까지 밟은 상태에서 핸드브레이크를 조금씩 풀었다 걸었다 하는 방식으로 차의 속도를 조절하며 가다 서다를 반복하는 것과 같았다.

6m 정도 남은 자일을 더 내려와 발이 땅에 닿는 순간 진흙으로 둘러싸인 웅덩이를 향해 쏜살같이 달려갔다. 태양을 피해 시원한 그늘로 들어가 배낭을 아무렇게나 벗은 다음 좀 더 조심스럽게 오른쪽 팔에서 벗었다. 그리고 다시 한 번 물병을 꺼냈다. 물병 뚜껑을 열어서 그 내용물을 모래에 버리고 물병을 웅덩이에 담가 나뭇잎과 죽은 벌레가 섞여 있는 향기로운 물을 펐다. 너무 갈증이 났기 때문에 물병에서 웅덩이 주위로 떨어지는 물을 우선 맛보았다. 그러자 갈증은 더 심해졌다. 병 안의 물을 흔든 다음 웅덩이 옆으로 버렸다.

다시 한 번 병으로 물을 퍼 올려 그 흙탕물을 병에 채웠다. 물병의 가장자리를 얼른 입술로 가져갔다. 물을 천천히 조금씩 마셔야 하는지 벌컥벌컥 들이켜야 하는지 고민하다가 처음에는 조금씩 마시다가 들이켜기로 했다. 물방울이 혀를 적시는 순간, 하늘 어딘가에서 천사들이 부르는 아름다운 노래 소리가 들렸다. 물은 시원했다. 그리고 식후에 마시는 고급 포도주처럼 달콤했다. 나는 숨도 쉬지 않고 1*l*를 네 모금 만에 들이켜 버렸다. 그리고 다시 한 번 병을 채웠다. 물은 충분했다. 또 1*l*를 아까처럼 마시고 나서 물병을 한 번 더 채웠다.

'탈수 증상이 없어도 이 물이 이렇게 기가 막히게 맛있을까? 정말 그렇게 맛있다면 무엇 때문일까? 죽은 나뭇잎들이 물을 어떤 고급 디저트 차로 만들어 버린 걸까?'

행복했다. 나는 웅덩이의 가장자리에 앉아, 갈증만 해결되면 아무 문제가 없다는 듯이 잠시 동안 기분 좋게 있었다. 이제 갈증이 해결되었으므로 아주 편안했다. 모든 문제가 사라졌다. 팔의 고통마저도 더 이상 느껴지지 않았다. 나는 공상에 잠겼다. 피크닉을 와서 천천히 점심을 먹고 난 뒤에 그늘에 앉아서 할 일이라고는 흘러가는 구름을 보는 것 밖에 없는 기분이었다.

하지만 그 편안함은 오래갈 수 없었다. 잠시 쉬었으므로 이제 내 앞에 펼쳐져 있는 10km의 모래 길을 걸어 차가 있는 곳까지 가야 했고 그러기 위해서는 마음을 단단히 먹어야 했다. 오른쪽 모래에 발굽 자국이 몇 개 있었다. 어떤 사람이, 아니 어쩌면 한 무리의 사람들이 지난 폭풍우 이후로 그 협곡을 말을 타고 다녀갔던 것이다.

걸어가다 어딘가에서 카우보이들을 만날지도 모른다고 생각하니 심장이 마구 뛰었다. 하지만 그렇다고 소리를 지른다거나 그런 희망에 정신없이 매달릴 만큼 분별이 없지는 않았다. 협곡을 따라 50m쯤 되는 거리에 마른 말똥이 여기저기 있는 것을 보면, 말들이 그곳을 지나간 지 하루가 넘었다는 얘기였다. 그리고 말을 타고 있는 여행객들은 아마도 그곳에서 밤을 보내지는 않았을 것이다.

나는 조심스럽게 3l째의 물을 들이켜고 나서, 물병을 모래 속에 잠시 놓은 다음 가방을 뒤져 두고 가도 되는 물건들을 가려냈다. 깨진 CD 플레이어와 긁힌 CD 두 개를 제외하고 나머지는 모두 가져가기로 했다. 디지털 카메라를 들고 낭떠러지 아래로 매달려 있는 내 이중 자일 사진을 찍고 나서 이번에는 카메라를 멀리 쥐고 뒤에 웅덩이를 배경으로 내 사진을 찍었다. 그때가 오후 12시 16분이었다. 그곳까지 왔다는 사실에 의기양양해졌지만, 사진에는 8일 동안 기른 덥수룩한 수염과 팔을 절단하면서 여기저기 튄 핏덩이, 고통에 찌든 얼굴이 그대로 드러났다. 카메라와 비디오카메라를 배낭의 바깥 주머니에 넣고, 물통 바닥에 있는 관에 바이트 밸브를 다시 끼운 다음 물통에 달콤한 물 2l를 채웠다.

3l째 물을 계속 마시면서, 접어놓은 안내책자 복사물을 꺼내 앞으로 가야할 지점을 확인해 보았다. 내가 앉아있는 곳에서부터 블루 존 협곡과 말발굽 협곡의 합류지점까지 3.2km가 남아 있었다. 그 다음에, 0.8km를 더 가면 캐니언랜드의 경계에 도착할 수 있었고, 그 다음에 3.2km를 더 가면 그레이트 갤러리를 지날 수 있었다. 1.2km에서 1.6km를 더 가면, 배리어 크리크 하천에서 물이 새어나

오기 시작하는 곳에 이를 것이다. 내가 다음에 물을 얻을 수 있는 곳까지 가려면 적어도 2시간은 걸어야 한다는 의미였다. 그곳에 물이 있는 물이 있는 지는 확실히 알 수 없었지만, 물이 그곳에 있든 없든 그때가 되면 물이 필요할 것이 분명했다.

이제 또 길을 떠날 채비를 하기 위해 할 수 있는 최선의 일은 물통과 물병을 채우고 봉하는 것이었다. 자리에서 일어서니 뱃속에서 물이 출렁거리는 것 같았다. 쉬면서 물이 내 몸의 혈관으로 들어가게 하고 싶었다. 하지만 나는 조금씩 피를 흘리고 있었고, 앞으로 3-4시간을 더 가야 했다. 1시간 45분 전에 팔을 자르면서 나는 선택을 했다. 이제 내 차로 가서 병원을 찾거나 그것이 안 되면 전화라도 찾겠다는 목표를 이룰 때까지 그 선택을 따라 행동하기로 했다.

햇볕이 내리쬐는 광활한 모래 협곡 바닥을 걸어가는 것으로 나는 10km의 여정을 시작했다. 웅덩이에서 보충했던 수분을 태양의 열기가 금세 뺏어가 버렸으므로, 200m도 채 못 가서 물을 한 모금 더 마셔야 했다. 구불구불한 협곡을 지난 뒤 50m 넓이의 바닥을 건너 얕은 여울의 가장자리에 늘어진 그늘을 따라 갔는데, 적당한 속도로 걸어가는데도 물을 먹고 나서 1분도 안 돼 또 목이 탔다. 이미 3l를 마셨는데도 1.5km 정도를 걸어가니 하강하기 전에 암벽 꼭대기에 있을 때처럼 목이 몹시 말랐다.

갑자기 등 아래로 축축한 느낌이 들었다. 물통이 새는 것 같았다. 걸음을 멈추고 무릎을 꿇고 앉아 배낭을 앞쪽으로 돌렸다. 아니나 다를까, 바이브 밸브를 통해 물통 바닥으로 물이 흘러 나왔다. 비어있는 물병을 열어 바이브 밸브를 물병 입구에 끼우고 물통에 남아 있던 물의 반 정도를 물병에 쏟았다.

"이제 어떻게 하지?"

만일 물을 물통에 그대로 두면, 물이 새어나와 말발굽 협곡에 도착하기도 전에 다 없어져버릴 것이 분명했다. 물병의 뚜껑을 다시 비틀어 닫고 배낭끈에 끼웠다. 이제 내가 할 수 있는 최선은 물통에 남아 있는 물을 다 마시고 앞으로 남은 길은 물병에 남아 있는 물로 버티며 가야하는 것이라 판단했다.

그때부터 새로운 현실이 시작되었다. 1시간도 안 되어서 5*l*의 물을 마셨지만 간 거리는 1.5km에 불과했다. 이제 물은 1*l* 남았고, 가야할 길은 10km 가까이 남았다. 날씨는 점점 더 뜨거워졌고 나는 점점 더 약해졌다. 그 여행을 계속 할 수 있는 방법을 알아내야 했다. 그렇지 않으면 그레이트 갤러리까지 반도 채 못가서 죽을지도 몰랐다. 그때 문득, 몇 년 전쯤인가 달리기에 관한 잡지에서 읽은 이야기가 생각났다. 전설적인 멕시코 인디언인 타라우마라*Tarahumara* 족은 하루에 80km의 거리를 달린다고 했다. 사막의 열기 속에서 그렇게 먼 거리를 아무런 장비도 없이 맨발로 달린다는 사실에 깊은 인상을 받았던 기억이 났다. 그들은 음식이나 물도 가져가지 않는다고 했다. 그들이 쓰는 방법은 물을 한 모금 머금고 출발하는 것인데, 달리는 중에도 삼키지 않고 계속 머금고 가다가 한 번 삼키면 폐에 들어가는 공기에 습기가 밸 수 있었다. 땀이 나지 않을 정도로 속도를 유지하기만 하면, 숨을 내쉬는 만큼의 습기만 잃게 되는 것이다.

'한 번 해 볼만 해.'

당장 60m*l*의 물을 입에 머금고 황야 어딘가에 있는 내 차를 찾아 북쪽으로 조금씩 조금씩 걸어갔다. 그 방법이 효과가 있다는 것을 금세 느낄 수 있었다. 여전히 목이 마르기는 했지만, 호흡이 잘 되면서도 물을 한꺼번에 마실 때 그랬던 것에 비해 10분의 1도 갈증이 느껴지지 않았다. 그렇게 하면 남아 있는 물을 더 아낄 수 있을 것 같았다.

드디어!

오후 1시 9분, 3.5km 정도 걸었을 때, 나는 블루 존과 말발굽 협곡의 합류점에 이르렀다. 이제 그레이트 갤러리를 향해 왼쪽으로 방향을 잡고 여전히 큰 걸음으로 걸었다. 하지만 5분 정도 지나자 왼쪽 신발에 모래가 너무 쌓여 걸음을 멈추고 신을 벗어야 했다. 맨발바닥이 모래에 긁히는 바람에 더 이상 참을 수가 없었다. 왼쪽 발이 오른쪽 발보다 훨씬 더 심했는데, 왼쪽 양말을 망치 돌의 끝을 씌우는데 쓰고 나서 쐐기돌에 놓고 왔기 때문이었다. 신발을 벗고 모래를 떨어내는 일은 쉬웠지만 끈을 맬 수는 없었다. 그래서 끈을 팽팽하게 당긴 다음 맨발을 감싸고 있는 신발의 안쪽으로 끈 양쪽 끝을 집어넣었다. 그만하면 충분했다.

4km 지점쯤 가니 여울 위로 드리워져 있는 가시철사 담이 나왔다. 강바닥에 있는 양쪽 바위 아래는 굵고 튼튼한 자일이 깔려 있었다.

'국립공원 경계를 표시하는 거야.'

나는 경계를 넘어 계속 나아갔다. 물을 머금고 가는 방법은 들이 마시는 공기를 최소로 하면서 기운차게 걷는데 여전히 도움이 되었다. 5분이나 10분마다 물을 삼켰는데, 다행스러운 사실은 아직 물병에 600ml가 넘는 물이 남아 있다는 것이었다.

6.5km 지점에서는 왼쪽으로 90m 높이의 벽을 지나쳤는데, 그 벽에는 어깨가 넓고 황갈색과 밤색의 색조를 띤 수십 개의 형상들이 엄청난 규모로 그려져 있었다. 그레이트 갤러리의 암벽화였지만 이제 그런 것들은 내가 앞으로 나가기 위한 이정표 정도로 밖에 보이지 않았다. 협곡 바로 아래 갈대와 부들이 있는 작은 숲 한 가운데 들어서니 빽빽하게 자라 있는 풀로 덮인 채 물에 잠겨 있는 말랑말랑한 땅이 나왔다. 풀을 헤쳐 그 습지를 몇 발자국 가다보니 작은 개울에 물이 고여 있었다.

"아, 하나님!"

그때 시간은 오후 1시 55분이었다. 넓이가 15cm 정도이고 깊이가 5cm 정도 되는 진흙투성이 개울 위로 몸을 구부리고 물병에 물을 다시 채우려고 했다. 감질나는 일이긴 해도 할 만했다. 병에는 물이 150ml 밖에 남지 않았지만 이제 다시 채워 넣을 수 있었다. 그 지저분한 물을 물병으로 푸려고 할 때는 물 주위에 작은 진흙 댐을 만들어야 했다. 물병에 올챙이 두 마리가 들어왔지만 굳이 내보낼 생각이 없었다. 그때까지 모르긴 몰라도 수십만 마리의 눈에 보이지 않는 올챙이들을 먹었을 테니까. 단지 그 올챙이들을 볼 수 있다고 해서 무슨 차이가 있을까.

지혈대를 감고 비닐로 둘러쌌는데도 잘린 팔에서 피가 점점 빨리 떨어졌다. 물통에 물을 더 넣으려고 하는 동안 수십 방울의 붉은 핏자국이 모래가 섞인 진흙 위로 번졌다. 지혈대 주변의 팔에서 통증이 계속 느껴졌다. 통증은 내 마음 속에 거대한 존재로 들어서며 끊임없이 단 하나의 메시지를 보냈다.

"너는 팔을 심하게 다쳤어. 치료를 해야 돼."

그 고통 때문에 그냥 앉아 쉬면서 다시 힘을 얻고 싶은 마음도 들었지만 계속 가야만 했다. 그래도 이제는 더 많은 물이 있었다.

여러 개의 발자국들이 합해지면서 협곡의 한쪽 부분에 있는 모래 언덕과 사시나무 터널 사이로 점점 더 뚜렷한 길이 만들어졌다. 길 옆으로 돌무덤들이 보였다. 그쪽이 그레이트 갤러리로 가는 길이었기 때문에 더 많은 사람들이 오간 것이다. 그 발자국들이 얼마나 오래 된 것인지는 알 수 없었지만, 지난번 비가 온 뒤로 생긴 것도 꽤 있다는 것을 알 수 있었다. 그래도 소리치지 않기로 했다. 협곡에 갇혀있는 동안 터득한 교훈이었다. 만일 그 협곡에 사람들이 있다면 그들을 만날 테지만, 미리 희망을 키우지 않는 것이 최선이었다.

9.5km 지점에 이르러서 왼쪽으로 돌아 거대한 언덕을 향해 갔다. 그때 마치 내 머리 속의 퓨즈 상자에서 주 차단기가 작동하는 것처럼 아주 놀라운 광경이 내 신경 체계를 차단해버렸다. 그곳에, 내 앞으로 70m쯤 되는 곳에, 세 명의 여행자가 나란히 서서 걸어가고 있었다. 한 사람은 다른 두 사람보다 조금 작았다. 다른 사람들이라! 나는 믿을 수가 없었다. 그 순간까지도 내가 그 협곡에서 다른 사람들을 보리라는 확신이 전혀 없었다. 입속에 있는 물을 삼키고 머리를 흔들면서, 그들이 내게 오는지 아닌지 살펴보았다. 그 짧은 순간에, 그들이 정말 그곳에 있는 것인지 의심이 되었다. 그들은

내게서 멀어져가는 것 같았다.

'아론, 빨리! 저 사람들을 불러. 저 사람들이 너를 도와줄 거야.'

그 사람들이 너무 멀리 가기 전에 불러야 했다. 소리를 치려고 했지만 목소리는 한 번, 두 번, 목구멍에 걸려 나오질 않았다. 그때까지 입속에 남아 있던 물을 겨우 삼키고는 간신히 작은 목소리로 "도와주세요!"라고 말했다. 심호흡을 한 뒤에, 다시 한 번 더 크게 소리쳤다.

"도와주세요!"

세 사람이 멈춰 서서 나를 돌아보았다. 나는 계속 걸어가면서 다시 소리쳤다.

"도와주세요! 저 좀 도와주세요!"

세 사람 모두 나를 향해 달려왔다. 나는 금방이라도 울음이 터질 것 같았다. 이제 나는 혼자가 아니었다. 그제야 마음이 놓였다. 그리고 그때까지도 의욕이 꽤 남아 있었기 때문에 금세 자신감이 차올랐다. 나는 해낼 것이다. 일단 협곡 입구까지 가기만 하면 혼자 차를 운전하지 않아도 되리라. 저 사람들이 나를 도와주리라. 나는 살아날 것이다.

그 사람들과의 거리가 가까워졌다. 내가 보기에 그들은 가족 같았다. 30대 후반으로 보이는 남자와 여자, 그리고 그들의 아들인 듯한 남자 아이였다. 세 사람 모두 반바지와 티셔츠를 입고 모자를 썼으며 긴 등산화를 신고 있었다. 여자는 허리에 가방을 차고 옆에 달린 가죽 주머니에 물병 두 개를 꽂아 놓았다. 남자는 중간 크기의 배낭을 메고 있었는데, 내 것과 크기가 비슷한 것 같았지만 남자 것이 더 가벼워 보이는 것이 아마도 거의 빈 가방인 듯했다. 얘기를 나눌 수 있을 만큼 그들과의 거리가 가까워지자 나는 말을 하기 시작했다.

"내 이름은 아론 랠스톤입니다. 토요일에 바위에 갇혀서 닷새 동안 물과 음식이 없이 지냈어요. 오늘 아침에 내 팔을 자르고 빠져나왔는데 피를 많이 흘렸어요. 치료를 해야 합니다."

내 말이 끝날 즈음, 우리는 1m도 안 되는 거리를 두고 서로 마주보며 서 있었다. 내 오른편 셔츠 깃에서 신발 코까지 피로 물들어 있었다. 그때 남자 아이를 보았다. 기껏해야 열 살 정도로 밖에 안 보이는 그 아이에게 내가 평생 잊을 수 없는 상처를 남겼을 까봐 겁이 났다. 남자가 이야기를 하는데, 그의 입에서 나온 짧은 한 문장이 마치 마음 속 안개를 헤치고 무언가가 내 안에서 빛을 내는 것처럼 내게 전해졌다. 남자가 독일식 억양을 쓴다고 생각하면서 나는 그의 다섯 마디를 곱씹었다.

"당신에 이곳에 있다고 사람들에게 들었습니다."

그가 한 말의 의미를 완전히 이해하는데 5초는 족히 걸렸다. 이제는 전속력으로 협곡을 내려가면서 그 착한 가족들에게도 같이 걸어가자고 재촉해야 했다.

"걸으면서 얘기합시다. 내 말을 이해하시겠죠?"

남자가 고개를 끄덕이면서도 나를 말렸다.

"당신은 여기에 앉아 쉬어야 해요."

나는 되풀이해서 말했다.

"아뇨, 계속 가야 합니다."

그런 다음 그들에게 질문을 퍼붓기 시작했다.

“ '사람들' 이라는 게 누구입니까? 내가 여기 있다고 누구에게 들었어요? 여기에서 쓸 수 있는 전화 같은 것을 가지고 있습니까?”

남자는 가족과 함께 빠른 걸음으로 나를 따라잡으면서 대답했다.

“주차장에 경찰이 있어요. 그 사람들이 당신을 찾아보라고 우리에게 얘기했어요. 우리는 그러겠다고 말했죠.”

“전화를 가지고 있습니까?”

나는 다시 물었다. 그들은 가지고 있지 않았다. 대신 남자는 목에 GPS를 걸고 있었다.

“입구까지 거리가 얼마나 되는 지 알려주시겠습니까?”

“어디 보자, 3km군요.”

아, 맙소사, 어떻게 그럴 수가 있지? 지도를 확인해 보았다. 지도에서는 그보다 훨씬 가까워보였다. 남자의 말은 협곡 바닥을 벗어날 때까지 1.5km 정도를 가야 하고 거기에서 가파른 길을 따라 또 그만큼을 가야 한다는 것 같았다.

“확실합니까?”

남자는 나에게 GPS 화면을 보여주면서 경로를 검색했다. 화면에는 우리가 입구에서 2.91km 떨어져 있고 220m 아래 있는 것으로 나타났다. 그 오르막은 아주 끔찍한 코스가 될 듯했다. 구불구불한 수로를 벗어난 다음 또 다시 이어지는 3m 높이의 모래톱을 올라오느라 피곤함이 느껴졌다. 입구까지 갈 수나 있을지 의심이 생기기 시작했다. 그곳에 구조대가 있고 그들이 나를 데리러 올 수도 있다는 것을 알았지만, 내 몸이 점점 약해진다는 것 역시 알고 있었다. 피를 너무 많이 흘렸다. 아주 작은 장애물을 넘는 데도 꽤 많은 에너지가 필요했기 때문에 내 심장 박동은 엄청나게 빨라졌다.

어떻게 일을 진행해야 최대한 빨리 확실한 치료를 받을 수 있을지를 생각하면서, 나는 그 가족들에게 필요한 일을 부탁하기 위해 이름을 물었다.

"저는 에릭이고 이 사람은 모니크, 이 아이는 앤디입니다."

남자가 대답했다.

"성은 메이어이고 네델란드에서 왔습니다."

그 말을 들으니 그들이 영어를 유창하게 하는 이유뿐 아니라 독특한 억양을 쓰는 이유도 알 수 있었다. 그때까지 모니크나 앤디가 말하는 것을 듣지 못했지만 그 두 사람도 에릭만큼 영어를 잘 할 것이라고 당연하게 생각했다.

"아, 에릭, 정말 건강해 보이시는군요. 당신 가족 중 한 사람이 먼저 출발해서 입구에 있는 경찰에게 가 주었으면 합니다."

그곳에 있는 사람들이 진짜 경찰은 아니라고 나는 확신했지만, 남자가 경찰이라고 하니까 나도 그렇게 말했다.

"그 사람들에게 나를 운반할 사람들과 들것을 보내달라고 해주세요. 내가 협곡을 빠져나갈 수 있을 것 같지가 않아요. 해주실 수 있겠습니까?"

"제 아내가 가는 것이 좋겠어요. 이 사람이 빨라요."

계속 걸으면서 나는 남자의 아내를 바라보았다. 여자가 고개를 끄덕였다.

"내가 뭘 원하는지 이해하세요?"

내가 물었다.

"그럼요. 들것하고 또……."

나는 여자의 말을 가로챘다.

"잠깐만요. 경찰이 무전기와 전화를 가지고 있던가요?"

부부가 고개를 끄덕였다.

"좋아요. 그 사람들에게 헬리콥터를 불러달라고 해주세요."

왜 진작 그 생각을 못했을까. 아마도 피로 때문이었을 것이다. 헬리콥터가 들것보다 훨씬 효과적이었다. 나는 헬리콥터가 착륙할 수 있는 장소까지 가서 기다리기만 하면 되었다. 그 정도는 할 수 있을 거라 생각했다. 나는 여자를 보면서 말했다.

"어서요. 지금 빨리 가 주세요."

다음 글은 우리의 예기치 못한 만남을 적은 에릭 메이어의 편지이다.

5월 1일 목요일에 우리 가족, 그러니까 아내 모니크, 아들 앤디, 그리고 나 에릭 이렇게 세 사람은 유타 주에 있는 캐니언랜드 국립공원의 외딴 지역인 말발굽 협곡으로 여행을 갔습니다. 입구를 출발하면서 순찰 경비대원과 이야기를 나누던 중, 어떤 차가 며칠 동안 그곳에 서 있는데 차주가 협곡에서 길을 잃었을 가능성이 있다는 말을 들었습니다. 그래서 별 생각 없이 우리 가족이 눈을 크게 뜨고 다니면서 그 사람을 찾아보겠노라고 대답했습니다.

6km쯤 걸어 그레이트 갤러리로 가서 사진을 찍은 다음 돌아오는데, 갑자기 뒤에서 "도와주세요, 저 좀 도와주세요!"라고 외치는 소리가 들렸습니다. 아내와 저는 실종된 사람이 틀림없다는 것을 그 순간 알아챘습니다. 우리가 그 사람을 발견한 것이 아니라 그 사람이 우리를 찾은 겁니다! 그 사람은 약간 불안정하긴 했지만 상당히 빠른 속도로 우리 쪽으로 걸어왔습니다. 우리가 보니 그의 몸 오른쪽이 피로 흥건했습니다.

그의 팔, 아니 더 정확히 말해 남아 있는 팔은 직접 만든 팔걸이 붕대에 매달려 있었습니다. 우리가 그 사람에게 달려갔더니 그는 또렷하게 말했습니다.

"저기, 내 이름은 아론입니다. 토요일에 돌이 내게 떨어졌습니다. 닷새 동안 물도 음식도 먹지 못하고 갇혀 있었습니다. 4시간 전에 내 손을 잘랐고 치료를 받아야 합니다. 헬리콥터가 필요해요."
아내와 아들이 먼저 최대한 빨리 협곡을 빠져나가 도움을 구하기로 하고, 나는 아론과 함께 그 뒤를 따라 가면서 그에게 물과 음식을 주고 동시에 그가 정신을 잃지 않도록 하기로 했습니다. 아론은 내게 자신의 배낭을 대신 들어달라고 부탁했습니다. 나는 끊임없이 이야기를 해서 그가 괜찮은지 알아내려고 노력했습니다. 아론을 데리고 가능한 빨리 말발굽 협곡의 좁은 부분을 나와 헬리콥터가 착륙할 수 있을 만한 공간이 있는 좀 더 넓은 곳으로 가는 일이 중요했습니다.

모니크가 서둘러 걸음을 재촉하고 앤디가 그 뒤를 따라갔다. 모니크가 더 빨리 갈 수 있도록 아이는 남게 하자고 말하려 했지만, 그보다 앞서 에릭에게 음식이 좀 있냐고 물어보자는 생각이 먼저 들었다. 에릭은 잠깐 생각해 보더니 모니크를 불러 세웠다.

"쿠키가 몇 개 있는데 아내가 가지고 있어요."

에릭은 내게 이렇게 설명하고는 모니크에게 쿠키를 꺼내라고 소리를 치면서 나와 함께 그 쪽으로 갔다. 모니크는 15개 들이 깨끗한 플라스틱 쿠키 통을 건네주면서 자신과 아이가 벌써 거의 다 먹어버렸다며 미안해했다. 그러고 나서 모니크와 아이는 몸을 돌려 다시 뛰어갔다.

쿠키는 2개뿐이었지만 내게 있어 그것은 하늘에서 내려온 음식이었다. 나는 쿠키를 눈 깜짝할 새에 해치웠다. 처음 하나를 먹은 다음 물병 뚜껑을 열어 올챙이가 들어있는 물을 올챙이까지 한꺼번에 들이켰다. 두 번째 쿠키를 우적우적 씹어 먹고 나자, 에릭이 뚜껑을 열지 않은 0.5*l* 짜리 생수병을 건네주었다. 낭떠러지 밑의 웅덩이에서 마신 물 만큼은 맛이 없었지만, 내 물병에 담겨있는 진흙물보다는 훨씬 상태가 좋았다. 나는 에릭에게 물을 주어서 고맙다고 인사하고는 내 가방을 대신 들어줄 수 있는지 물어보았다. 그는 물론 해줄 수 있노라고 대답했다. 나는 가방을 벗었다. 2kg가 좀 넘는 무게의 짐을 덜어낼 수 있었다.

에릭은 나와 이야기를 나누면서 그동안 있었던 일에 대해 몇 가지 물었다. 나는 여전히 입에 물을 물고 걸으려고 노력했지만, 그의 질문에 대답을 할 때마다 물을 삼켜야 했다. 계속 짤막하게 대답을 마친 다음 다시 70~80m*l* 의 물을 입에 넣어 머금고 갔다. 에릭이 또 질문을 대여섯 가지 하기에 이제 얘기를 그만하고 걷는 일에 집중해야겠다고 말해 주었다.

헬리콥터

모니크와 앤디가 두 번째로 우리를 떠난 지 5분쯤 지났을 때, 에릭과 나는 또 다른 여행자를 만났다. 그는 40대 초반쯤 된 남자로 어머니로 보이는 나이가 지긋한 여인과 함께 우리와 반대방향으로 향하고 있었다. 그는 우리에게 도움이 필요하냐고 물었고, 나는 대답대신 이렇게 물었다.

"휴대폰이나 위성 휴대폰이 있습니까?"

그 남자는 휴대폰은 없지만 치료 경험이 많다고 말했다. 수색 구조를 하면서 치료 방법을 조금씩 어설프게 배운 나보다 의학 지식이 훨씬 많은 사람을 만나니 안심이 되었다. 그 남자에게 함께 가 달라고 부탁했다. 그는 계속 걷고 있는 어머니와 헤어져 우리에게 와서는 자신을 웨인이라고 소개했다. 나는 그 남자와 계속 이야기하면서, 내가 그 순간에 하는 일이 해가 안 되는 일인지 끊임없이 확인했다.

"먹어도 괜찮을까요?"

"토하지만 않으면 괜찮습니다."

"물을 아주 많이 마셔도 괜찮을까요?"

"토하지만 않으면 괜찮습니다."

이런 질문과 대답이 계속 오갔다.

모니크와 앤디가 우리 곁을 떠난 지 10분이 지났다. 두 사람이 멀리까지 뛰어 올라가 헬리콥터를 요청하고 있을 거라고 짐작할 뿐이었다. 관목으로 뒤덮이고 몇 그루의 나무가 듬성듬성 나 있는 또 하나의 긴 모래톱에 이르렀다. 나는 또 다시 멈춰 서서 신발에서 모래를 빼내야 했다. 양말을 신지 않은 왼발에 부딪히는 마찰이 너무 심한 탓에 팔의 통증도 잊을 정도였다. 팔을 절단한 사실을 발 때문에 잊는다는 것이 아이러니하다는 생각이 들었다. 그리고 이제는 내가 에릭에게 잠깐 멈춰야겠다고 말하고 그가 재촉을 하는 것도 또한 아이러니했다.

"안돼요, 계속 가야 해요."

"아니, 잠깐만요. 잠깐 앉아 신발에서 모래를 빼내야겠어요. 그렇게 한 다음에는 신발 끈 매는 것을 도와주세요."

피곤하고 고통스럽다는 이유로 제멋대로 구는 나를 에릭은 너그럽게 받아 주었다. 내가 나무 가지 위에 앉아 신발에서 한 움큼의 모래를 쏟아내고 나자 에릭이 나 대신 신발 끈을 매 주었다.

나는 아론이 지난 며칠 동안 겪었을 일을 상상해 보려고 했습니다. 그러면서 그의 정신력뿐 아니라 체력에도 깊은 감동을 받았습니다. 그 모든 일을 겪고도 아론은 자신이 무엇을 하고 있는지, 무엇을 원하는지, 그리고 자신의 한계가 어디까지인지를 정확히 알고 있었습니다.

그렇게 많은 피를 흘렸는데도 그의 걸음걸이는 놀랄 정도로 힘찼고, 신발에 모래가 들어가 거슬릴 때가 되어야 그늘에 앉아서 모래를 빼내고는 또 다시 걸어가려 했습니다. 아론은 신발 끈을 매 달라고 내게 부탁하기도 했습니다.

11km 지점에 이르렀다. 시간은 오후 3시를 막 넘기고 있었다. 240m 깊이의 말발굽 협곡의 그늘 한 점 없는 바닥으로 태양이 무자비하게 내리쬐었다. 그 광활한 협곡에서 크게 굽은 곳을 막 지나니 협곡에서 주차장까지 이어지는 길의 시작이 드러났다. 내 앞 왼편으로 있는 가파른 언덕 중턱까지 구불구불한 길이 나 있었다. 그 언덕 가장자리 어디쯤, 그러니까 내 위로 200m쯤 되는 곳에 구조대가 기다리고 있었다. 아, 그때 나는 갈까마귀가 되어 날개를 활짝 펴고 거친 소리로 깍 깍 소리를 내며 뜨거운 기류를 향해 하늘로 날아오르길 얼마나 소망했던가! 그렇다면 2분도 채 안 돼 그곳에 있게 될 텐데.

내가 그 협곡을 걸어서 벗어나려면 죽을 지도 몰랐다. 나는 피를 너무 많이 흘렸다. 치명적인 충격 직전의 상태였다. 에릭을 보내 도움을 얻게 할 생각도 했지만, 그 생각을 미처 입 밖으로 내기도 전에 커다란 소리가 연속적으로 빠르게 울리면서 내 생각을 날려버렸다.

턱-턱-턱-터크-터크-터크.

내 앞으로 20m쯤 되는 곳에 날개 없는 검은 금속 새의 몸체가 협곡 벽 위에서 날고 있었다.

그 광경을 보고 나는 그대로 멈춰 섰다. 그 믿을 수 없는 모습을 바라보는데 감정이 북받쳐왔다.

'모니크와 앤디가 어떻게 그처럼 빨리 입구로 갔을까? 또 구조대원들은 어떻게 그렇게 빨리 헬리콥터를 불러왔을까?'

하지만 그 새는 두 사람이 가기 전에 이미 그곳에 있었다는 사실을 이내 알았다. 내 놀라움은 커다란 안도감으로 변했다. 잠시 동안 나는 모래에 그냥 서 있을 수밖에 없었다. 웨인과 에릭 역시 나처럼 놀라 제자리에 가만히 서 있다가 팔을 머리 위로 흔들면서 헬리콥터에 신호를 보내기 시작했다. 우리는 협곡 한가운데서 짧은 풀과 키 작은 국화과 식물이 듬성듬성 나 있는 평편한 모래톱 위에 지름 30m의 가장 높고 외진 지형에 있었다. 계속 가만히 서 있던 나는 그 헬리콥터가 낮은 고도로 기울었다가 다시 우리 머리 위로 날아오를 때가 되서야 헬리콥터에 탄 사람들이 우리를 보았다고 확신할 수 있었다. 나는 착륙하기에 가장 좋은 지점을 찾아보다가 우리 앞에 있는 얕은 여울이 좋겠다고 판단했다. 내가 모래톱의 가장자리를 향해 50m 정도를 서둘러 걸어가는 동안 헬리콥터는 또 한 번 유턴을 하고 나서 그 마른 강바닥 위로 60m 지점에 떠 있었다. 에릭이 걸어와 내 옆에 서서 헬리콥터가 하강하기 시작하는 모습을 함께 지켜보았다. 나는 강바닥을 향해 잰걸음으로 열 발자국 갔지만, 헬리콥터의 회전날개 때문에 엄청난 먼지바람이 일어날 것 같아 착륙 지점을 등지고 섰다. 남아 있는 힘을 다 끌어 모아 다리를 땅바닥에 단단히 디뎠다. 무릎에서 힘이 빠졌다. 본능을 따르자면 그 자리에 주저앉아 땅에 입을 맞추며 나의 구출을 기뻐하고 싶었지만, 내 머리는 버거운 고통과 나를 견디게 해 주었던 인내에 이제 지쳐 있었다. 내 머리는 포기하고 싶어 했지만 나는 그렇게 할 수 없었다. 병원에 갈 때까지는 그럴 수가 없었다.

엔진 소리가 줄어들면서 내 등 쪽의 먼지바람도 약해졌다. 몸을 돌려 보니 다리가 뻣뻣한 한 사람이 헬리콥터의 뒷문으로 어색하게 뛰어 내렸다. 그 사람이 내 쪽을 보며 손짓을 했다. 나는 헬리콥터의 문 옆에 서 있는 그 남자를 향해 힘찬 걸음으로 빙 돌아서 갔다. 남자가 소리쳤다.

"아론입니까?"

나는 고개를 끄덕이며 그의 귀에 대고 소리쳤다.

"그렇습니다. 타도 됩니까?"

이렇게 묻고 고개를 돌려보니 경관 같아 보이는 사람이 제복을 입고 가죽으로 된 뒷자리의 한쪽 끝에 앉아 나를 멍하게 바라보고 있었다. 그곳에는 링거 백을 관리하는 의료 담당자도 없었고, 누구 하나 수술용 장갑을 끼고 있지 않았으며, 의료 장비 하나 눈에 보이지 않았다. 부상자 구출용 헬리콥터를 기대한 것은 아니었지만 온통 가죽으로 된 헬리콥터가 오리라는 생각도 하지 못했다. 어찌된 일인지 내 상황에 대한 긴박한 느낌이 사라지면서, 나는 나 때문에 가죽에 빨간 얼룩이 묻지 않도록 조종사나 경관이 천이나 재킷을 내려놓을 수 있는 시간을 주고 싶었다. 그래서 엔진과 회전 날개 소리가 요란한 가운데 특별히 누구에게랄 것도 없이 헬리콥터 안에 대고 소리쳤다.

"나는 피를 흘리고 있어요. 자리가 더러워질 겁니다!"

누군가의 목소리가 울렸다.

"그냥 타세요!"

나는 뒷자리에 포개져 있는 두 개의 가방을 넘어 가운데 앉았다. 그리고 나에게 손짓을 했던 남자를 향해 문 쪽에 대고 소리쳤다.

"내 배낭 좀 가져다주세요!"

그러고 나서 헬리콥터 앞 25m 쯤 되는 곳에 서서 내 배낭을 들고 있는 에릭 쪽을 고개로 가리켰다. 남자는 헬리콥터 날개 아래에서 에릭에게로 뛰어가 텅 비다시피한 내 가방을 받아들고 다시 돌아왔다. 가방에 든 것이라고는 각각 100g씩 진흙이 들어 있는 물병과 물통, 헤드라이트, 다용도 도구, 카메라 두 개로 다 합해서 2~3kg 정도가 다였다. 하지만 메이어 가족을 만나기 전 마지막 3km부터는 그 무게가 다섯 배는 되는 것처럼 느껴졌다.

'지금까지 들고 왔는데 이제 와서 놓고 가고 싶지는 않아.'

나는 이렇게 생각했다. 사람들이 헬리콥터에 다 오른 다음 우리는 안전벨트를 맸다. 조종사가 헬리콥터의 엔진을 최대 출력으로 가동하자 협곡 바닥에서 먼지가 일었다.

누군가 내게 헤드셋을 건네주며 쓰라고 했고, 경관들이 내 푸른색 야구모자 위로 그 헤드셋을 쓸 수 있게 도와주었다. 조종사가 자기 말이 들리는지 묻기에 나는 그렇다고 대답하면서 가죽 의자에 자리를 잡았다. 그리고는 다친 팔을 머리 위로 들어올렸다. 그렇게 하니까 끊임없는 진동이 조금은 견딜 만 했다. 팔꿈치에 매달려 있는 끈으로 핏방울이 흘러내렸다. 그리고 그 핏방울은 하나씩 하나씩 끈의 끝부분까지 굴러가 이미 흠뻑 젖어 있는 셔츠 위로 떨어졌다. 헬리콥터가 이륙하자 내 관심은 셔츠에서 협곡으로 옮아갔다. 몸이 높이 더 높이 올라가면서, 감사하다는 마음에 또 다시 눈물이 나려고 했지만 탈수 때문에 눈물샘도 막혀버렸다. 뒷자리에서 두 사람 사이에 끼어있긴 했어도 헬리콥터 창문 밖을 아주 또렷이 볼 수 있었다. 정면을 보니 웨인과 에릭이 두 개의 검은 형태로 보이다가 배리어 크리크의 붉은 자갈 강바닥을 배경으로 있는 작은 반점으로 변하더니 결국은 헬리콥터의 창틀에 가려져 시야에서 사라졌다. 헬리콥터가 협곡을 벗어나자, 갑자기 변한 지평선을 받아들이느라 내 마음도 어리둥절해졌다. 갇혀 있던 지난 엿새 동안 내 우주의 경계를 잇는 선은 폐쇄 공포증을 일으킬 정도로 비좁았다. 하지만 그 경계는 순식간에 150km가 넘는 거리를 뛰어넘으며 캐니언랜드의 장엄한 풍경 위로 멀어지면서 동쪽의 라 살 산을 에워싸는 안개 속으로 사라졌다. 눈앞이 빙빙 돌았다.

헬리콥터 엔진의 진동이 커지더니 둔탁한 포효소리로 변해버려 헤드폰을 써야만 잠잠해졌다.

"그런 강까지 가려면 얼마나 걸립니까?"

나는 목소리를 크게 하려고 필요 이상으로 힘을 주며 물었다.

'힘을 내야 해, 아론. 이제 거의 다 왔어. 조금 더 견뎌.'

조종사가 직직거리는 잡음 속에서도 잘 들리도록 대답했다.

"우리는 모아브로 바로 갈 겁니다. 15분 정도 걸릴 거예요."

'아, 잘 됐다.'

"마실 물 좀 있습니까?"

두 명의 남자가 내 부탁을 듣고서야 허둥거렸다. 그들을 탓할 수는 없었다. 피로 흠뻑 젖은 남자가 옆에 와서 앉는다면, 나라도 그 사람에게 물을 줘야겠다는 생각을 금방 하지 못했을 테니까. 왼쪽에 앉은 남자가 비틀어 여는 마개가 달린 생수병을 들어 내게 주었다. 내가 물병을 받아들고 잠시 동안 멍하니 쳐다보고 있으니까, 남자는 그제야 알아차리고 마개를 비틀어 연 다음 다시 주었다. 우리가 물병을 주고받는 동안, 내 오른 편에 앉은 제복 차림의 경관이 재킷을 내 팔 아래 깔아 핏방울을 흡수할 수 있게 했다.

2분 정도를 가니 우리 아래로 커다란 강이 나타났다. 그 색과 위치로 보건대 그린 강이 틀림없었다. 조종사가 헤드셋으로 말했다.

"아론에게 계속 말을 시키세요."

내가 대답했다.

"전 지금 물을 마시고 있습니다."

내가 아직도 물을 더 마실 수 있다는 것이, 아니 아직도 갈증을 느낀다는 것이 믿어지지 않았다. 그 헬리콥터 안에서 들고 있던 물까지 합하면, 3시간 동안 10l에 가까운 물을 마셨던 것이다.

"아론이 의식을 잃지 않게 하세요."

조종사가 경관들에게 말했다.

나는 내가 의식을 잃을까봐 걱정하지는 않았다. 팔의 통증 때문에 편안히 있을 수가 없기 때문이었다. 가능하면 빨리 병원에 가고 싶은 마음뿐이었다.

"얼마나 더 가야 합니까?"

나는 또 물었다. 그런 내 모습이 가족과 차를 타고 여행하면서 화장실에 가고 싶다고 짜증내며 조르는 아이 같았다.

"여기서부터 20분 정도 더 가야 합니다."

조종사가 대답했다. 우리가 아무 말 없이 강을 따라 1~2분 정도 북쪽으로 가는 동안 나는 또 물을 세 번 벌컥벌컥 마셔 병을 비웠다. 헬리콥터가 오른쪽으로 기울자 협곡 벽을 지나 강으로 이어지는 구불구불한 비포장도로가 보였다.

"저 길이 보이세요?"

내가 물었다.

오른쪽에 앉은 남자가 창밖을 보면서 고개를 끄덕였다.

"그런데요?"

"저기가 화이트 림의 출발점이에요. 2~3년 전에 친구 몇 명과 함께 자전거를 타고 저 길을 달렸어요. 160km가 넘는 길이죠."

경관은 내 말뜻을 금세 알아차리지 못하는 것 같았다. 그저 내가 그를 그렇게 생각하는 것일 수도 있고 아니면 내가 그 상황에서 경치구경 하는 것을 그가 믿을 수 없어해서일 수도 있었다. 우리는 캐니언랜드의 '하늘에 떠 있는 섬Island in the Sky' 위를 날아 북동쪽으로 향했다. 나는 그곳 지형에 훤하기 때문에 우리가 어디쯤 가고 있는지 알 수 있었다.

오른쪽에 앉은 남자가 내게 무슨 일이 있었던 거냐고 묻기에 일주일 동안 겪었던 일을 설명해 주었다. 나는 몸을 비틀어 왼쪽 주머니에서 지도를 꺼내 내가 갇혔던 곳을 남자에게 보여주었다. 그리고 쐐기돌이 굴러 떨어져 내가 갇히게 된 일이며, 닷새 밤을 추위에 떤 일이며, 물이 다 떨어져 소변을 받아먹은 일, 마침내 팔을 절단할 방법을 찾아낸 일 등을 설명해 주었다. 그 이야기를 하나하나 하다 보니, 헬리콥터가 어떻게 그 시간에 오게 되었는지, 어떻게 내가 원하던 바로 그 순간에 협곡에서 나를 찾아냈는지가 궁금해졌다. 만약 1시간만 늦었더라도 나는 도움을 기다리다가 죽었을 것이다. 아니면, 내가 이틀만 더 일찍 팔을 절단한 방법을 알아냈더라면 나는 그런 강까지는 고사하고 차에도 미처 닿지 못하고 피를 다 흘려 죽었을 것이다. 일요일까지만 해도 나는 내 비디오테이프에 대고 팔을 절단하는 것은 서서히 자살하는 일이 될 거라고 말했다.

목적지가 바로 앞에 있을 거라고 생각되는 순간, 헬리콥터가 오른쪽으로 다시 선회하는 것 같았다.

"얼마나 더 가야 합니까?"

"5분도 안 남았어요. 저 낭떠러지 위를 지나면 금방 시내가 나옵니다."

또 한 가지 궁금한 점이 생각났다.

"내 차를 어떻게 찾았죠? 그러니까 내 말은, 내가 어디에 있는 줄 알고 말이에요."

"어머님께서 어제 우리 관리인에게 전화를 하셔서 모든 입구를 수색해 달라고 요청하셨습니다."

몇 분 뒤에 헬리콥터가 갑자기 벼랑 끝 바위 위로 솟아오르더니 캐니언랜드를 벗어났고 이어 나무로 뒤덮인 계곡, 그리고 수천 개의 빌딩을 삼켜버리는 나무숲과 파란 들판이 드러났다. 우리는 콜로라도 강을 건넌 다음 속도를 줄여 유타 주 모아브의 중심가로 향하면서 단정하게 늘어선 집과 거리, 야구장, 상점, 학교, 주차장, 공원 위를 지났다. 헬리콥터가 한 번 돌고 나니 착륙 지점이 분명한 넓고 푸른 잔디가 나타났다. 기체가 흔들리면서 푸른 잔디에 서서히 닿을 때 나는 그 잔디의 바로 오른쪽에 있는 건물이 병원이라는 것을 알았다.

"아, 이제 됐어."

병원

　헬리콥터의 오른쪽에 있는 포장도로에 공원 관리청 제복을 입은 남자가 하나 서 있었다. 그 남자 옆에는 바퀴가 달린 들것이 있고 그 양쪽 끝으로 하얀 옷을 입은 여자 두 명이 서 있었다. 조종사가 신호를 하자 내 오른쪽에 앉아있던 경관이 헬리콥터의 문을 열고 내가 내릴 수 있도록 문을 잡고 서 있었다. 나는 벨트를 풀고 머리에서 헤드폰을 아무렇게나 벗어버린 뒤 잔디 위로 뛰어내렸다. 머리를 숙이고 헬리콥터 날개 아래를 지나 포장도로를 향해 대여섯 걸음을 성큼성큼 갔다. 내 기괴한 모습을 아무렇지 않게 받아들여줄 것 같은 그 제복 차림의 남자에게로 다가가 내 소개도 하지 않은 채 다급한 목소리로 말했다.

　"피를 너무 많이 흘렸습니다. 엿새 동안 음식과 물을 먹지 못한 채 갇혀 있다가 오늘 아침에 내 팔을 잘랐고, 그때부터 지금까지 지혈대를 사용하고 있어요. 이 덮개 안에서 지혈대가 내 팔을 감싸고 있습니다."

　남자는 자신의 상황을 담담하게 말하는 내가 놀랍다는 표정으로 대답했다.

　"안으로 들어갑시다."

　그러면서 남자는 들것을 잡고 있는 여자들을 보았다. 나는 들것에 엉덩이를 대고 앉은 다음 등을 대고 누우면서 다리를 위로 올렸다. 행복했다. 나는 엿새 동안 눕지 못했다. 그래서 들것에 눕는 순간 온 몸이 편안해졌다. 잘린 팔에 덧댄 지혈대를 통해 느껴지는 욱

신거리는 통증이 없었다면 영원한 잠속으로 빠져들었을지도 몰랐다. 간호사들이 들것을 밀어 응급실 입구의 자동문을 통해 텅 빈 병실로 갔다. 또 한 여자가 응급실로 의료장비를 가져오더니 굉장히 당황스럽다는 표정으로 나를 쳐다보았다. 그녀의 놀란 시선을 보면서 깨달았다. 왜 접수대나 대기실에 사람이 하나도 없었는지 이해가 되었다.

그곳은 심하게 다친 환자들이 몇 분마다 드나드는 대도시의 대형 병원이 아니었다. 그저 조용한 시골 병원이었다. 아마도 내가 보았던 그 세 명의 여자가 그 병원에서 중요한 직책을 맡고 있는 듯했다. 다행히도 치료 팀이 멀리 있지 않아서 즉시 올 수 있는 것 같았다. 당시의 상황을 보건대, 그곳 직원들은 환자가 들어올 것이라는 사실을 헬리콥터가 병원 앞 잔디에 착륙하기 직전에 알았던 것 같았다.

간호사들이 나를 태운 들것을 밀고 살균실로 들어가 그 방 한 가운데 있는 커다랗고 둥근 전등 갓 아래 놓인 응급실 침대 옆에 세웠다. 간호사들 중 하나가 공원 관리청 남자에게 따라오라고 말했다. 내 머리맡에 있는 간호사가 나에게 왼쪽으로 움직여 침대로 옮겨갈 수 있겠느냐고 물었다. 나는 오른쪽 팔을 가슴에 가까이 대지 않으면서 겨우 침대로 몸을 옮겼다. 공원 관리청 남자만 남긴 채 간호사들이 뿔뿔이 흩어졌다. 잠시 뒤에 한 여자가 돌아오더니 의료품을 더 가져온 다른 간호사들에게 "마취의가 5분 안에 올 것이다."라고 말했다. 간호사들이 내 신발과 양말과 모자를 벗기고 가운을 입혔다. 이어서 남자가 내게 말했다.

"아론, 나는 공원 관리청에 있는 스티브 스웽크 관리소장입니다.

내가 도와드릴 일이 있습니까?"

내가 기대한 질문은 아니었지만, 그 순간 어머니 생각이 났다.

"저희 어머니에게 제가 괜찮다고 알려주시겠습니까?"

어머니가 나 때문에 얼마나 걱정을 했을 것이며 또 어떤 상태일지를 생각하니 내 목소리가 떨리는 흐느낌이 되어 나왔다.

"알았습니다. 어머님 전화번호는 저희에게 있습니다. 이곳에서 나가자마자 전화를 하겠습니다."

"고맙습니다."

나는 잠시 마음을 진정시키고 나서 다시 말했다.

"그 협곡에 내가 많은 것들을 두고 왔습니다. 자일, CD 플레이어, 안전벨트 등등 많이요. 사람을 보내 그 물건들을 치워주실 수 있습니까?"

"꼭 그렇게 하겠습니다."

스티브가 대답했다.

"그 물건들 중 일부는 내가 갇혔던 곳에 있고, 또 일부는 하강한 절벽 아래에 있습니다. 그리고 내 자전거는……."

나는 말을 멈추고 손을 가운 아래로 넣어 주머니를 찾았다.

"길의 동쪽으로 100m 정도 떨어진 곳에 있는, 그러니까 버 패스에서 1.5km 떨어진 곳에 있는 노간주나무 옆에 있습니다."

나는 접혀있는 지도를 꺼내 스티브에게 주었다. 그리고 스티브가 그 피 묻은 지도를 보며 위치를 확인하는 동안 지퍼가 있는 주머니를 뒤져 자전거 잠금 열쇠를 꺼냈다.

"이것이 자전거 열쇠입니다."

나는 열쇠 2개가 달린 작은 고리를 스티브에게 건넸다.

"열쇠를 잊어버려도 자전거를 가져올 수 있도록 나무에 잠그지 않고 자전거 자체에서 잠궜어요. 하지만 바퀴가 자유롭게 구르면 길까지 자전거를 가져가기가 더 수월할 겁니다."

"자전거를 세워놓은 곳을 짚어주시겠어요?"

스티브가 내 앞으로 지도를 들어 보이며 부탁했다.

"네, 그러죠."

나는 몸을 조금 굴려 왼손을 뻗으며 말했다.

"아, 안 되겠어요. 그 위치가 지도에 들어가 있지 않네요. 하지만 내가 말한 바로 그 장소입니다. 버 패스의 남쪽으로 1.5km 가다가 마지막 나무요. 그 언덕길이 지도에서 약간 벗어나 있군요."

"당신이 갇혔던 곳을 알려주시겠어요?"

"네, 수직절벽 하강 바로 위에 있는 협곡의 동서 구간입니다. 여기 보이세요?"

나는 '수직절벽, 좁은 슬롯 협곡.' 이라고 적힌 표시를 가리켰다.

"그렇군요. 그밖에 다른 것은요?"

"배낭을 보관해 주세요. 그 가방은 아주 중요합니다. 헬리콥터에 있어요. 그리고 제 차와 물건들을 가져다 주십시오. 고맙습니다."

나는 여전히 긴장하고 있긴 했지만 피곤했다. 눈을 감고 싶었지만 잠을 잘 수는 없었다. 하얀 옷을 입고 마스크를 쓴 여자가 그곳으로 들어오더니 자신을 마취의라고 소개하고 나서 어떻게 된 일인지 물었다. 나는 간단하게 설명해 주었다. 여자는 약을 가져오겠다고 말하고 나서 응급실의 옆문으로 나갔다.

스티브가 말했다.

"아론, 당신에게서 정보를 최대한 많이 얻고 싶어요. 그 돌은 크기가 어느 정도였습니까?"

"90kg 정도 되었던 것 같습니다. 처음 돌에 갇힌 뒤로 오른쪽으로 약간 밀긴 했지만, 내가 가진 장비로는 돌을 들어 올릴 수가 없었어요. 그러니 적어도 그 정도 무게는 되었던 것 같습니다."

"그 돌이 언제 당신에게 떨어진 겁니까?"

"토요일 오후 2시 45분쯤입니다. 돌을 흔들어 보았는데 고정되어 있더군요. 쐐기돌이었어요. 그래서 그 돌을 밟고 오른 다음 내려와서는 다시 밀어 보았어요. 그때 돌이 앞뒤로 튀더니 내 왼쪽 손에 약간 부딪히고 나서 다음에 오른쪽 손을 가둬 버렸습니다. 손이 갇히자 돌 아랫부분을 위로 밀어 올리려고 해 봤습니다."

내가 그런 이야기를 하고 있다는 사실이 믿기지 않았다. 탈수와 저체온 상태에서 엿새를 견디고 내 팔을 잘라내고 하강을 하고 사막을 11km나 걷고 살아난 것을 생각하면 그 침대에 누워있는 것이 실감이 나지 않았다. 그리고 헬리콥터도…. 그것은 기적이었다. 스티브가 더 질문을 하려는데, 마취의가 얼핏 보기에 말 엉덩이에다 놓아도 될 만큼 커 보이는 주사기와 바늘을 가지고 돌아왔다. 그 마취의가 뭘 하려는지 알았기 때문에 나는 단호한 목소리로 그녀를 막았다.

"아, 할 얘기가 있습니다. 가끔 내가 주사바늘에 부작용을 일으킵니다. 주사를 맞고 의식을 잃은 적도 여러 번 있어요. 그리고 피를 뽑은 다음에 의자에서 떨어진 적도 있고요. 의사가 주사를 맞기 전에 꼭 그런 얘기를 하라고 했습니다. 지금 내 상태에서 어떤 일이 일어날 지는 나도 모르겠습니다. 쇼크를 일으킬지도 모릅니다."

내 말이 시작되기 무섭게 동작을 멈춘 의사는 시선을 고정시킨 채 내 말을 들었다. 나는 그녀의 눈 밖에는 보이지 않았는데, "지금 쇼크 상태가 아니라는 말인가요?"라고 물어보면서도 그 두 눈은 미심적다는 듯 크게 벌어져 있었다.

"모르겠어요. 임상적으로는 아마 아닐 것 같은데…."

의사가 머뭇거리는 내게 단도직입적으로 물었다.

"모르핀이 준비되어 있어요. 맞을 거예요 안 맞을 거예요?"

"아, 맞겠습니다!"

내가 소리쳤다.

"놔주세요. 단 제가 이리저리 움직이기 시작하면 침대에서 떨어지지 않도록 꽉 잡아 주시겠어요?"

의사가 주사를 놓는 동안 나는 스티브를 바라보았다. 진통제가 혈관에 들어가면서 팔 위쪽으로 뜨거운 기운이 서서히 올라왔지만 의식을 잃지는 않았다. 그 상태에서 스티브와 다시 이야기를 시작했다. 내가 갇혔던 슬롯의 크기를 설명하면서 그 바위의 크기를 되풀이해서 말했고, 내가 서 있는 자세로 갇혔지만 앵커를 설치해서 다리로부터 무게를 덜 수 있었다는 얘기도 했다. 또한 모르핀 때문에 잠이 들기 전에 할 수 있는 한 자세하게 시간대를 알려주려고 노력하면서 언제 물이 다 떨어졌고 언제 식량이 떨어졌으며, 팔뼈를 부러뜨리고 팔을 절단하는 방법을 언제 알게 되었는지를 설명했다. 그때 처음 듣는 중저음 목소리의 남자가 내 오른쪽 팔을 덮고 있는 것이 무엇이냐고 물었다. 그러더니 팔걸이로 쓰고 있던 수낭을 누군가 잡아당기는 것이 느껴졌다. 이어 스티브의 목소리가 들렸다.

"그 안에 지혈대가 한 두 개 있습니다. 나머지는 덧댄 천입니다."

세상이 터널 속으로 빠져 들어가는 것을 느끼며 나는 분명치 않은 발음으로 겨우 말했다.

"팔뚝에 딱 한 개가 있는데…."

그러고 나서, 127시간 동안 쉼 없이 이어지던 내 고통은 2003년 5월 1일 목요일 오후 3시 45분에 끝이 났다.

삶의 확인

스티브 스웽크는 우리의 대화 내용이 담긴 메모와 지도를 가지고 접수대로 갔다. 나와 20여 분간 믿을 수 없는 이야기를 나눈 터라 마음을 진정시키고 난 뒤 어머니에게 전화했다. 두 번째 벨이 울릴 때 어머니가 전화를 받았다.

"여보세요."

스티브가 처음 전화를 했을 때보다 어머니의 목소리는 더 힘차고 기대에 부풀어 있었다.

"안녕하세요. 스티브입니다. 좋은 소식과 나쁜 소식이 있습니다. 아드님을 찾았습니다. 아드님은 살아있고 생명에 지장이 없습니다."

스티브는 잠시 말을 멈춘 다음 전하기 힘든 나머지 소식을 말했다.

"아드님은 갇혀 있다가 팔을 절단하고 빠져나와야 했습니다. 아드님은 현재 모아브에 있는데 곧 그랜드 정크션으로 갈 겁니다.”

어머니는 마치 지난 이틀 동안 숨을 참고 있었던 것처럼 크게 숨을 내쉬었다.

“하나님, 감사합니다.”

그 순간 어머니는 커다란 짐을 내려놓은 듯한 안도감을 느꼈다. 아들이 살아있고 앞으로도 괜찮을 것이라고 하니, 어머니의 기도가 응답을 받은 것이다. 그대로 수화기를 든 채 어머니는 주방 식탁 옆에 서 있던 수 도스를 향해 소리쳤다.

“수, 아론을 찾았대! 아론은 괜찮을 거래!”

어머니는 살아오면서 그 순간만큼 기쁨으로 충만해 본 때가 없었다. 어머니에게는 나쁜 소식마저도 그저 축복일 뿐 아무런 문제가 되지 않았다. 어머니는 다시 마음을 수습하고 스티브에게 연신 인사를 했다.

“아, 고마워요. 정말 고마워요. 그 아이를 다시 데려와 줘서 정말 고마워요. 우리가 당장 갈게요.”

“제가 뭐 도와드릴 일이 있습니까?”

“새로운 소식을 알게 되는대로 우리에게 알려주세요.”

“그렇게 하겠습니다. 또 다른 것은요?”

어머니의 마음속에 두 번째 부탁이 떠올랐다. 어머니는 그 부탁을 입 밖으로 꺼냈다.

“아마도 아론에 대해 보고를 하거나 언론에 이야기를 하셔야 할 거예요. 그때 사실에 근거해서 말씀을 해 주세요.”

전화를 끊고 스티브는 잠시 동안 자신의 메모를 살피면서 사실을 분류하고 원인과 참고가 될 만한 요소들을 찾아보았다. 그 자신이 야외 스포츠 경험이 많은 사람이었던지라 혼자서 여행을 하고 카약을 탄 적이 얼마나 많았었는지 잠깐 생각해 보았다.

"이게 다 무슨 일이지? 나도 늘 아내에게 어디에 갈 건지 얘기하지 않고 혼자서 위험한 운동을 하곤 하잖아. 그런 일이야 요즘 캐니언랜드에서 늘 일어나고 있는 일이야. 그곳에는 자신의 행방을 아무에게도 알리지 않고 혼자서 위험한 야외활동을 하는 사람들이 얼마든지 있어."

스티브는 지도를 만지작거렸다. 그는 내 웹사이트를 보고 내가 협곡 등반 경험이 많다는 것과 블루 존 협곡은 위험한 협곡이 아니라는 사실을 알았다. 평소에 스티브는 사고의 심각성이 지형과 비례한다고, 그러니까 지형이 험악하면 사고의 정도도 심각한 거라고 생각했다. 하지만 내가 당한 사건은 무난한 지형을 고려해 봤을 때 끔찍할 정도였다.

'이번 경우는 수월한 협곡 등반이었어. 어떤 다른 협곡보다 무난하지. 그리고 나도 협곡을 등반할 때면 언제나 바윗돌을 흔들어보잖아. 사람들은 달걀 껍질 위를 걷듯 하얀 장갑을 끼고 그 협곡들과 춤을 추지. 협곡 등반자들은 그렇게 하잖아. 우리는 언제나 생각하지. '이 돌이 움직일까?' 혹은 '저 돌이 움직일까?''

스티브는 응급실 창문을 통해 의식이 없는 내 몸 주위에서 부산스럽게 움직이는 의사와 간호사들을 들여다보며, 어느 한 가지 여행에 대해 내리는 수천 가지의 결정이 어떤 차이를 만들어 내는 걸까 하는 생각을 했다.

'대부분 우리는 옳은 결정을 하고 때때로 잘못된 결정을 하지. 잘못된 결정을 할 때라도 대부분은 그 결과가 아주 사소하고 말이야. 하지만 이따금씩 그 결과가 아주 끔찍할 때도 있지.'

스티브는 이런 저런 생각을 하다가 결론을 내렸다.

"이 사고는 어떤 사람이 잘못된 시간에 잘못된 장소에 있다가 극도로 운 나쁜 경우에 처한 거야. 단지 운이 없었던 거야."

스티브는 조사관들에게 병원에서 부드러운 냉각 주머니를 가져다 얼음으로 채워 달라고 부탁했다. 응급실의 바비 박사가 잘린 내 손을 다시 붙일 수 있는지 알아보고 싶어 했다. 나를 병원에 수송했던 헬리콥터 조종사와 두 명의 조사관은 내가 갇혀 있던 협곡으로 가서 절단된 내 오른손을 가져와야 했다. 협곡에 도착한 세 사람은 돌을 굴려 내 손을 빼내려면 사고 지점까지 모두 함께 가야 한다고 생각했다. 하지만 정작 그 협곡의 구덩이로 가 보니 자신들의 힘으로는 쐐기돌을 움직이지 못할 거라는 판단이 들었다. 쐐기돌은 그들이 생각했던 것처럼 땅바닥에 있는 것이 아니라 벽 사이에 끼어 있었고, 나는 돌의 무게가 90kg 정도라고 얘기했지만 그들이 보기에는 500kg은 되어 보였다. 죽은 지 오래되어 썩어 가는 내 손을 당분간은 빼낼 수가 없을 것 같았다. 그들은 증거를 남기기 위해 사진을 몇 장 찍은 뒤에 노란 웨빙, 녹색과 주황색이 섞인 자일, 그리고 내가 엿새 동안 그 구멍에 갇혀 있으면서 남긴 물건들을 모았다. 그리고 떨어진 쐐기돌 옆에서 짓이겨진 내 손이 있는 협곡 벽에 남은 선명한 핏자국을 뒤로 하고 슬롯을 다시 올라가 헬리콥터로 갔다.

어머니

　내가 눈을 뜬 곳은 어두운 병실이었다. 의식이 없는 채로 몇 시간이나 흘렀는지 알 수가 없었다. 간호사실에서 나오는 환한 빛이 내 왼쪽 창문으로 드리워진 반투명 커튼 틈으로 새어 들어왔다. 눈앞이 희미했지만, 내가 혼자라는 것은 알 수 있었다. 다시 의식을 잃기 전에 나에겐 오직 한 가지 생각만이 들었다.

　"나는 살아있어."

　잠시 뒤에 다시 깨어났다. 간호사가 내 방으로 들어오더니 쾌활한 목소리로 말했다.

　"부스럭거리는 소리를 들은 것 같아서요."

　"나는 살아있어요."

　내가 숨을 헐떡이며 그 간호사에게 대답했다. 통증 때문에 내가 살아있다는 것을 알았다. 오른쪽 팔이 아프고, 두 다리가 아프고, 왼쪽 손이 아팠다. 사실을 말하자면 어느 한 구석 아프지 않은 곳이 없었다.

　"그래요, 살아있어요. 어머님께서 이곳에 오시면 그 사실을 알고 좋아하실 거예요."

　"어머니가요?"

　쉰 듯한 내 목소리는 속삭임보다 조금 클 뿐 여전히 가냘프고 힘이 없었다. 하지만 그 말을 꺼내자 온몸을 휘감는 사랑의 감정이 한꺼번에 폭발하면서 약에 취한 머리가 묵직해지고 격렬한 울음이 터져 나왔다.

어머니.

울면 몸이 아팠지만 어쩔 도리가 없었다. 눈물이 조금 멎으니 벽에 걸린 시계가 보였지만 시간을 알 수는 없었다. 누군가 내 콘택트렌즈를 빼 버린 모양이었다. 눈을 가늘게 뜨고 보니 두 개의 바늘이 왼쪽 아래편을 가리키고 있었다. 7시 30분이나 8시 30분이 막 넘고 있었다. 내가 구조된 지 겨우 4시간이 지나 있었다. 모아브는 덴버에서 자동차로 적어도 7시간은 걸려야 했다. 마취가 다 풀리지 않은 상태였지만, 계산이 맞지 않는다는 것을 알 정도로는 머리가 돌아갔다.

"어머님께서 곧 오실 거예요. 환자분이 수술 받은 다음 어젯밤에 이곳에 오셨어요. 아마 아침식사를 하고 계실 거예요. 30분 정도 있으면 오실 거예요."

어젯밤이라고? 아침을 먹으러 가셨다고? 피로 때문에 정신이 흐린 가운데 간호사의 말이 무슨 뜻인지 한참을 생각했다. 하루가 지나 아침이 된 것이 분명했다.

"오늘이 무슨 요일이죠?"

"금요일 아침이에요."

간호사가 할 일을 정리하고 내 침대 주변을 꼼꼼히 살피면서 대답했다.

"아."

내 목소리는 가느다란 신음처럼 들렸다. 응급실 침대에서 의식을 잃은 뒤로 경험을 연결하는 능력이 없어진 것 같아 당황스러웠다. 눈을 한 번 깜빡하고 나니 다른 방에 와 있는 그런 느낌이었다. 모아브는 덴버에서 멀리 떨어져 있었다. 어머니가 이곳에 오셨단 말이지?

"어머니가 어떻게 그렇게 빨리 오셨죠?"

"나는 간신히 이렇게 물었다. 목이 바짝 말라 말이 잘 나오지 않았다."

"어머니가 어디서 오신 건데요?"

"덴버에서요."

"그렇다면 여기까지 오는데 4시간 반에서 5시간 밖에 안 걸리잖아요."

5시간? 그럴 리가 없었다.

"모아브까지 오는 데 5시간이 걸린다고요?"

"아, 여기는 모아브가 아니에요. 여긴 그랜드 정크션이에요. 환자분은 지난밤에 이 곳으로 오셨어요."

"아."

나는 상황을 파악하려고 애쓰면서 중얼거렸다. 생각지도 못하게 나타난 헬리콥터를 탔던 이후에 또 탄 기억이 없었다. 하지만 그랜드 정크션이라는 것을 이해했다. 나는 콜로라도에 있었던 것이다.

너무 지쳐서 움직일 수가 없었지만, 시트를 지나 팔과 머리 여기저기에 문어발처럼 걸쳐져 있는 관과 절연선, 그리고 이런저런 촉수들을 생각하면 그 편이 나을 지도 몰랐다. 새로운 환경에 대해 신이 나서 더 알아보기도 전에 나는 다시 의식을 잃었다.

다시 의식이 돌아 왔을 때는 수 도스가 내 침대 옆에 있었다. 그녀를 보니 기쁘기도 하고 안심도 되었다. 수는 텍사스 사람 특유의 부드러운 콧소리로 말했다.

“어머니가 밖에 와 계셔.”

수는 어머니를 모시러 문 밖으로 나갔다. 어머니가 병실로 들어왔다. 천장에 박혀있는 형광등에서 무자비하게 쏟아지는 빛이 어머니를 눈부시게 감쌌다. 어머니의 형체를 구분할 수가 없었지만, 어머니가 두 발자국 걸어와 내 왼쪽 옆에 서는 것은 알 수 있었다. 내가 왼쪽 손을 드니 어머니가 두 손으로 내 손을 잡았다. 그 손은 차갑고 부드러웠으며 약간 떨렸다. 어머니는 몸을 구부려 내 이마에 입을 맞췄다. 가까이에서 보니, 내가 어머니를 얼마나 걱정시켜 드렸는지를 알 수 있었다. 나는 간신히 이렇게 말했다.

“어머니, 마음 아프게 해드려서 죄송해요. 사랑해요.”

어머니가 고개를 흔들었다. 어느 새 우리 두 사람은 함께 울고 있었다. 잠시 뒤에 울음이 진정되자 어머니는 다시 마음을 가라앉히고 말했다.

“만일 네가 다리 하나가 부러져서 집에 못 오는 것이 아니라면, 우리가 만나서 네 두 다리를 부러뜨릴 거라고 수와 내가 농담으로 말했단다.”

어머니와 나는 쿡쿡거리며 웃다가 서로를 바라보면서 미소를 지었다. 아들과 어머니, 그리고 어머니와 그 아들이 다시 만날 때만이 느낄 수 있는 그런 사랑이 우리 두 사람 사이에 오갔다. 말은 안 했지만 우리 두 사람 모두 다시는 서로의 곁을 떠나지 않기를 바라고 있었다.

절벽 밑의 물 웅덩이에서

팔 절단 45분 후 절벽에서 하강한 후 밑에서 찍은 사진

구조 헬리콥터

당시 구조대원들과 함께 찍은 사진. 오른쪽 끝이 스티브 스웽크

에필로그

새로운 고통

내가 구조된 뒤에 이어진 시간은 실로 엄청나다고 할만 했다. 아버지가 병원에 미처 오시기도 전에 내 이야기는 전 세계에서 헤드라인 뉴스가 되었다. 나는 그 협곡에서 몸무게가 20kg 가까이 빠졌고 1*l* 반 정도의 피를 흘렸으며 회복되는 데 오랜 시간이 걸려야 했다. 이런 과정이 다음과 같은 내용으로 CNN의 전광 뉴스에 떠올랐다.

"자신의 팔을 자른 콜로라도의 등반가가 중환자 치료를 받고 있음."

세인트 메리즈 중환자실에서 닷새 동안 세 번의 수술을 받고 나서, 나는 그 병원의 어떤 환자보다도 많은 팬케이크, 꽃과 함께 중환자실을 벗어나 위층 병실로 옮겼다. 그곳에서 잠깐씩 의식이 돌아올 때면, 내가 사는 곳 근처나 전 세계 곳곳에 사는 모르는 사람들과 친구들이 보내온 편지들을 아버지가 읽어 주셨다. 솔트 레이크 시티에 사는 어떤 여성은 죽은 남편이 남겨놓은 한 움큼의 수면제를 변기에 흘려 보냈노라고 카드에 적어 보냈다. 그녀는 카드에 이렇게 적었다.

당신의 용기 있는 행동을 보고 좀 더 가치 있게 인생을 살아야겠다고 마음먹었습니다. 남편이 죽은 뒤로 1년 동안 상황이 더 나아지지 않으면 삶을 끝내겠노라고 저 자신에게 다짐했었거든요. 자살이 해답이 아님을 이제는 알게 되었습니다. 당신으로 인해 강하게 살고, 용기 있게 생활하며, 삶을 위해 노력할 자신감을 얻었습니다.

부모님과 나는 그 편지를 읽을 때마다 눈물을 흘렸다. 힘든 시간을 보내는 동안 내 구조와 회복이 사람들에게 얼마나 큰 영향을 미치는지 그 편지 덕분에 기억할 수 있었다. 그 주 내내 부모님은 내 곁을 좀처럼 떠나지 않으셨다. 부모님의 사랑과, 나를 위해 기도해

주는 수천 명의 사람들이 보내는 격려와, 많은 친구들의 소리 없는 방문과, 세인트 메리즈 병원 의사와 간호사들의 훌륭한 치료 덕에 나는 서서히 움직일 수 있게 되었고, 5월 7일 수요일이 되자 사고를 당한 이후 처음으로 바깥나들이를 준비했다. 병원 레크리에이션 치료사는 아버지와 나를 길 건너에 있는 공원으로 데려가려 했지만, 엄청나게 많은 기자와 사진 기자들이 하루 종일 병원 문을 지키고 있었기 때문에 여의치가 않았다. 그래서 우리는 대신 병원 옥상으로 올라가 두 개의 접의자에 앉아 그랜드 정크션의 녹음과 협곡의 낭떠러지들이 선사하는 근사한 전망을 즐겼다. 바깥세상 이야기를 주고받고 야구에 대해 이야기하면서 보낸 30분 내내 공기와 온갖 색깔들이 기분 좋게 떨렸다. 그 날의 일은 살아오면서 아버지와 함께 했던 특히 소중한 추억 중 하나가 되었다.

또 그 날 오후에 소포 꾸러미를 하나 받았다. 포틀랜드에 사는 친구인 크리스 세어가 보낸 선물이었다. 은박지 포장을 벗기니 당의를 바른 내 오른손 모양의 초콜릿 케이크였다. 그날 밤에 아스펜 친구들이 내가 누워 있는 동안 들을 수 있게 음악 묶음을 가져왔을 때, 엄마는 그 케이크를 잘라 병원 카페테리아에서 사온 우유와 함께 대접했다. 나는 친구들이 미소 짓는 모습을 보기도 하고, "이것 좀 먹어. 내 손을 기억하면서 먹어야 해"라고 농담을 하며 웃기도 했다. 우리는 그 날의 재회를 '마지막 디저트'라고 이름 붙였다.

목요일, 나는 일주일 만에 처음으로 환자복이 아닌 옷을 입고 특별한 경우에 대비해 어머니에게서 카메라를 빌렸다. 가장 많이 알려진 세 가지 종류의 진통제를 처방받고 나서 약에 심하게 취한 상태로 부모님과 병원차를 타고 병원에서 반 블록 정도 떨어진 곳에 있는 보조 건물로 가서 60명 정도의 기자와 아마도 그 두 배는 됨직한 카메라 기자와 사진 기자들이 가득 차 있는 방으로 들어섰다. 나는 어떻게 해야 할지 모르는 채 몇 장의 사진을 찍혔다. 그런 식으로 세상 사람들이 나를 만나는 것이며, 그 20분간의 기자회견 동안 내 첫 인상의 대부분이 만들어지는 것이라 생각했다. 그 자리에서 나는 내가 심한 바람에 줄이 끊어진 연보다 더 높이 떠 있다고 변명처럼 말하고 싶었다. 앞으로 가장 하고 싶은 일이 무엇이냐고 기자가 내게 물었을 때 나는 이렇게 대답했다.

"부모님과 함께 집에 가는 것, 친구들과 산책하는 것, 키 큰 병에 담긴 시원하고 짭짤한 마르가리타를 다시 마셔보는 것입니다."

그 말은 사실이었다. 갇혀있는 동안 마르가리타 생각을 얼마나 많이 했는지 모른다. 아마 가족이나 친구들에 대해 생각하는 만큼은 아니었겠지만, 그래도 꽤 많이 생각했다.

그 기자 모임이 끝난 직후 나는 〈아스펜 타임즈〉에 실을 사진을 찍기 위해 그랜드 정크션에 온 사진기자 댄 바이어와 이야기를 나눴다. 그는 내 친구였다. 그 주 초에 댄은 말발굽 협곡으로 가서 내가 그곳에 두고 온 안전벨트와 하강 장치를 찾아 가지고 왔다. 그는 하강지점 바닥에 있는, 그러니까 내가 물을 마신 그 물웅덩이도 보았노라고 말하면서 물었다.

"그 물에 떠다니던 죽은 갈까마귀를 봤어?"

가장 강력한 진통제를 일단 끊게 되자, 세인트 메리즈 병원에서는 나를 퇴원시켰다. 부모님과 함께 덴버에 있는 집으로 오니, 여섯 주에서 친구들이 깜짝 환영식을 하기 위해 와 있었다. 일주일 동안 나는 '앞으로 하고 싶은 일' 목록에서 세 가지 중 두 가지를 해보았다. 단 커다란 병에 든 시원하고 짭짤한 마르가리타를 음미하는 일은 매일 먹는 열여덟 알의 약을 끊고 난 다음까지 미뤄 두어야 했다.

5월 15일 목요일에 다시 병원에 갔다. 이번에는 덴버에 있는 성누가 장로교 병원이었다. 그로부터 이틀 전에 의사들은 내 오른쪽 팔뼈에 치명적인 감염의 위험성이 있음을 발견했다. 나를 살렸던 그 더러운 칼이 이제 나를 죽이고 있었다. 또 한 번 수술을 한 다음, 나는 사용할 수 있는 것 중 가장 강력한 항생제 주사를 맞았고, 약이 감염에 효과가 있는지 알아보기 위해 혈액 검사(이번에도 주사였다)를 되풀이하고 또 되풀이했다. 다음 날인 금요일은 여동생이 텍사스 테크 대학을 졸업하는 날이었다. 계속 검사를 받고 있는데다 수술을 앞두고 있던 탓에 소냐가 졸업장 받는 모습을 보지 못할 것 같았다. 실망스러운 마음에 부모님과 함께 울고 말았다.

그런데, 러벅에서 졸업식이 시작되기 불과 20시간 전에, 내 담당 의사들과 간호사들이 내가 사흘 동안 병원 밖으로 나갈 수 있도록 하는 계획을 생각해 냈다. 직접 정맥에 진통제 주사를 놓는 방법에 대해 복잡한 설명을 듣고 난 뒤에 나와 부모님은 한밤중에 차로 10시간을 달려 텍사스의 러벅에 갔다. 아버지가 텍사스 지역의 2차선 고속도로를 달리는 동안, 어머니는 뒷자리에 앉아 창문 위에 있는 옷걸이에 링거 병을 걸어놓고 떨어지는 주사액의 양을 조절하고 있었다. 러벅에 도착했을 때 우리 차는 사용한 의료품들과 찢겨진 포장들로 어질러진 것이 마치 육군 이동 외과 병원의 차 같았다. 하지만 그래도 우리는 우등 과정 시상식장에 제 시간에 도착해서 소냐가 '올해의 텍사스 테크 우수 학생' 상을 받는 모습을 볼 수 있었다. 주말의 축제가 모두 끝나고 나서, 부모님과 나는 여동생이 짐 싸는 것을 도와준 다음 집안의 전통대로 친할머니와 함께 둘러 앉아 카드놀이를 몇 번이고 했다. 예전에 그랬던 것과 똑같았다.

그리고 덴버로 돌아와 마지막 수술을 했다. 그 과정에서 재미있는 일도 있었다. 내게는 혈관 조영도가 필요했는데, 그것은 사람들이 생각하는 것처럼 노래하는 천사가 사람들에게 하나씩 가져다주는 소식이 아니었다. 호기심 어린 미소를 띤 예비 간호사가 음모의 오른쪽 부분을 면도한 다음 도뇨관을 대퇴 동맥에서 가슴 부분까지 밀어 넣는 것으로 시작되는 과정이었다. 간호사들이 이 도뇨관을 사용해 내 혈관에 엑스선 조영제를 투여하면 내 오른쪽 팔의 혈관이 텔레비전 화면에 정기적으로 나타났다. 하지만 그것은 준비 단계에 불과했다. 혈관 조영도의 결과를 토대로 성형외과 의사는 내 팔 안에 있는 3개의 동맥 중에서 어느 혈관이 살아있는지 알아냈다. 지혈대 탓에 혈관 하나가 상했지만 다른 2개는 본래의 상태를 유지했다. 이 사실은 중요했는데, 내 왼쪽 허벅지에서 10cm 길이의 근육을 잘라내 오른쪽 팔뚝 끝에 이식한 다음 팔 안의 동맥들을 끄집어내서 팔뚝에 댄 근육과 연결해야 했기 때문이다. 마지막으로, 의사는 오른쪽 넓적다리에서 직사각형 모양으로 피부를 잘라내 팔 전체에 덧댔다. 10시간 동안 진행된 이 수술은 텔레비전에서 방송하지 않았다(그 시간에 이라크 전쟁이 방영되었다).

마취약에서 깨어나고 몇 시간 동안 상태가 가장 나빴다. 그날 밤 내 상황은 최악이었다. 내 몸으로 7개의 관이 연결되어 있었고, 이 번에는 공여부위와 오른쪽 발꿈치 등 세 군데에서 새롭게 통증이 느껴졌다(수술을 받는 동안 발의 무게가 발꿈치의 신경을 압박했던 것이 다). 나는 잠을 자지 못했고 먹거나 마시는 것도 금지되었기 때문에 무자비할 정도로 죽는 소리를 했다. 내가 어떻게 눈물 한 방울 흘리 지 않고 팔을 잘랐을까? 그러면서 어떻게 이제는 우는 소리밖에 할 줄 모르게 되었을까? 간호사들이 시간이 지날 때마다 진통제의 강 도를 높였지만 통증은 줄어들지 않았다. 불평만 해서 미안하다고 부모님께 말하고 싶었지만 그 말마저도 제대로 나오지 않았다. 말 을 하려고 애쓸수록 좌절만 하게 될 뿐이었다. 어머니는 동이 틀 때 까지 잠 한숨 못자고 6시간을 꼬박 앉아서 나를 달래려 했지만, 진 통제를 아무리 맞아도 내 고통은 줄어들지 않았다. 아침 햇살이 커 튼을 통해 들어왔다. 햇살이 성스럽게 빛나며 어머니를 비추었다. 나는 그처럼 아름다운 어머니의 모습에 눈물을 흘리다 결국에는 의 식을 잃었다.

회복

5월 25일, 병원에서 17일을 지내고 나서 드디어 아주 퇴원을 할 수 있었다. 나는 완쾌되었고, 빠졌던 몸무게도 대부분 회복되었으 며, 뼈의 감염도 사라지고 있었다. 하지만 항생제 주사 과정이 있었으므로 8시간마다 한 번씩 누워서 30분 동안 링거주사를 맞아야 했다. 그 과정은 6주 동안 계속되었다. 주사 시간 때문에 한밤중에 일어나야 할 때도 부모님은 한 번도 빠짐없이 내가 제 시간에 치료를 받도록 해주셨다. 내가 할 일은 그저 가만히 앉아있는 것뿐이었지만, 링거주사와 그것이 나타내는 나약함이 싫어서 불평하지 않고 지나가는 법이 거의 없었다.

회복기는 내게 견디기 어려운 시간이었다. 단지 링거주사를 맞는 것뿐 아니라 모든 것이 다 그랬다. 나는 환각 속의 통증과 실제 통증으로 내내 괴로웠고, 약 때문에도 고통을 받았다. 끊임없이 약물 치료를 받는 동안 단 한 번도 편안히 쉬어보지 못했다. 완전히 깨어 있는 것도 아니고 그렇다고 잠을 자는 상태도 아닌 반 혼수상태로 밤새 침대에 누워 있곤 했다. 진통제 때문에 무감각 상태에 있다 보면 생각이 정상적으로 되지 않았다.

약을 복용할 때면, 의사 방에서나 혹은 작업 치료와 물리 치료 시간 사이에 연습실 의자에 있는 동안, 그도 아니면 어머니가 운전하는 차를 타고 집에 가는 동안 나도 모르게 정신을 잃곤 했다. 그러다 약 기운이 없어지면 또 다시 깨어났다. 그러고 나면 남는 것은 고통뿐이었다. 좌절감과 약으로 인해 나는 안하무인에 끊임없이 징징거리는 인간이 되어버려 내가 내 불평을 듣는 것조차 역겨울 정도였다.

내가 다시 집에 있게 된 것은 가족 모두에게도 역시 힘든 일이었다. 비록 우리가 다시 보게 된 것에 감사하고 가족으로 함께 있게 된 것을 축복이라고 생각했지만, 거기에는 치러야 할 대가가 있었다. 부모님 모두 나를 보살피는 일 말고도 신경 써야 할 일들이 있었다.

병원 약속, 약, 보험 문제 외에 미디어와 사람들의 관심도 부모님이 겪어야 할 몫이었다. 우리는 두 달 가까이 수화기를 내려놓아야 했고, 지역 당국에 전화를 걸어 집을 지키고 있는 방송국 차량들을 물러가게 해 달라고 요청했다. 우리 모두 너덜너덜한 넝마가 되어갔다.

처음 4주 동안 나는 막 걸음마를 시작한 아이처럼 의존적이 되었다. 새로운 삶을 시작하려는 노력에 금방 싫증이 났다. 그 새로운 삶에서는 휴식과 회복과 재활시설이 스키와 암벽등반과 콘서트를 대신했다. 모든 일들이 시간을 잡아먹었다. 한 번 병원을 가면 어머니와 내가 준비하고 집과 병원을 오가는데 오전이 다 지나갔다. 그리고 수많은 약속이 있었는데, 그 약속들 모두 내 약 복용 시간을 중심으로 조정해야 했다.

나는 고통만 안겨 주는 조직화된 구속에 갇혀 불안정하고 뿌연 상태 속에서 인생을 낭비하려고 블루 존 협곡에서 탈출한 것이 아니었다. 하지만 내 인생은 바로 그렇게 되었다. 협곡에서 감당해야 했던 도전은 혹독했지만 분명했다. 그런데 협곡에서 나오자 내 도전은 더 복잡해졌다. 처음에는 새로운 환경에 적응할 준비가 안 된 것이라 느꼈다. 내 삶을 되찾고 싶었지만 그러려면 좌절을 극복하고 그 좌절을 행동을 위한 동기로 바꾸는 법을 배워야 했다. 약은 그 첫 번째 대상이었다. 6월이 되면서 수술 후의 통증이 대부분 사라졌다. 나는 진통제를 점차 줄여나갔다. 그러자 차를 운전하고, 친구들과 달리기를 하고, 커다랗고 시원하고 짭짤한 마르가리타를 즐기는 등 몇 가지 선택의 자유로움을 누릴 수 있었다. 점점 더 많은 일을 다시 혼자 힘으로 하게 되었고 두 번째 청춘기라 할 만한 과정을 겪으며 다시 한 번 '성장'했다. 어머니는 나를 그냥 두려 하지 않았다. 그런 어머니를 탓할 수는 없었지만, 어머니와 나 우리 모두를 위해서 나는 다시 자립해야 했다.

일단 진통제를 끊고 나니까 상황이 급속도로 좋아졌다. 나는 한 손으로 신발끈과 심지어는 넥타이 매는 법까지 배웠다. 왼손으로 활자체 글씨와 흘림 글씨 쓰는 법도 연습했고(사고를 당하기 전까지는 오른손 잡이였다) 다섯 손가락만 써서 노트북의 자판을 두드리기 시작했다. 내 작업 치료사는 내가 고기를 자를 때 쓸 수 있도록 로커 나이프를 주었다. 기구를 응용하거나 새로운 기술을 사용해서 내게 필요한 것은 무엇이든 하는 방법을 배웠다. 시계를 차거나 잠그기 힘든 드레스 셔츠의 왼쪽 손목 버튼을 이를 이용해서 잠그는 방법도 배웠다. 그래도 도움을 받아야 하는 일들이 여전히 있었지만, 나는 자립심 때문에 도움을 청하려 하지 않았다. 어떤 때는 상대가 호의로 도움을 주려고 해도 혼자 힘으로 해결하고 싶어 했다. 어느 날 오후 부엌에서 있었던 일이다. 오렌지 껍질을 벗기려고 하는데 여동생이 그런 내 모습을 보고 어쩔 줄 몰라 했다.

"혹시……."

동생은 끝까지 묻지 못했다.

"손이 필요하냐고?"

내가 동생의 말을 대신했다.

"바보야, 물론 필요하지. 나는 하나밖에 없잖아."

이렇게 말하면서 동생을 보고 미소를 지었다. 동생은 얼굴을 붉했다. 나는 로커 나이프를 가져와서 소년 축구 경기를 보러가서 그랬던 것처럼 껍질을 벗기지 않은 상태로 오렌지를 8등분했다. 그리고 한 조각을 입에 몰래 넣은 다음 이로 가리고 고릴라 표정을 지으면서 펄쩍 펄쩍 뛰어다니기 시작했다. 그 순간 동생은 내가 완전히 제정신이 아니라고 생각했다. 나는 동생을 보면서 얼빠진 웃음을 씩 지어 보이며 오렌지 껍질을 드러냈다. 마침 물을 먹다가 그 모습을 보게 된 동생은 쿡하고 웃는 바람에 유리컵에 물을 다시 흘리고 자신의 얼굴에도 물을 튀겼다. 그 뒤로 그 일은 우리 두 사람에게 농담거리가 되어서 동생은 내가 아무 것도 하지 않고 있는데도 손이 필요하냐고 묻곤 했다.

또 이런 일도 있었다. 기자 회견 때 내가 마르가리타 얘기를 했더니 사람들이 그와 관련된 온갖 종류의 선물을 보내왔다. 그 중에는 '마르가리타' 라는 이름표가 붙은 20달러짜리 지폐들도 있었고, 마르가리타를 맛있게 만든다고 소문난 멕시코 레스토랑들의 상품권도 있었으며, 테킬라도 여러 병 있었다. 주기적으로 커다란 꾸러미가 왔는데 펼쳐보면 대부분 마르가리타와 관련된 물건들이 있었다. 특별한 상자를 하나 열어보았다가 그 내용물 때문에 잠깐 놀란 적이 있었다. 나는 동생을 부엌으로 불렀다. 그 안에는 테킬라와 트리플 섹, 그리고 마르가리타 믹스 뿐만 아니라 블랙 앤 데커 회사에서 나온 충전식 믹서도 있었다.

"이건 말도 안 돼."

여동생과 나는 높은 산꼭대기에 올라가서 오지에서 쓸 수 있는 믹서를 꺼내 눈으로 마르가리타를 직접 만드는 상상을 하면서 들떴다. 얼마나 시원할까? 나는 "하이파이브"를 외치며 동생을 향해 두 팔을 들었다. 동생도 두 손을 들어 나와 손바닥을 마주치려는 순간, 우리 두 사람은 문제가 있다는 것을 깨달았다. 동생은 얼른 방향을 바꿔 내 왼쪽 손에 자신의 열 손가락을 부딪혔다.

"하하! 새까맣게 잊어버리고 있었구나?"

내가 동생을 놀렸다.

"아니야, 오빠도 팔을 올렸잖아. 오빠도 잊어버렸으면서."

동생 말이 맞았다. 나도 잊어버리고 있었다. 날아가 버린 우리의 하이파이브를 생각하며 동생과 나는 그저 웃음만 지었다.

그 다음 몇 달 동안 일어난 사건들은 너무도 엄청난 일이라 그런 일이 내게 일어났다는 것이 믿어지지 않을 정도였다. 우리의 우상인 락 가수 트레이 아나스타시오*Trey Anastasio*와 그의 8인조 밴드가 덴버에서 6월 공연을 하기 전에 나와 내 친구 네 명을 저녁 식사에 초대했다. 그런가하면 내가 좋아하는 또 다른 밴드인 스트링 치즈 인시던트가 '아론의 사고'라는 이름으로 대규모 자선 경매와 포스터 세일을 했고, 뉴멕시코의 산타페에서 내 이름으로 7월 콘서트를 열어 내 구조를 도왔던 유타와 콜로라도, 뉴멕시코에 있는 5개의 자원 봉사 수색 구조팀을 위해 1만 7천 달러의 기금을 모았다. 나는 부모님과 여동생, 그리고 엄청난 숫자의 친구들과 함께 그 콘서트에 갔다가 블루 존 협곡에서 만났던 모아브 출신의 두 여성, 크리스티와 메간을 다시 만나기도 했다.

그리고 리솔류션 산의 산사태 지역을 방문하면서 다시 산을 찾았다. 그곳에서 소니 디지털 카메라를 비롯해 내가 2월에 5등급 슬라이드에서 잃어버렸던 물건들을 다시 찾았다. 특히 디지털 카메라는 눈사태를 맞고 3m 깊이의 설괴 빙원에서 녹고, 네 달 동안 비와 태양에 노출되고, 마멋들에게 씹혔는데도 불구하고 배터리를 갈아 끼우니 그 자리에서 다시 작동이 되었다. 여전히 기가 막히게 사진이 찍혔다(훌륭해, 소니).

7월에는 데이비드 레터맨*David Letterman* 쇼에 가서 방송저널리즘의 저명인사들을 여러 명 만났으며, 친구들과 서부 지역 콘서트를 다섯 군데 갔고, 덴버 근처에 있는 캐슬우드*Castlewood* 협곡에서 새로 생긴 의수를 가지고 암벽 등반을 했고, 콜로라도 중앙에 서로 인접해있는 4,200m 이상의 산 다섯 곳을 여행했다. 8월에는 나처럼 절단 수술을 받은 사람과 친구 맬컴 댈리와 함께 볼더 근처에 있는 엘 도라도 협곡에서 암벽 등반을 했고, 처음으로 울트라 마라톤 대회에 나가 리드빌*Leadville Trail* 160km 구간을 완주한 친구 리치 헤펠레와 보조를 맞추어 함께 달려 주었다. 그리고 〈GQ〉라는 잡지의 '올해의 인물'과 〈베니티 페어*Vanity Fair's*〉의 '2003년의 사람들' 기사에 실릴 사진을 며칠 연속으로 엄청나게 찍으면서 머리카락이 쭈뼛해지는 시간들을 보내기도 했다.

8월 31일에는 여동생의 결혼식에서 '사랑은 춤과 같다'는 내용의 글을 낭독했다. 남편인 잭 앨더에게 "네"라고 대답할 때 동생의 모습은 그 어느 때보다도 아름다웠다. 피로연 때 소냐와 나는 그 아이가 좋아하는 스트링 치즈 인시던트 노래인 '클라임*Climb*'이라는 노래에 맞춰 춤을 추었고, 모든 친척들 앞에서 온갖 익살스러운 행동을 하며 웃고 떠들었다.

결혼식이 끝나고 나흘째 되던 날에는 친구 여덟 명과 와이오밍에 있는 모란 산의 일반 코스를 등반했다. 내가 디자인을 맡고 정말로 감사한 회사 세 곳(의수 회사와 치료 레크리에이션 시설, 그리고 등반 장비를 만드는 회사)의 도움을 받아 만든 유일무이한 의수 장치를 사용해 등반을 하는 동안 어려운 구간들 대부분을 친구들의 특별한 배려로 무사히 지날 수 있었다. 2주 뒤에는 두 명의 팀원과 함께 미네소타에서 열리는 어드밴처 둘루스 경주에서 20여 km의 바다 카약 타기, 6km의 급류 카누타기, 20여 km의 산길 달리기를 마쳤다.

9월에는 협곡에서 내가 녹화한 비디오를 어머니와 함께 보았다. 우리는 함께 울었다. 내가 고통당하던 모습을 테이프로 보는 것이 어머니에게는 힘든 일이었지만, 그것 때문에 우리 두 사람은 여전히 함께 살아갈 수 있다는 사실에 감사했다. 어머니와 나는 의자에 앉아 서로 손을 잡고는 사랑한다는 말을 하고 또 했다.

다시 그곳에

그리고 블루 존 협곡을 다시 찾았다. 이번에는 친구 네 명과 '데이트 라인 NBC' 팀원 모두와 함께 내가 2003년 4월 26일 토요일부터 5월 1일 목요일 까지 갇혀 있던 슬롯을 통과했다. 삶의 알 수 없는 동시성 한 가지를 경험하면서, 나는 정확하게 6개월 전에 나를 향해 떨어져 내 손을 짓이기고 가두었던 그 돌 위에 섰다. 다른 사람들이 모두 그 협곡을 빠져 나간 뒤 나는 혼자만의 의식을 치렀다. 스물여덟 번째 생일을 이틀 앞둔 그 날 나는 내 손을 화장한 가루를 사고 지점에 뿌린 다음, 협곡 벽에 새긴 '75년 10월생인 아론 2003년 4월에 편히 잠들다.' 라는 글자를 손으로 문질러 지웠다. 그날 밤 늦게, 우리의 야영 장소에 다시 온 나는 레드 와인이 담긴 플라스틱 컵을 같이 온 앵커의 신발에 엎질렀다.

그해 여름, 동생과 나는 나의 새로운 신분은 해적이라고 끊임없이 농담을 하며 "아아아―"하는 소리나 해적들이 선원을 부를 때 쓰는 "여보게들" 같은 말을 주고받았다. 그러니 2003년 9월 19일이 '온 국민이 해적처럼 말하는 날' 로 지정되었다는 것을 알았을 때 우리가 얼마나 기뻐했을지 상상해 보라. 한 달 뒤에 아스펜에서 할로윈 데이가 시작되었을 때는 후크 선장 차림으로 다녔는데, 혼자서 팔을 자른 뒤의 아론 랠스톤으로 변장한 동료 등산가를 우연히 만나고는 무척이나 즐거워했다.

가을과 겨울을 지내면서 암벽 등반, 산악자전거 타기, 빙벽타기, 텔레마크 스키 타기, 크로스 컨트리 스키 타기, 겨울 단독 등반 등을 다시 시작했다. 공식적으로 겨울인 2004년 3월 17일과 18일에 윌슨 산과 엘 디엔떼 산을 단독 등반했는데, 사고 이후 처음으로 4,200m 이상의 산을 겨울에 단독 등반하면서 59개의 산을 등반한다는 전체 계획 중 47개를 달성했다. 다음 두 시즌 동안 그 계획을 완수해서 겨울에 4,200m 이상의 산 전부를 단독 등반한 최초의 사람이 되리라고 다짐했다. 그 시즌이 끝날 즈음에는 사고 이전의 내 능력 수준 비슷하게, 아니 어쩌면 그 이상으로 활동할 수 있게 되었다. 내 룸메이트이자 친구인 엘리엇 라슨과 함께 엘크*Elk* 산 그랜드 트래버스에 참가해 크레스티드 뷰트에서 아스펜까지 스키 경주를 했는데 내게 두 손이 다 있던 2003년에 가레스 로버츠와 함께 기록했던 시간에서 6시간을 단축했다. 다음 해에는 왼쪽 팔을 자르고 얼마나 더 빨리 갈 수 있는지 봐야겠다.

살아가면서 내게 일어난 모든 일들과 여전히 앞에 펼쳐지는 기회들을 보며 내가 축복받았음을 느꼈다. 나는 세상의 수많은 사람들을 감동시킨 기적의 한 부분이 되었으며 그 축복을 무엇과도 바꾸지 않으려 한다. 설령 내 손을 되찾을 수 있다고 해도 말이다. 블루존 협곡에서 겪은 사고와 구조는 내 삶에서 가장 아름다운 영적 경험이었고, 그 사실을 알기 때문에 머지않아 그곳에 다시 가게 되면 이번에도 메간과 크리스티에게 "나중에 보자"며 인사하고 나 혼자 그 아래쪽의 슬롯으로 갈 것이다. 많은 것을 배울 수 있었으므로 그 선택에 후회는 없다.

사실을 말하자면, 영적인 존재인 우리의 목적은 자신의 희열을 따르고 열정을 추구하며 서로에게 용기를 주는 사람으로 살아가는 것이라는 나의 믿음이 그 사건으로 인해 더욱 확고해졌다. 거기에서 모든 것이 시작된다. 영감을 주는 일을 찾게 되면, 자신을 위해서 그리고 내 주위의 사람들을 위해 행동을 해야 한다. 비록 그 일이 힘든 선택이라 할지라도, 혹은 무엇인가를 도려내 과거 속에 두어야 함을 의미한다고 해도….

작별을 고하는 일은 용감하고 감동적인 시작이 되기도 한다.

2004년 5월 노스 마룬 피크의 북쪽 면을 오르다

행동과 열정으로 만들어 가는 삶

아론이라는 스물일곱 살 된 청년 하나가 유타 주의 한 협곡을 단독 등반했다. 협곡을 내려가던 중, 머리 위쪽에서 떨어진 돌에 오른손이 깔히고 말았다. 그 상태로 엿새를 협곡에 갇혀 지내다 결국 자신의 팔을 자르고 탈출했다. 스스로 자신의 팔을 자르고 탈출한 이 사건은 나라 전역에 대서특필 되었다.

이것이 이 책을 번역하기 전 내가 갖고 있던 대략의 정보였다. 그리고 그 정도만 하더라도 아론이라는 청년의 이야기는 충분히 흥미진진했다.

'자신의 팔을 자를 때의 고통은 어떤 것이었을까? 내가 그 상황에 처했다면 어땠을까? 과연 내 팔을 자를 수 있을까?'

이런 생각을 하면서 내가 상상할 수 있는 장면이란, 갈증과 배고픔으로 고통스러워하다 끝내는 두 눈을 질끈 감고 칼을 높이 든 다음 한 순간 용기를 내어 팔을 향해 내리치는 것이 고작이었다.

하지만 아니었다. 아론이 협곡에 갇혀 보낸 엿새는 내가 상상했던 것보다 훨씬 처참했다. 그리고 팔을 자르던 순간의 상황은 잔인하다 할 정도로 섬뜩했다. 아론은 두 눈을 질끈 감고 팔을 향해 칼을 한 번 휘두른 것이 아니었다. 조잡한 등산 칼로 팔의 살을 가르고 피범벅이 된 살 속을 헤집어 힘줄과 혈관과 신경 조직을 하나하나 가려낸 다음 차례로 탁탁 끊어내는 고통스러운 과정을 무려 40분 넘도록 계속 했던 것이다. 다가오는 죽음을 느끼며 무력감에 절망스러워하다가 마침내 팔을 자를 방법을 알아내고는 기뻐 어쩔 줄 모르고, 끔찍한 고통을 참으며 팔을 잘라낸 다음에는 드디어 얻은 자유에 황홀해 하는 그의 모습은 차라리 당황스럽기까지 했다.

아론으로 하여금 매일 밤이면 어김없이 찾아오는 살인적인 추위도, 자신의 소변을 받아먹는 처절함도, 팔을 잘라내는 끔찍한 고통도 모두 이겨내게 한 것은 과연 무엇이었을까? 그리고 아론으로 하여금 평생 팔 하나가 없이 살아가야 한다는 사실을 고려의 대상조차 되지 않는 하찮은 일로 만든 것은 과연 무엇이었을까? 삶이 주는 희열을 찾아 행동하고 마음 속 열정을 추구하며 서로에게 용기를 주는 사람으로 살아가는 일이 무엇보다 소중했노라고 아론은 말한다.

엿새 동안 사투를 벌이고 누구도 감히 짐작하지 못할 오랜 시간의 잔인한 고통을 이겨내면서 아론이 갖고 싶었던 것이 바로 마음 속의 열정을 따르며 자유롭게 살아갈 수 있는 삶이었다는 사실을 생각할 때, 삶이 갖는 그 성스러움과 귀중함에 새삼 마음이 숙연해진다. 삶이란 그런 것일 게다. 삶이란 가볍게 포기해 버릴 수 있는 무엇이 절대 아닐 것이다.

가끔, 무엇을 붙잡고 삶을 이어가야 할 지 알 수 없을 때가 있다. 반드시 살아내야만 하는 이유가 무엇인지 도무지 알 수 없을 때가 있다. 하루하루의 삶이 힘들어서 힘든 것이 아니라 그 힘든 삶을 이겨낸 다음 기다리고 있는 것이 무엇인지 알 수 없어 힘든 때가 있다. 하지만 팔 하나를 버리고서라도 갖고 싶을 만큼 삶이 아론에게 소중했다면, 그 삶이 우리에게 하찮거나 마냥 버겁기만 한 것이 될 리가 없다. 찾고자 하는 마음만 있다면 삶은 그 속 깊이 감춰둔 고귀한 보물을 우리에게 분명 보여줄 것이다.

순간순간 치열한 싸움을 이겨내고 우리에게 다가온 아론의 그 귀한 모습을 독자들이 놓치지 않았으면 좋겠다. 한 쪽 팔을 깊은 협곡에 버리고 왔지만 그럼에도 자신의 앞에 펼쳐지는 삶들을 보며 축복받았음을 느낀다는 아론의 의연한 말 한마디를 독자들이 흘려듣지 말았으면 좋겠다. 그리고 내 앞에 놓인 삶이, 그 모든 기회가, 내 마음 속에 자리하고 있는 열정이 얼마나 귀중한 것인지를 다시 한 번 생각해 볼 수 있었으면 정말 좋겠다.

이순영

지은이 소개   아론 랠스톤 *Aron Ralston*

12살에 미국의 서부, 콜로라도로 이사한 후 스포츠애호가가 되었다. 취미와는 다르지만 그는 카네기멜론대학 기계공학부에 입학했고 수석으로 졸업하였다. 졸업 후 인텔사의 엔지니어가 되었지만 자신의 내면에서 요구하는 무엇인가를 찾기 위해 그는 5년 만에 안정된 직장을 그만두고 스포츠용품점에서 일하기 시작했다.

2003년 4월, 유타 주의 말발굽 협곡에서 돌이 떨어지는 사고로 그는 6일간을 사막에 갇혀 갈증과 추위에 싸워야 했다. 결국 자신의 오른팔을 끊고 사막을 횡단해 병원에 옮겨진 그는 그 사실이 알려지자마자 CNN을 통해 미국 전역에 보도되었다. 그의 이야기는 수술 후 회복해서 이후의 활동까지 〈피플*PEOPLE*〉지 외에 '데이비드 레터맨 쇼*David Letterman Show*' 등 TV, 라디오, 언론에서 150여회 이상 다루어졌다. NBC에서는 실제 사고당시의 상황을 다큐멘터리 식의 DVD로 제작하기도 했다.

그의 끈기와 결행은 쉽게 삶을 포기하려는 사람들에게 큰 감동과 용기를 주었다. 솔트레이크 시티의 한 여인은 남편이 죽고 자살하려 했으나 아론의 이야기를 듣고 그 생각을 접었다는 편지를 보내기도 하였다. 사건 발생 4년이 지난 지금도 그의 이름으로 검색되는 웹페이지만 30만 건에 달한다.

옮긴이 소개   이순영

고려대학교 노어노문학과를 졸업하고 성균관대 대학원 번역학과 석사학위를 받았다. 전문번역가이며 번역서로는 《마더 데레사》, 《천천히 사는 즐거움》, 《여기가 끝이 아니다》, 《경마장 살인사건》, 《숲에서 생을 마치다》 외 다수가 있다.